"全球视野下的当代媒介理论"系列丛书
Contemporary Media Theory from Mondial Perspectives Series

主编：李麟学　王　鑫　丁　凡
Chief Editors: Linxue Li, Xin Wang, Fan Ding

媒介之后

来自逐渐退潮的 20 世纪的消息
News from the Slow-Fading Twentieth Century

［德］西格弗里德·齐林斯基　著
Siegfried Zielinski

张　艳　张昱辰　李凌燕　译
Translated by Yan Zhang, Yuchen Zhang and Lingyan Li

同济大学出版社·上海
TONGJI UNIVERSITY PRESS · SHANGHAI

丛书总序
万物皆媒时代的媒介思维风暴

当今,我们处在一个"万物皆媒"的时代。从麦克卢汉提出"媒介即信息"(The Medium is the Message.——M. McLuhan,1964),到今天以 ChatGPT 代表的人工智能时代的历史性节点,我们从未像今天一样意识到媒介对当代人类社会介入的广度和深度。

"全球视野下的当代媒介理论"系列丛书源自与西格弗里德·齐林斯基教授持续多年的讨论与互动。2019 年夏天在锦江宾馆,我与齐林斯基教授坐在历史小楼的咖啡角,初见即如故,畅谈着教授策划的"西岸艺术教育展",以及尘封许久的对于欧洲知识体系的思考。之后齐林斯基欣然以兼职教授身份加入同济大学艺术与传媒学院的团队,精心准备了硕士与博士生的课程,并在此后多次参加了学院组织的"城市传播论坛""中国新闻史学会新闻传播思想史年会"与"应用新闻传播论坛"等学术活动,其精辟的发言引起中国新闻传播学与跨学科学者的强烈共鸣。教授将其未出版和未公开的部分著作,赠与学院研究出版,促进了这一丛书的诞生。在与齐林斯基教授的讨论中,这一出版计划扩展到更多著名国际学者和跨学科实践者的理论译著,这套丛书方得以成形,并将逐步展现出其对于国内学界的意义。

作为近年来人文学术界热议的"物质性转向"当中极为重要的一个支流,媒介考古学派的译介和研究在国内都尚属起步阶段,未来还大有可为。齐林斯基是德国媒介考古学派代表人物,也是第一位明确提出"媒介考古学"的学者。尽管在他之前,媒介考古学已作为一种研究方法应用于电影研究中,以及在以弗里德里希·基特勒(Friedrich Kittler)为代表的媒介物质性研究中,但其真正作为一个纲领性和旗帜性的理论概念被提出,并由此凝聚一大批有相同旨趣与问题意识的学者来共同探讨,则要归功于齐林斯基。齐林斯基早期的学术生涯深受当时德国学术界转型期的影响。1961 年，柏林工业大学成立了"技术时代的语言"研究所，开启了"物质性"思潮转向的大背景，这为齐林斯基思想的发展提供了条件并奠定了基础。齐林斯基于 20 世纪 70 年代先后在柏林自由大学与柏林技术大学学习德国文学、戏剧与哲学等科目，为他日后的研究奠定了良好的跨学科基础。同时期成长起来的学者还有弗里德里希·基特勒与威廉·弗卢塞尔（Vilém Flusser）等人。齐林斯基甚至将他自己与基特勒和弗卢塞尔三人共同归类为"第四代媒介思想家"（即高峰期活跃于 20 世纪 80 年代的思想家）。[1] 但是同时，齐林斯基本人倾向于否认存在"德国媒介学派"这样一个同质性的统一整体，他说："德语媒体与传播研究，我认为这主要是一个神话，它是通过美国的一些作家，即普林斯顿大学和杜克大学的教授而被建立起来的。"从齐林斯基给出的百年以来的媒介思想谱系图来看，他更倾向于从全球性的媒介思想发展脉络出发，构建更加宏观的、普泛的理论演变谱系，而非局限在某一个国家或地域，甚至在晚年将他的研究视野投到了"全球南方"（Global South）那些传统被认为是"边缘"的处所，力图建立起一个彻底去中心化的、多极化的图谱。这完全符合"媒介考古学派"的反线性的历史观，也充分体现出了齐林斯基教授的全球性视野。这也是为何他持续不懈地与中国的读者和听众保持对话的缘由。[2]

齐林斯基在 1989 年出版了对他的学术生涯而言最为重要的一部里程碑式著作《视听：作为历史入口的电影和电视》（*Audiovisions: Cinema and Television as Entr'actes in History*），在这部著作中他的反线性媒介谱系学已经初露端倪。在书中，他并不是把媒介视为一个可见的、确定的

---

[1] 参见齐林斯基 2021 年 10 月在同济大学举办的中国新闻史学会新闻传播思想史研究委员会学术年会。同被归入第四代媒介思想家的还有杜盖（Duguet），贝斯特（Bexte），基特勒（Kittler），德·劳拉提斯（de Lauretis），欧洲的弗卢塞尔（the European Flusser），罗策（Rötzer），坎普（Kamper），罗内尔（Ronell），鲍德里亚（Baudrillard），亚瑟·克罗克和玛丽-路易丝·克罗克（Arthur and Marie-Luise Kroker），佩特纳克（Péternak），利奥塔（Lyotard），列维（Lévy），雷克（Reck），特鲁施-迪特尔（Treusch-Dieter），托伦（Tholen），韦策尔（Wetzel），温克勒（Winkler），维里利奥（Virilio），冯布劳恩（von Braun），佩奇（Paech），齐林斯基（Zielinski）。

[2] 在本丛书的翻译中，对于"media"一词，我们也根据不同的中文语境将其译为"媒体"或"媒介"。媒体偏重于实体化的存在，而媒介则更强调功能性的介质。

和被固化的物质性实体,而将其视为一个多种力量相互协商、探索和实验性的空间场域,在这一空间中,并不存在一个预先设定的目标,或者终点需要奔赴。换言之,它是无定型的、充满各种差异性的力量,以及由这些力量所交织出来的种种独异性的事件。"将艺术、科学和技术带入一种关系当中,彼此并列和相互融合,一次次挑战自以为是的专家的僵化封装,并对抗趋向平庸和统一的趋势。艺术,通过媒介,在这里被视为异源过程和事件的一种可能性。"一言以蔽之,媒介即事件。它是独一无二的、无法被还原的涌现。

齐林斯基另一本标志性著作是出版于2002年的《媒介考古学》(*Archäologie Der Medien*),在这本书中他提出了重要的深层时间(deep time)这一概念,并将自己的媒介考古学方法论总结为探询深层时间的方法。深层时间对于齐林斯基而言是一个有效的隐喻,一方面,它可以帮助我们抵制一种进步主义的线性媒介叙事,媒介并非是从低到高,从简单到复杂,像进化论一般地向前发展,而是并没有预先设定的目标与蓝图,呈现一种"多重时间性"的发展状态,无数的线索纷繁交织,构成德勒兹所说的游牧和根茎状态,形成根茎式的生成状态。另一方面,深层时间也暗示我们可以用来重构媒介演化图谱的一种实操性的方法论,正是因为媒介历史实际上是像花岗岩的形成那样由各个不同时间性所沉积和叠加而成的,因此,我们需要穿透这些沉积的媒介表层,去深入到底下深藏的暗处,从水面浮动的冰山一角开始去探索媒介历史潜藏水面之下的巨大部分。

2005年,齐林斯基出版了《变体学(第一卷):关于艺术、科学与技术的深层时间关系》(*Variantology 1: On Deep Time Relations of Arts, Sciences and Technologies*),此后六年时间,《变体学》第一卷至第五卷陆续发表,这是他媒介思想的集大成之作。《变体学》的出版标志着齐林斯基晚期的媒介考古学研究的一大重要转向:他突破了过往研究中的欧洲中心主义,而将全球各国家各地区的多元差异的文明谱系共同纳入他的媒介版图当中,在全球文明发展史的视野下去考察媒介谱系之间的对话、交织与共生，展现出了人类文明共同体的宽阔视野与格局。齐林斯基教授介绍了"变体学"的四个原则：一、它不应该是欧洲中心论的，而应该是全球化的；二、它不应该是一概而论的，而应该是多方面的、各式各样的；三、它不应该是人类中心论的，而应该是宇宙观的；四、它不应该是单向度的，而应该是多向度的、动态的。

从以上三部代表着齐林斯基三次重要学术节点的著作，我们得以一窥齐林斯基的主要学术脉络。国内外至今为止出版的媒介理论史著作大多跨越时段较长，或以编年史为体例，或以学派为线索，内容较为分散，问题意识不够聚焦。而齐林斯基的著作一方面更加聚焦过往几十年的媒介理论史，因此涉及的内容更为集约，另一方面又提炼出了这段历史中最为核心的四大议题，更提纲挈领，也更有齐林斯基独到的理论创见。因此，本丛书先以齐林斯基的译著起步，旨在以更为深入的方式展现当代媒介理论的思考与演变。

翻译是一项艰苦的工作，在未产生太高"科研绩效"的情况下，我要特别感谢丛书共同主编王鑫教授、丁凡助理教授，以及本丛书的校译者王颖吉教授、李凌燕副教授、张昱辰副教授、张艳助理教授，还有钱玲燕副教授带领的德文翻译团队。同济大学出版社国际部的袁佳麟主任，为丛书出版做出了巨大的努力；感谢出版社卢元姗、熊磊丽等编辑的精益求精和辛勤付出。感谢在德国访问的学者林华在齐林斯基教授与同济之间搭建了一座密切交流的桥梁。最后要特别感谢同济大学艺术与传媒学院团队对丛书项目的大力支持。

在首批三本译著出版之际，让我们期待后续更多作品的出版，并在未来孕育出更多的中国学者关于媒介理论的原创性作品、著作与思想；期待在全球视野的媒介思维风暴的洗礼中，我们共同构建起链接艺术、科学、技术与媒介理论的知识与思想之桥。

同济大学长聘教授，艺术与传媒学院院长，建筑与城市规划学院博士生导师

中文版前言[3]

自 20 世纪末以来,有个问题总是萦绕在我的脑海中,它很容易表述但颇难回答,那就是:一种什么样的实践研究、艺术试验,及其对技术装置和设备的反思与利用可以不只是为媒体提供服务?我们怎样才能避免落入下面这两个陷阱:一是仅仅复兴欧洲现代性这个强大主题,二是再一次宣传人类大脑和肉体的主权?[4]

哲学家马丁·海德格尔(Martin Heidegger)写到,未来和起源是同一的。[5] 为了寻找这个问题的答案,或者更确切地说,在提炼和缩小我的提问后,答案变得很明晰了,我应该回到思考媒介的早期根源及其演变的问题上来,并在这个过程中研究这个领域的话语建构,以及我从 20 世纪 70 年代初就开始卷入的那些能量、热情以及好奇的对象。在 50 多年前,当我们在柏林工业大学的"技术时代的语言"研究所中,越来越多地将注意力转向机器和媒介设备过程,研究录音和回放设备的内部结构,探索用编辑台创造一种感官蒙太奇的可能,并创作我们自己的影片、录像、广播节目和印刷物时,究竟是什么东西让我们这些年轻的知识分子感兴趣并且兴奋不已?

是去理解和揭示那些可以被计算的东西。一方面指科学语法和形式主义;另一方面又包含相对不受拘束的直觉和想象力,它是创制(poie-

---

[3] 本篇由丁凡译,张艳审校。
[4] "以肉身为荣"(*Proud to be Flesh*)是《沉默》(*Mute*)杂志广为流传的《网络之后的文化政治选集》(*Anthology of Cultural Politics After the Net*)的标题(ed. by J. B. Slater and P. van Mourik Broekman, New York, 2009)。
[5] 在埃尔玛·霍恩施坦因的文章《我们起源的未来》(*Von der Zukunft unserer Herkunft*)中被讨论过,收录于 *Perspektiven interkulturellen Philosophierens: Eine Bestandsaufnahme. Festschrift für Franz Martin Wimmer* (Vienna, 2013)。

sis），即对做和设计之综合（Entwürfe）的再激活，从而同时扩展对诠释学的经典理解。前者是严格符合语法规则和数字化的组织系统，后者是想象力的无政府主义复合体，这二者有可能一起工作吗？还是存在不可解决的对抗性？又或者它们是否应更好地被理解为不同知识体系中诸领域（包括科学）之间复杂互动（Wechselwirkungen）中的一种重要关系？[6]

我们强烈好奇的原因、动机和主题比比皆是。1933 至 1945 年，德国纳粹已经将语言和媒介表现形式组织为严格的控制结构，这是我们需要去理解的。许多人出于他们的自由意志支持了那个杀人系统，有相当一部分人对此抱有极大热情。为了理解这场争取人心的战争是如何进行的，我至少看了七八十遍"反犹电影"，比如法伊特·哈尔兰（Veit Harlan）的《裘德·苏斯》（*Jud Süss*，1940）。它是放在研究所斯汀贝克剪辑台上的一份来自美国的昂贵的 16 毫米盗版电影拷贝，也是在沉重的卷轴录像机中播放的 0.5 英寸的录像带。我们想知道，纳粹噩梦般的工厂在戏剧演出、场景、对话结构、摄影技巧、配乐使用、演出服装和妆造等细节方面到底是如何运作的。

当时，柏林墙两边势力的声明再一次呈现为自夸式宣传，而且这不仅是在政治事件的直接领域之内。在日益强大的视听媒介领域内，大规模生产的电视产品也一定程度上承担了宣传某些生活方式理念的作用，这些理念能整合个体，并促进与东西方权力结构相一致。第一个冒险进入该争议领域的是美国迷你电视剧《根源：一个美国家庭的传奇故事》（*Roots: The Saga of an American Family*，1977），它实际上是早期的电视导演系列（television auteur series），提供了极具吸引力的话语分析主题。这些主题都具有政治性，涉及美国黑人在与白人冲突中经历的身份歧视和苦难。另外还有《大屠杀》（*Holocaust*），这是一部讲述生活在

6　这个术语从认识论上来说对我至关重要。20 世纪 70 年代和 80 年代，柏林的科学家和哲学家出版了一份名为《互动》（*Wechselwirkung*）的期刊，完全聚焦自然科学、社会科学和哲学之间的相互依存关系。

法西斯主义者大屠杀和对犹太种族迫害的背景下的一个德国犹太家庭的故事。在这两个例子中,这些重要的和令人不安的历史主题第一次在电视短剧中得到了直接探讨,不过这些电视短剧都富有娱乐性,能够触动大众,并且也是高质量的作品。[7]

这些艺术作品也为分析研究提供了大量材料,各种各样数量繁多的实验电影、广播剧、演出和视频资料为扩大解释学实践提供了依据。而在此之前,解释学主要在文学领域发展。20 世纪 80 年代,由于人类自身已成为技术进化的一部分,所以我们开始为食品加工机、电动剃须刀,以及像诗歌文本一样的早期办公软件编写操作指南。作为回报,我们从柏林工业大学的西门子工厂那里获得了第一批 Unix 计算机,并用于我们的实验。

在我们工作的早期,比当下更深的时间层就发挥了重要作用。在我们为"游击队电视"(guerilla television)活动寻求智力支援的过程中,例如瑞丹斯(Raindance)公司在 1970 年的宣传以及建筑师和艺术家团体蚂蚁农场(Ant Farm)出色的设计,我们重新发现了 20 世纪 20 年代德国魏玛共和国的工人广播运动(Arbeiter-Radio-Bewegung)及其被遗忘和被压制的媒体节目和表达方式。我们无意中发现了抵抗战士的无线电发射机器,例如,电气工程师在布痕瓦尔德死亡集中营建造的秘密信号发射机,它于 1945 年 4 月助力解放了那些囚犯,然后党卫队才能组织实际上被计划为"死亡行军"(death march)的"疏散"。[8]

这些都是非常令人兴奋的研究历险。通过像戈特霍尔德·埃夫莱姆·莱辛(Gotthold Ephraim Lessing)这样的古典作家以他在 1766 年著名的《拉奥孔》中对绘画和诗歌之间不同之处的介绍,我们得到了基于时间的表达形式的第一概念,也学会了确定在大众媒体系统建立之前媒介到底意味着

---

7 我在美国发表的第一篇文章就是关于这个主题的,即讨论作为娱乐和挑衅的历史:*New German Critique* (Milwaukee, WI), No. 19/Winter 1980,收录在我的《媒介思考变体学》(*Variations on Media Thinking*)(中文版)中,2022 年由北京师范大学出版社出版。

8 参见 Hans-Joachim Hartung, *Signale durch den Todeszaun* (Signals through the death fence) (Berlin 1974)。

什么。弗里德里希·冯·兹格利尼基（Friedrich von Zglinicki）和 C.W. 塞拉姆（C.W. Ceram）对电影和影院进行了出色的考古研究。他们在 20 世纪 50 年代和 60 年代已经证明了，如果我们想掌握现代媒介的来源和复杂的早期发展动态，那就必须往 19 世纪以前去挖掘更深的内容。

我目前已经在这个项目上工作了近 20 年。在操作性新词"变体学"（variantology）的指导下，我试图以全新的方式发展我对媒介的真正兴趣点，即将它作为艺术、科学和技术之间关联的丰富变体形式。"在媒介之前的媒介"——这是另一种阐述我们的深时间研究的方法，由中国著名科学家戴念祖发现——我们迄今为止已经出版了六卷，来自新旧世界 20 多个国家的艺术家、学者和科学家组成的庞大网络都对此作出了贡献。2006 年出版的第三卷致力于探讨中国知识文化及其与艺术之间关系的深时间的一些突出现象，比如共鸣、音乐调音、作为叙事媒介的剪纸艺术、古老的电力和磁力、中欧数学之间的兼容性等。2005 年，我和我的合作者在科隆媒体艺术学院（Academy of Media Arts in Cologne）接待了一批杰出的学者，包括中国的戴念祖、徐飞、陈成义（音译），印度的德鲁夫·雷纳（Dhruv Raina）和马克斯－普朗克科学史研究所（Max-Planck-Institute for the History of Science and Technology）的汉学家达格玛·谢弗（Dagmar Schäfer），我们在一次特别会议上讨论了这些问题。

然而，我们也迫切需要对更切近的过去进行审视，因为它们在当代背景下发挥了力量。这就是《媒体之后》这本书被写就的方式——它是一部当代散文，也是一次思想解放的行动。我的其他专著都没有涉及过如此切近的时间维度。[9] 对媒介的思考只是在最近的几十年才变成了一项特殊的学术事业。这本书是对当代性（contemporaneity）的贡献，也是我正在进行的工作的一部分。在 2012 年出版了德文原版后，我们立即

---

[9] 除了 1985 年的《录像历史》（*History of Videorecording*），该书只有德文版，以及 1989 年出版的《视听：作为历史入口的电影和电视》。

启动了一系列两周一次的同杰出媒体思想家们的对谈活动，以尽可能地让这个领域的未来变得更开放和活跃。很幸运的是，同济大学出版社正在进行这些对谈的翻译出版工作，德文版叫作《媒介思维的谱系》（*Zur Genealogie des Medien Denkens*），中文版与此对照，对这项工作我相当感激。

《媒介之后》这本书主要还是从欧洲视角写作的，有时甚至是以柏林视角为主。在一定程度上这是因为，身处冷战时期的前首都，我们一直在从事一种"即时考古"工作，以创建一种媒介思维图谱。但我仍然认为，可比较的那些主题系谱还是需要由那些可以引入自己的文化知识经验和能力领域的作者来编写，以便从长远角度在更大范围内将他们聚集在一起，并探索和试验他们差异中的兼容性。

即便在本书中我并没有明确提到，但我想说，在过往 20 年中，我和来自中国的许多艺术家和研究者相遇并一起工作，这在很大程度上拓宽了我的视野。李振华、缪晓春、胡介明、高世名、张培力、张颂仁还有周铁海都曾帮助我增加了对中国现代媒介和艺术更广和更深的了解。我要感谢参与我们变体学研究项目的学者，感谢来自北京、上海和杭州的唐宏峰、方维规、阮昕、冯雪峰等同事提出的富有成效的挑战。我亲爱的同事李麟学教授以一种非常生动有趣的方式重新点燃了我对城市发展和媒介之间互动关系的兴趣。另外，我尤为感谢他发起了此次翻译出版项目，并推动其成形。同时我也非常感谢我的译者们（前言、导言：丁凡译，张艳校；第 1 部分：张艳，张昱辰译；第 2 部分：李凌燕译，张艳校；第 3 部分：王颖吉译，张艳校；第 4 部分、宣言：王鑫译，张艳校）以及李教授的助手丁凡和林华（Nikita Lin）的大力支持。在前言的末尾，我希望我在柏林、德国和欧洲媒介研究迷宫中的短途旅行，也能让我得到从中国同事和艺术家那里感受到的充实与丰盈。

西格弗里德·齐林斯基

柏林，2022 年春

目 录

丛书总序 李麟学   003

中文版前言 西格弗里德·齐林斯基   007

导言［论争］ 媒介已经过剩   015

1 对媒介策略性普遍化的批判，它们的起源与目标：一次恣意的全面调查   025

2 赞美艺术的非系统性：为一种实验文化而作   111

3 思考媒介的显性和隐性话语以及视角的暗示：关于精确事物的精确语文学   153

4 存有于线上，存在于线下   205

媒介精神病态预防手册［宣言］   217

参考文献   223

导言 [论争]
媒介已经过剩[10]

I.

21世纪的第一个十年总的来说只不过是过去发生的事情的延续。当我从2010年秋天开始写这本书的时候,我的感受是,我们仍然停留在20世纪。在以技术为中介的传播领域,我们还没有足够的基础来谈论另一种不同历史性质的体验。在21世纪的第一个十年中,很大程度上我们主要面临的还是20世纪特征的某种必然实现:一种技术科学图景的实施成为了决定性的世界观——尽管奥斯维辛、广岛、长崎发生了不可估量的灾难(这些灾难也是人类对世界无情测量的结果);技术本身和由技术处理的自然有机体极大程度的标准化;对技术条件进行电子控制的扩张;一个通过广告大肆宣传的媒体体制的确立——它主动帮助个人消费者应对现实生活中的缺失、断裂和损害,而不至于让他们发疯。

21世纪第二个十年的开端,被认为是之前20世纪系统形成的、自然和技术之间极端紧张关系得到巨大释放的标志,日本各地的人们已经遭受了以侵略为导向的核技术可怕的破坏,在这个地方发生了一场新的核灾难,其结果难以预料。当一个据说能生产最洁净和最有效能源形式的、配备高度安全设施的工厂倒塌时,它产生了无法控制的大量的致命污染。这个巨大的发电厂是为了产生能量而建造的,但在自然的大规模干预后,它陷入了停滞。日本本州岛,包括其所在的大部分海域都遭到了可怕的辐射污染,然而,核能站的运营者和庇护他们的政客们却鲁莽又傲慢无比地用无数代人的生命健康来开玩笑,并且他们还不停地发表远超他们能力范围的声明。在谎言者拥有的力量面前,精心设计的技术

---

[10] 本篇由丁凡译,张艳审校。

通信系统将毁于一旦。信息是不会自然而然地发生的。

在日本发生核灾难的十年前，高度意识形态化的或被收买的自杀小队宣布，西方资本主义建立的世界经济、政治和文化制度不会永远持续下去。对纽约世界贸易中心难以置信的野蛮和不顾一切的袭击不仅导致了严格的安全措施成为公共事务常态，而且对非洲和阿拉伯半岛数百万年轻人来说，这也意味着，用他们的身体当作武器的袭击才能引发极大的政治转折，尽管这种行为的代价极其昂贵。

随着21世纪第二个十年开始，国际媒体的主导力量用"推特革命""博客革命"，甚至"脸书革命"（从现在开始我们将不再使用这种字眼）等宣传口号向我们暗示，世界从此将变得完全不同，因为几乎所有人都能够和其他人交换文本、声音和图像。事实上，商业电子信息处理技术正被用来组织反抗僵化结构和凶残独裁者的运动，这些独裁者最近和富裕且依赖石油的国家进行了许多生意往来。然而，反叛者所传达的信息并非无关紧要。这些年轻人除了自己的生命，已经没有什么可以失去了。带着无能者的全部尊严，他们将自己的身体奉献给不同权力主体间致命的牵绊中，希望那些出于自私的原因而恬不知耻地赞美和支持独裁者的人会给予他们帮助。

作为一个交流系统，全球化看起来运作得非常好。许多国家都想要被纳入其中并受到尊重，希望它们的人民能像西欧人和北欧人那样生活，至少实现其社会和政治结构，达到它们的消费水平。互联网是矛盾的，一方面，它是整合异质性民主和市场的技术政治工具，另一方面也是极为多样化且疯狂交流的冒险场所，因此它非常难以被控制，并已成为历史上最年轻的主导媒介。在地球上的许多地区，数以百万计的人定居于最艰苦的地方。他们占用了新媒介以及最廉价的人工制品，而他们现在也被它们所占有，并伴随着它们带来的承诺。在这种相互作用下，媒体及其产品的潜力显露了出来。20世纪20年代晚期，布莱希特（Bertolt Brecht）提出了一个论断，他说每个人都可能即时地告诉所有人任何事情，而这一论断现在已成为日常生活中的真实效应。

威胁生命的叛乱已经成为这一进程的一部分,在这个过程中,作为公众权利的通信服务的利用和提供是相互关联的。年轻人尤其关注互联网展现的自由观念、全球品牌世界(brand-worlds)和流行文化。他们想要参与到此时此刻全球正在发生的再分配中。他们也想和所有人交流,去各地旅行,并购买到各种各样的东西。然而,最终并不是一个国家,而是匈牙利亿万富翁乔治·索罗斯(George Soros)成功地在全世界贯彻了他的开放社会(Open Society)理念,这也是他那个强大的基金会的名字。由于他在股市中高度成功的投机,他有能力支持并落实基于市场和市场文化观念的自由理念。这一理念始于20世纪90年代的东欧国家,而现在,其发展已经拓展到了中东和北非。这个想象的运动是无边界的,因为它主要不涉及领土或其他物理上可直接体验的品质,也与我们熟识的政治价值观无关。开放和幸福是欲望的目标,这些目标不断被那些个人抗议者反复引用。

我们逐渐适应了悖论性的互动过程。在通信网络中聚集在一起的是那些最平庸的私人事务、最隐秘的丑闻和最绝望的卖淫形式,它们被笼罩在妄想式公开的可疑暮光中。然而,当涉及可能影响现有权力结构的敏感决策和事件时,这些事件越来越多地发生在远离技术—通信透明度的地方。奥萨马·本·拉登(Osama Bin Laden)死亡的唯一见证者很可能就是刺杀突击队的指挥官,而"唯一见证者"在这个词语最直接的意义上来说,就是被允许出现在(记录)的照片中,这些图像只属于白宫最秘密的权力圈子。

因此,我们其实并没有生活在一个真正的互联网社会,也没有像尤尔根·哈贝马斯(Jürgen Hahermas)曾在他勾勒出的以想象的启蒙行动者统治的乌托邦中那样,交往行为(communicative action)取得了优势。对大多数人而言,交流情境中先进的水平、基本的开放性和现有的财富与他们的日常生活条件形成了鲜明对比,他们其实缺乏基本生活必需品以及使生活有价值的剩余品,对其中的一些人而言,蓄意谋杀的恐吓已经成为一种日常习惯。在这个意义上，属于一部分人交流的天堂与大部分人所身处的真实地狱之间完全脱节。

对东方而言（从黑格尔的角度来看，中国和印度都属于东方），一个新的世纪早就开始了。而且，我们开始意识到，如果没有非洲大陆国家，一个全球化社会的未来是不可想象的。鉴于一致性是至关重要的前提，日本的历法[11]进入了一个新时代。然而，在东方，21世纪显著的质的转变还未发生。一种奇怪的倦怠和对现状的满足成了主导氛围。我们首先将必须运用我们的思想、政治和艺术活动创造出激发或激怒我们和他人的新品质，否则它们将永远不会存在。如果做不到这一点，这些新品质就会由他人强加给我们，而这是我们无法接受的。

II.

为了避免大家在我的论证过程中产生误解，我在一开始就作一下澄清。我不赞同那种令人容易接受的观点，即我们已经不再需要一个媒介概念了。概念是我们为了以恰当的方式介入思考和行动的抽象框架，我们所下的定义应当满足两个重要标准。首先它们应是临时性的，其次它们应该足够开放，以便允许我们进一步采取行动。

我所描述的媒介概念已经发展成了一个异质性的、跨学科的领域。作为一种包罗万象的现象，媒介处理各种具体的、抵抗性的人工制品、程序和议题，它们存在于艺术、科学和技术之间。这三种元话语之间，以及其与其他话语，如经济、法律和政治之间，均形成了紧张的张力关系。这些关系被嵌入到总体装置（dispositif）[12]中，到目前为止，真理、知识和性都属于这一装置。在米歇尔·福柯（Michel Foucault）的伟大著作问世

11　译者注：在日本，将1873年开始使用的太阳历称为"新历"，而此前的阴阳历则称为"旧历"。
12　译者注：福柯以dispositif来指权力关系网络。

多年后,这一点已经不需要一遍又一遍地重复了;我们的整个呈现已经将其包含在内了。如果一个人认为装置是在具体情境中给定的东西,并从根本上决定了我们的行为,那么我们可能有必要去扩展它,也就是增加无条件连接的概念,这是作为技术中介后的对话的偶像化的结果。这还有待观察。

III.

有时,对事态发展的深层时间观察表明,人们应该冒险从鸟瞰的角度快速审视。在这里,人们当然必须承认,这种视角与摄影和电影的对象之间存在最大可能的距离,而且这种视角只有通过人工手段才能产生,例如通过飞机飞行的方式。作为一种实验,这样的视角是非常有帮助的。对历史来说,它感兴趣的是过去,并不是将过去理解为可检索的事实的集合,而是应当将其理解为可能性的集合。

假设我们不仅需要处理欧洲现代性,还需要处理不同时间、不同地点发展起来的相互对抗的现代性,那么我们将艺术、科学和技术之间的现代关系的发展定位在更早时期,且不仅仅在欧洲是有意义的。在我们日历中,8世纪末和9世纪初的美索不达米亚文明非常适合作为一个操作性起点。在过去的1200年中,我们可以观察到,艺术、科学和技术之间关系的温度出现了有趣且相当有规律的起伏。在下文中,我们将把这些关系定型化。

随着巴努·穆萨兄弟(Banū Mūsā brothers)[13]的可编程通用音乐自动装置的发明和对机械装置的持续供能,巴格达智慧之家(the House of Wisdom)的出现标志着9世纪初温度的强劲上升。但是在9世纪和10世纪之交,气氛又慢慢冷却下来。11世纪初,伊本·哈伊撒姆(Ibn al-

---

13 译者注:巴努·穆萨是波斯数学家三兄弟,生活在9世纪的巴格达,三兄弟分别是穆罕默德、艾哈迈德和哈桑,在数学、工程学和机械学方面作出重要贡献,代表作有《精巧装置之书》(*Kitab al-Hiyal*)。

Haitham）[14] 在光学方面开创性的工作使关系又再次升温。他详细描述了暗箱这种装置。视觉感知被解释为数学几何透视的案例以及大脑的平行活动。最重要的是，当时建立了一种新的文化，在这种文化中，实验不仅被理解为对先验假设正确性的一种说明，而且还被认为是获得新知识的过程。在新千年之初，我们发现，基于亚历山大、拜占庭和希腊传统而丰富起来的穆斯林自动剧院的发展始于安达卢西亚工程师伊本·阿拉法·穆拉迪（Ibn Khalafal-Muradî）[15] 11 世纪初在西班牙科尔多瓦撰写的《秘密之书》（*Book of Secrets*）。1200 年左右，库尔德斯坦的天才工程师伊本·拉扎兹·贾扎里（Ibn al-Razzāz al-Jazarî）[16] 对机械技术理论与实践的汇编，使艺术与技术之间关系的发展达到了顶峰。[17]

在接下来的几个世纪中，阿拉伯学者所发现和发明的知识被扩展，并传播到了整个欧洲。阿拉伯学者对古希腊作品的翻译和改编，加上他们自己的创新，大多被翻译成了拉丁文，而且经常不注明出处，接着融入了西方知识体系。到了 15 世纪，随着第二次文艺复兴的主要人物的出现，从菲利波·布鲁内莱斯基（Filippo Brunelleschi）[18] 和达芬奇（Leonardo da Vinci）到阿尔贝提（Alberti），艺术和技术之间的紧张和摩擦再一次大大加剧。16 世纪下半叶，吉安·巴蒂斯塔·德拉·波尔塔（Giovan Battista della Porta）[19] 为实验性和技术性知识的大众化作出了贡献。1600 年，威廉·吉

14　译者注：伊本·哈伊撒姆，全名阿布·阿里·阿尔哈桑·伊本·哈伊撒姆（Abu Ali al-Hasan ibn al-Haitham），活跃于 10 至 11 世纪的伊斯兰黄金时代。他是波斯著名的数学家、天文学家、物理学家、光学家，主要作品是《光学大全》（*Kitab al-Manazir*）。

15　译者注：伊本·哈拉法·穆拉迪是阿拉伯数学家和天文学家，活跃于 11 世纪的阿拉伯世界。他的代表作是《几何与代数》（*Al-Kitab al-Mughni fi al-Hisab wa al-Muqabala*）。

16　译者注：伊本·拉扎兹·贾扎里，活跃于 13 世纪的天才发明家，也是伊斯兰黄金时代的重要人物。最著名的作品是《机械技术理论与实践汇编》（*Compendium on the Theory and Practice of the Mechanical Arts*）。

17　参见 Zielinski and Fürlus (2010)。

18　译者注：菲利波·布鲁内莱斯基（1377—1446），意大利文艺复兴时期的建筑师和工程师。他的主要贡献是设计了佛罗伦萨主教座堂圣母百花大教堂（Duomo di Santa Maria del Fiore）。

19　译者注：吉安·巴蒂斯塔·德拉·波尔塔（1535—1615），意大利文艺复兴时期的学者和科学家。他在自然哲学、化学、光学、物理学、数学和农学等各个领域作出了贡献，他最重要的著作是《神秘宝典》（*Magia Naturalis*）。

尔伯特（William Gilbert）[20]为先于电力出现的多种磁性现象的系统性概念奠定了基础。这种奇怪的东西介于物质性和非物质性之间，与希腊的精神（nous）相关并存在于想象的以太中，可以说，磁在这个时期已经被发现了。

在欧洲启蒙运动发展的早期，炼金术士和物理学家艾萨克·牛顿（Isaac Newton）是一个例外，他不太符合后来冷却期的总体状况。相比之下，开普勒（Kepler）、伽利略（Galilei）、笛卡尔（Descartes）和惠更斯（Huygens）显得更为冷静，他们拥有数学家的头脑，为现代科学奠定了重要基础，并把前几个世纪零散的知识系统化。阿塔纳斯·珂雪（Athanasius Kircher）[21]主要是一位思想的收藏者和巧妙的再利用者，他用天主教神学和自然哲学精神概括了特殊性，而在这个特定的意义上，他不仅仅是一位博学者，还是一位为梵蒂冈服务的早期战略媒体专家。

在19世纪末即将到来之际，以新科学理性主义为标志的公式化的抽象和分离使我们所感兴趣的关系的温度骤降。然而对18世纪30年代的朱利安·奥弗雷·德·拉梅特里（Julien Offray de La Mettrie）[22]来说，身体永远是无组织和不可控的，它不同于任何机械的东西，在萨德侯爵（Marquis de Sade）的作品中，情欲是无耻而痛苦的理性扭曲的对象。在18世纪末，《贾丝廷》（*Justine*）与《朱丽叶》（*Juliette*）[23]形成了道德的正负两极，在量化"性"（Sexuality）的不可测量性上变得疯狂。汉斯·布鲁门贝格（Hans Blumenberg）在评论启蒙运动时期萎靡不振的自动机文化时表示："曾经能够启发观众的东西，现在只能通过把机制

20　译者注：威廉·吉尔伯特（1544—1603），英国文艺复兴时期的科学家和医生。吉尔伯特以他的磁学研究著名，被公认为现代磁学奠基人之一。

21　译者注：阿塔纳斯·珂雪（1602—1680），意大利耶稣会神父、学者和作家。他广泛涉猎神学、自然科学、语言学、地理学、历史学和考古学等，著有《古代巴比伦人与亚述人的奥秘》（*Oedipus Aegyptiacus*）。

22　译者注：朱利安·奥弗雷·德·拉梅特里（1709—1751），法国哲学家和医生。拉梅特里是法国启蒙时代的重要思想家之一，他对唯物主义有重要影响。著有《人是一台机器》（*L'Homme Machine*）。

23　译者注：这是马基雅维利·德·萨德（Marquis de Sade）创作的两部小说，是萨德最具争议和挑战性的作品，小说以情欲、暴力和堕落为主题。

隐藏在外壳之内,来引发最廉价的迷惑效果。"[24] 实际上就在 18 世纪末,浪漫主义诗人诺瓦利斯(Novalis)在他 1799 年写就的《夜颂》(*Hymns to the Night*)中哀叹众神的逝去:"大自然孤独而了无生气地伫立着。它被用干硬的数字和严格的度量绑在一条铁链上。而那些无法被度量的生命之花,粉碎成了艰涩难懂的词语,如尘埃,如空气。"[25]

诺瓦利斯的朋友约翰·威廉·里特(Johann Wilhelm Ritter)[26] 开启了关于艺术、科学和技术之间关系的漫长而热烈的讨论。他认为,电力将会成为一个全新的核心现象,它将使一切都处于恒久的紧张与震荡的状态。这个阶段可以被认为是新媒介、技术图像、录音和远程信息处理的创始时期。对媒介时代的兴奋持续到 20 世纪,伴随着巨大的聚集、释放、破坏和爆炸,很大程度上媒介在其中起到了重要作用。而在 20 世纪末,互联网看起来就像是对这种长期积压的"集中 — 法西斯主义"[如威廉·弗卢塞尔(Vilèm Flusser)所言]温和的消解。这个数字化链接的仓库看似拥有无限的图片、文本、声音、商品和服务,为从开普敦到哥本哈根、从上海到都柏林的个人用户提供了最新存在的和最先进的文化和技术感知的可能性。对很多人而言,社会关系将主要变成基于技术的关系。居伊·德波(Guy Debord)在 1967 年出版的《景观社会》(*Society of the Spectacle*)中宣称,从此之后,电子通信将更有效地把事物连接在一起,不过它连接的是那些早已被深度分离的东西。

---

24 Blumenberg (2009), p. 62.
25 *Novalis' ausgewahlte Werke in drei Bänden*, ed. Wilhelm Bölsche (Leipzig: Max Hesse, n. d.), vol. 1, p. 23f.; online: Projekt Gutenberg, Hymn 5; trans. George MacDonald (http://www.george-rnacdonald.com/etextslpoern-slhrnn_to_the_night.html) modified by G.C.
26 译者注:约翰·威廉·里特(1776—1810),德国物理学家和化学家,早期电化学和光谱学的先驱之一。他发现了紫外线和红外线,提出了关于光的波动性理论。

IV.

　　现在媒介是过剩的,一点儿都不缺。对完全受制于媒介的个体而言,媒介不太可能成为令人痴迷的东西。它已经变成了可支配的给定物,被当作个人财产来利用和保护,而不再是一个令人垂涎的欲望对象了。在这个特定意义上,媒介已变得多余。经过20世纪的充分运用,它们也已变得过时。从我们对基于技术的民主市场的经验来看,媒介可以创造一个不同的,甚至更好的世界的承诺似乎变得可笑。作为一个替代性乌托邦,这个承诺在北美、西欧和北欧这些地区也早就过时了。

　　既然用媒介创造一个国家是可能的,那么媒介对真实的革命而言已经不再有任何益处了。无论是自上而下还是自下而上,媒介都成为权力或者制衡权力的社会层级运作中不可缺少的组成部分。它们呈现出系统性特征。没有媒介,所有工作将无法进行。而在一种不太精确的概括下,媒介残存的色彩弥补了我们称之为"社会"的东西。媒介成为"实践约束"的日常强制语境下的必要组成。作为一种为了社会正常运行而需要学习的文化技术,它反而与那些让我们兴奋、引发审美狂喜,或者引起恼怒的东西相去甚远。

　　与此同时,许多大学都开设了媒体设计、媒介研究和媒介管理等课程。媒介作为一种复杂的、动态的、尖端的、在话语之间运作的复合体,已经在学术领域获得了牢固且确定的位置,且创造了"教授"职位,这令人很安心。以此为基础,那些曾经无政府主义的因素可以被深入思考,并发展成一种统治和支配的知识。专为媒介建立的学院和研究院积极寻求同设计、定位和传播相关的工业、制造商和专业贸易协会建立紧密联系。在20世纪后期无数实践导向的研究课程中,负责几个奇怪的电视节目都成了教授资格的充分条件。许多文法学校的学生对于"未来他们想做什么"的问题给出的一个标准答案是:"与媒体相关的事情。"如果一个人在一天中需要在通信技术世界的交流中花费几个小时,那么他就可以尝试用它来谋生。那些怀抱着想给孩子一个安全未来的美好愿望的父母们推荐他们的孩子接受相关培训，成为数据处理服务的销售人员或者通信设计师。如果他们的孩子为工作付出足够多的努力，他们或许可以在一家综合企业中获得经理这样的理想职位，而这些父母自己将再也不能够真正理解这些职位的影响力了。

"在某种意义上，我们将整个世界转变成了一个完全适合分析技术的地方。以技术为基础的通信已经非常成熟了。[27] 在这种明确的情况下——至少对媒介而言——似乎有必要尝试去总结、强调某些要点，最重要的是打开这个熟悉领域的问题。比如，在过去几十年中，媒介策略的选择是怎样发展的？理论在其中扮演了怎样的角色？对媒介麻木不仁的状态是怎样发展起来的？有没有可能至少勾勒出后来状况变化的方式呢？

试图就这些问题进行讨论并给出精确定义会有一定风险。人们不得不批判性地反思各种媒介话语的主要论点结构是如何在过去六七年里发展起来的。而由于我自己也参与了这一过程，这就意味着我的意见也应当受到质疑，不应被过于认真对待。

具有悲剧性讽刺意味的是，临床神经生理学和神经外科康复教授德特勒夫·B. 林克（Detlef B. Linke）[28] 在 2005 年因脑瘤英年早逝。他曾说过，批评已经不再有效，因为人们过度忙于在危机中生存。然而，我特别乐意接受这种相对的无效性，也承认自身的无能为力。我认为仍然有可能或再次有可能提出，批评的位置必定是在边缘，而不是在中心。这个位置可以在任何新思想产生的地方找到，在它们成为大城市和中心所颂扬的时尚和潮流之前，在它们作为成熟产品并作为商品或服务被推销之前。让我们抓住机会并且尝试再度激活某个极度脱位（dislocated）的观点吧！

27　De Landa (1997), p. 41. Meshworks, Hierarchies, and Interfaces in *War in the Age of Intelligent Machines*. Zone Books.

28　译者注：德特勒夫·B. 林克(1955—2005)，德国物理学家。他对凝聚态物理和材料科学作出了重要贡献。

1

对媒介策略性普遍化的批判,它们的起源与目标:一次恣意的全面调查 *

* 本篇由张艳、张昱辰译。

假设为了把人的思想限定在秩序当中，我们会做些区分。但是在我下面的论证中，有一个区分是必不可少的。我区分了两个对立的元概念（meta-concepts），来理解两个事物之间的中介性。正如黑格尔在描述电力活动时指出，"它包含了对立中的同一性和同一性中的对立"。[29] 首先，第一个概念用策略性的媒介概念把中介的具体实例和过程汇聚到一起，它要求一种普遍概括性（generalization），而第二个概念则以松散连接的方式来运作，在不确定的技术和传播器物的多样性中运作。在这种情况下，我们感兴趣的对象——无论是单数的还是复数的——都被统称为"媒介"（media），并被指定为不带冠词的泛指词。黑格尔用"媒介"这一术语来表示这样一些现象，"在这样一些现象中，透明媒介、反射表面的各种相互位置和许多其他情况，在光的现象中产生了外部差异"。[30]

媒介指的是一种特定的、可以被历史和系统地推导出的话语，它还包含了具体的实体。这种话语原则上包括传播的技术材料，同时也包括它们的使用说明，当我们谈到"媒介"时，我们只是在引述一个带有技术本性的各种异质性现象的总称。同样的道理，我们在说"葡萄酒"的时候当然既包括红葡萄，也包括白葡萄（以及其他水果制成的各种野蛮的变种）制成的酒精饮料，并且还可以用来指称晚餐配餐酒，比如，阿玛龙葡萄酒（Amarone della Valpolicella）。

媒介这个术语是一种普遍化工作的结果，这一普遍化很强大，并对社会有益处，从这个意义上来说，它是朝向虚拟性的。而这一普遍化工作也有它自身的历史。但是带冠词的媒介（the media）有所不同，它具有一种装置（dispositif）的特性，我们在福柯以及他之后的阿甘本（Giorgio Agamben）的意义上使用这个词。他们的目标是要揭示那些构造起权力的知识和表象的来源。媒介在很大程度上参与了文化自身的生产，以及

29　G. W. F. Hegel. 1970. Hegel's *Philosophy of Nature,* ed. and trans. M.J. Petry, vol. 2, London: George Allen & Unwin, p. 168.
30　同上，p. 167。

共同构建了大他者（the Other）裁决的概念。

相较而言，对我来说，在可行的情况下，单数媒介（medium）更应被看作一种抵抗的特殊性（particularities），自由浮动的奇点。当然即便如此，它们还是有可能被拖入系统机器中，因此也具有或者应被赋予一种策略性角色。这种情况不仅适用于人，同样也适用于机器，这在某种程度上是一个时间的问题。

我希望在下文的简要概括中，能让上述这组区分变得更加清晰。这份对过往60年中思考和构想媒介的概略谱系的扫描，是根据那些对媒介发展具有权威性或约束性的断裂（caesuras）所构建起来的。本书中，在涉及这些断裂的章节中，我试图展示那些我认为对过去和未来的特定星丛（constellation）有特别意义的立场和观点。

这些选择虽然是从我的视角作出的，但它们并不是任意的。首先，它包括了历史上被不公正地边缘化或遗忘的媒介。其次，尽管根据前述观点这点可能有些自相矛盾——但是作为一个媒介研究者和好奇收藏家，我会优先讨论那些对我自己的智力发展更具有特殊意义的立场。在这样的谱系中，无论如何都不能含有连续性（continuity）特征。

20世纪下半叶，媒介成了一个特殊的跨学科领域，它对合法性和权力有特殊的要求。但是，这一领域在这一时期产生出如此强大的影响力，以致接下去的整个世纪都沉浸在它反射的倒影中。

在20世纪二三十年代，精神分析和诗学是其中两个相关领域，它们努力发展出了一些方法，使得分散的研究领域获得了更加清晰的轮廓，并赋予那些难以捉摸的研究对象一种科学性外观，也就是，采用量化方法，甚至还有来自工程科学的方法，等等。因此，在用技术人工制品和系统进行交流的领域，从一开始就包含了一种意图，就是使那些难以控制的操作和过程变得更可靠、有效和灵活，无论如何，这本来就是这些规范性表述的参考框架。

约翰·冯·诺依曼（John von Neumann）在柏林大学读书期间完成了他的论文《论策略博弈》（*Zur Theorie der Gesellschaftsspiele*，1928）。在移民美国之后，他和奥斯卡·摩根斯坦（Oskar Morgenstern）[31]一起将他以前对机会游戏的数学分析应用于资本主义经济问题，这些机会游戏，有的规则严格，有的不严格。之后，随着诺依曼和摩根斯坦在《博弈论与经济行为》（*Theory of Games and Economic Behavior*，1944）中提出"极大极小定理"（minimax theorem），一个引人注目的社会心理复合体成了控制论的思考主题，而这时它甚至还未成为一个有明确定义的研究领域。

控制论作为一门学科的发展，源于对熵的恐惧，想用应用数学描述那些难以计算或预测的事物，并在实际试验中对其进行监控的意图，同时把控制的许诺扩散到更广泛的领域。这其实非常类似于宣传研究，宣传就是根据与控制论非常类似的原则进行的。

在这个场域中，规范评估意味着把看起来模糊或无序的表达过程组织起来，通过这种方式，使得在符号的经济范围内产生可预见的、可预先被计算出来的输入-输出关系。对宣传的分析与宣传的生产过程密切相关，可被看作是对媒介现象进行系统分析的最重要来源之一。宣传概念不区分政治市场和商品市场。事实上，从谱系学角度来看，宣传既涉及意识形态和国家，也涉及物品、服务和公司等。

政治学家和社会学家哈罗德·德怀特·拉斯韦尔（Harold Dwight Lasswell）是一位杰出的宣传理论家，他认为，如果现代大众民主国家需要在技术官僚和科学基础上运作，那么宣传一定是一个必要的方面。作为芝加哥学派的著名成员，拉斯韦尔曾经在柏林研究过弗洛伊德精神分析学，并于1927年撰写了名为《第一次世界大战中宣传技巧》（"Propaganda Technique in the World War"）的博士论文。在这篇论文

---

31 译者注：奥斯卡·摩根斯坦（1902—1977），奥地利数学家和经济学家，他与约翰·冯·诺依曼合作开创了博弈论领域，被视为现代博弈论的奠基人之一。

中，德国观念占据重要地位。他认为，埃里希·鲁登道夫（Erich Ludendorff）[32]将军的《我的战争回忆录（1914—1918）》（*My War Memories 1914-1918*）、卡尔·克霍夫（Karl Kerkhof）的《反对德国科学的战争》（*The War Against German Science*，1922）等概述德国观念的著作都是他研究宣传话语和感知过程最有效的资源。

20世纪上半叶，拉斯韦尔在研究这种传播形式方面的地位与雅克·埃吕尔（Jacques Ellul）在20世纪下半叶的地位不相上下，埃吕尔是《宣传》（*Propagandes*，1962）一书的作者。然而，这两位作家的元理论的前提是非常不同的。拉斯韦尔是一位受过严格心理学训练的社会科学家，因此，他的研究方法受实证主义影响。他的信条可以概括如下：如果大众想从他们生存的铁链中解放出来，他们就必须接受新的铁链。由此，他提倡从宣传研究向应用社会心理学研究的转型。

和拉斯韦尔不同的是，雅克·埃吕尔是一位擅长意识形态批判的思想家。对埃吕尔来说，宣传是现代通信的一种常态，而不属于政治的某种特殊特征。宣传必须在"技术社会"（technological society）构成条件的框架下来研究，宣传的功能是将笨拙的、不适合的东西融入技术世界中。因此，宣传可被视为"技术社会"的一种"效应"。埃吕尔认为，这一整合过程中的重要角色莫过于"大众传媒"（mass media of communication）。由于大众传媒独特的魅力，每个个体都能够被转化为集体、公众和大众。[33]

任何希望深入研究理论市场的人都必须学会如何用简洁明了的语句来阐述复杂的问题，这些术语在理想情况下可以形式化。创造这些公式的理论家认为，为了精练起见，应当使用这些短语，而不是这些短语基于的理论构建。拉斯韦尔公式就是这样一个典型例子，它由以"W"开头的一连串疑问句组成。这样简单的提问方式旨在表达通过技术手段进

---

32 译者注：埃里希·鲁登道夫（1865—1937），德国军事家和政治家。他在第一次世界大战期间担任德国帝国军队的最高指挥官，是德国军事战略和战术的重要领导人。

33 Ellul 1973, citations p. XVII and p. 104.

行沟通的过程的本质：即"谁在哪个渠道对谁说了些什么，产生了什么影响？"在这个公式中，媒介依然被理解为一个空的、中立的传播渠道。在其中，简单线性的复杂性和平滑性（sleekness）被极端削弱了，这构成了所有远程信息处理的基础，这一假设也迅速成为了新兴研究领域的即时公式。

一个新的面向社会科学和信息理论的研究分支从这个公式中诞生了。克劳德·香农（Claude Shannon）在他于1948年发表的《通信的数学理论》（"A Mathematical Theory of Communication"）中为我们提供了当时最先进的信息技术知识。他的每一个通信系统示意图和拉斯韦尔公式一样，都是由五元素构成的，并且具有与拉斯韦尔公式相似的线性特征。该图描述了一条信息是如何以尽可能少的信息损失从源头有效地传送到目的地，而不考虑这条信息的源头到底是一个说话的人、一个电视发射管还是一台电报机，也不管接收者是一个人还是一件人造物。[34]

香农和沃伦·韦弗（Warren Weaver）一起合作，把他的模型再次转化为一个简单功能图模型。这个公式之后也被用于非预期的目的，当然，发明它的数学家对此不负任何责任：尽管香农一再强调，这个模型描述的是工程科学中的一种功能，而非一种文化过程，但是这个模型在此之后却不受限制地被应用到了心理学和其他各个领域中。

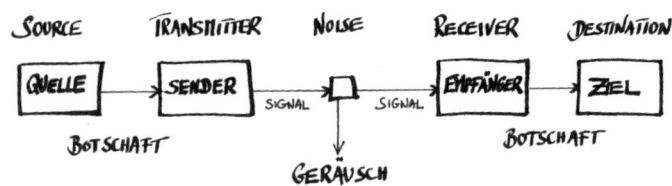

图1 在这两篇文章[35]发表后，技术通信就成了一个简单的单向事件

34　Shannon (1948)，另参见 Mc Quail and Windahl (1981)。

35　译者注：两篇文章指的是上文中拉斯韦尔的文章和克劳德·香农的文章。

假如人们能观察、描述并采用技术手段实现同大众更有效沟通的目标,那么他就可以获得政治价值,甚至赚钱。这是实现战略性技术交流的重要一步。在传播过程中,它们被称为"大众传播",这个词的字面意思是:一个信息发射器同时服务于多个接收器。弗卢塞尔将这种交流称为"法西斯主义",因为它意味着权力的高度汇聚和集中。

```
NIETZSCHE  ROBBE-GRILLET  GIACOMETTI
    ALTHUSSER  McLUHAN  DERRIDA  POLLOCK
ADORNO & HORKHEIMER  BRECHT      MOLINIER
          CAGE    DE SAUSSURE      MASSON
    AJEMIAN    WIENER  ELLUL  ROTHKO  BERGGRÜN
      BELLMER  LACAN  LÉVI-STRAUSS  CALLOIS
                                BATAILLE
        WIENER    – 1948 +         BACON
            LASWELL
                SHANNON  MASSON  BARTHES
          NAKLÉS    WEAVER           KLOSSOWSKI
                       FOUCAULT  SCHRÖDINGER
            HEIDEGGER
        BENJAMIN      WITTGENSTEIN   ORWELL
```

图 2　1948 思想家谱系

-1948+

"大众传播"媒介这一概念持续了相当长一段时间。这个概念暗示观众总是被动的,他们总是被灌输信息并且保持沉默。直到 20 世纪 60 年代,这一范式才让位于另一个基于交流过程中积极参与者的模型。由伊莱休·卡茨(Elihu Katz)[36]提出的"使用与满足"理论引入了用户(the user)这一概念。用户成了远程信息处理条件的关键。然而,早在 20 世纪 40 年代,当大众传播概念刚刚确立时,香农和其他数学家和工程师

36　译者注:伊莱休·卡茨(1926—2021),美国社会学家和传播学家,他的重要贡献是提出了"使用与满足"理论,这一理论对于重新理解大众传播的角色和影响具有重要意义。

们就已经在探究一种更有效的、人际间一对一的、类似网络结构的交流了。这种系统性联系早就以技术精细化的电话形式存在。例如，在第二次世界大战期间，人们一直在努力用技术解决通信问题，比如当同一社区的许多用户同时想接通其他用户时会出现的电话排队问题。[37]

1948 年，电信技术取得了巨大成功，成了一种重要装置，至少对流行音乐文化来说是这样。20 世纪 30 年代，在电磁拾音器得到成功实验后，第一把被大规模生产的芬达电吉他上市了。这把吉他叫作"广播员"（broadcaster），之后又于 1950 年更名为"电视广播员"（telecaster）。从范式上来说，该乐器模拟了基于技术的电信传播这一核心思想。信息可以暂时地从产生信息的物质中分离出来。电吉他主体不再需要共鸣箱，它的形状已经退化到了平底锅的水平。扬声器则通过一根电缆连接到乐器上，扬声器的薄膜就可以振动，并产生声音。无论电缆是 2 码还是 20 万码都不重要；信息在任何可以接收消息的地方都能被听得到。只要电缆连接正常，共鸣箱可以放在任何地方。几十年后，位于伦敦的录音室可以听到吉他手当年在洛杉矶演奏的音符。这种连接不再需要通过电缆进行，而是通过无线电的方式。

利用拉斯韦尔和香农的简单公式（简单是因为它们是单向的，即没有考虑到反馈循环），我们正穿越对各种艺术、科学和技术都非常重要的战后初期。1948 年左右，出现了大量截然不同的作品，它们都很有影响力，并且以各自不同的方式介入到技术和类人的相互作用中，这些相互作用都建立在第三实体上，也就是媒介。在长期的法西斯恐怖、意识形态压迫和对艺术自由剥夺的漫长岁月中，知识分子和艺术家都被压抑了很久，现在他们全都释放出来了。一些最重要的作品都是在战争最后几年创作的，但直到现在才重见天日。

---

[37] 参见马萨诸塞州波士顿麻省理工学院的一篇信息丰富的论文摘要：Leonard Kleinrock（1961）p. 4f。

1946 年和 1947 年，乔治·奥威尔（George Orwell）完成了他著名作品的写作，并于 1949 年出版。在这部小说中，通信技术已经成为完全控制社会的工具。1948 年和 1949 年左右，作家兼电影制作人阿兰·罗布·格里耶（Alain Robbe-Grillet）——战争结束后他成了一名统计学家——写作了他的第一部小说《弑君者》（*Un Regicide*），表达了他反对现实主义的写实再现的思想，并主张文学的诗学自主性。而这项实验工作的完整版本要到 30 年后才得以出版。

1946 年到 1948 年，约翰·凯奇（John Cage）创作了《奏鸣曲和间奏曲集》（*Sonatas and Interludes*）。就像一本技术设备的说明手册一样，凯奇准确描述了具备"与众不同的材料"的物体应该插入哪根琴弦的什么位置，这样它们就会"完全改变音符的特征"。凯奇说，他通过对各种材料及其排列的实验，发现了他的预制钢琴的变体。[38] 凯奇将《奏鸣曲和间奏曲集》献给他的朋友兼钢琴家马罗·阿杰米安（Maro Ajemian）[39]，并在 1948 年首次录制了这部作品。同年，凯奇还创作了《梦》（*Dream*）。

杰森·波洛克（Jackson Pollock）于 1947 年开始创作狂躁的行动绘画，这些绘画不受任何具象再现的束缚，而是释放出色彩、线条、点和材料等古老而疯狂的能量。阿尔贝托·贾科梅蒂（Alberto Giacometti）在第二次世界大战期间制作的迷你雕塑现在被允许以更大的尺寸呈现。那些瘦弱的人物或优雅地大步行走，或庄严地站立在展览空间中，参观者热切地将它们视为雕塑奇迹。这位瑞士空间设计大师设计了一系列令人惊叹的美丽作品，其中《城市广场》（*La Place*）于 1948/1949 年完成。大约在同一时间，弗朗西斯·培根（Francis Bacon）也开始创作那些粗犷原始的画作，它们描绘变形、扭曲、尖叫的面孔，

---

38 John Cage, *Sonatas and Interludes*, in: Kostelanetz (1973) p. 107.
39 译者注：马罗·阿杰米安（1921—1978），美国钢琴家，20 世纪最重要的现代音乐演奏家之一。她与约翰·凯奇有着密切的合作关系，是他的忠实演奏者和推广者。

并于 1949 年首次展出。同年，出生于拉脱维亚犹太家庭的马克·罗斯科 [Mark(us) Rothko(witz)] 开始创作他激进的大画幅彩色矩形画。它们像炼金术一样被移植到艺术领域。同时，对一个有犹太背景的画家来说，这些画似乎是对奥斯威辛唯一可能的艺术回应：抽象形式作为上帝缺席的视觉场景，同时上帝也存在于艺术家天才和系统形成的物质材料中。

原籍卡托维兹（Katowice）的汉斯·贝尔默（Hans Bellmer）[40]，于 20 世纪 20 年代在柏林工业大学学习工程学，当时在德国这所学院并不被认为是一所真正的大学，因为它没有哲学系。[41] 贝尔默作为一名艺术家在知识分子圈崭露头角，这个圈子与左翼出版商马利克出版社（Malik Verlag）有联系，他的主要导师是乔治·格罗兹（George Grosz）[42]。1933 年，贝尔默开始了他奇妙的皮格马利翁计划（Pygmalion Project）。在柏林卡尔斯霍斯特艾伦菲尔斯大街（Ehrenfelsstrasse）8 号狭小、黑暗的公寓里，他用木头和深色头发制作了一个诱人的玩偶。这件作品"是对德国法西斯主义和战争前景的抵抗，是对所有有益于社会的活动的停滞的抵抗"，贝尔默宣布。1934 年人造人的第一个版本中包含一个媒介设备，即娃娃的腹部，它"没有任何功能"，而是一个自动西洋镜。按下娃娃左胸上的一个按钮，一个旋转的全景图像就会开始启动，通过它肚脐上的窗口，这些用无耻技术伪造的图像就完全展现在偷窥者的注视之下。

1948 年，在巴黎流亡十年后，贝尔默终于打破了长久的沉默，结束了被忽略的状态。他通过一本小册子《玩偶游戏》（*Les Jeux de la Poupée*）向外界介绍了他的项目。海因茨·伯格鲁恩（Heinz Berggru-

---

40　译者注：汉斯·贝尔默（1902—1975），德国艺术家，他绘于 20 世纪 30 年代至 40 年代的作品对超现实主义和表现主义等流派产生了重要影响。
41　在撰写本书时，柏林工业大学再次恢复职业导向的教育。在许多政治家眼中，后工业社会不太需要哲学思想，就跟工业社会一样。
42　译者注：乔治·格罗兹（1893—1959），德国画家，他是德国表现主义运动和新物体画派的重要代表之一。

en）⁴³ 于 1949 年出版了这本小册子，来帮助这位贫困的艺术家。贝尔默的文本聚焦动力学人工制品的机械装置和球形关节，其起源可在拜占庭甚至犹太教神秘主义中找到——"这个装置就像那些一边转动一边还能保持平衡的香炉"⁴⁴。在这篇可能是在战争爆发前写作的文章的前几句话中，贝尔默就已经对他的项目所代表的生存策略给出了一个颇令人困惑的解释：

"既然游戏属于实验诗歌范畴，那么玩具就可以被视为一种'诗意的刺激物'。"最好的游戏从来不是追求某个特定目标，而是一种从不可预见的后果中获得刺激的活动，就像被一种诱人的承诺推动着一样。因此，最好的玩具应该远离某个预先确定的、不变的功能，应该像最低贱的玩偶一样充满着机会和可能性，应该像一个占卜杖一样挑衅地从四周接近，以便辨别出对等待着的、每个人都可以重复的事物的狂热反应，即突然出现的"你"（YOU）的形象。⁴⁵

游戏的最高形式不是为生产力服务，而是一种与兴奋或狂喜状态相连的无偿活动，这使人想到其他一些作品，比如，约翰·赫伊津哈（Johan Huizinga）1939 年出版的《游戏的人》（*Homo ludens*），以及也许是 20 世纪最重要的博弈论书籍——罗杰·卡约瓦（Roger Caillois）⁴⁶ 于 1958 年在加利马出版社（Gallimard）出版的《游戏与人》（*Les jeux et les hommes*）。人们还会想到路德维希·维特根斯坦（Ludwig Wittgenstein）在《蓝皮书》（*Blue Book*）中提到的有趣联想："比较一下：发

43　译者注：海因茨·伯格鲁恩（1914—2007），德国艺术收藏家和画廊经营者。他生于柏林，后移居法国和美国，他的收藏以 20 世纪的现代艺术为主。
44　贝尔默引用了拜占庭的斐洛（Philo）的话，参见 Hans Bellmer (2005), *The Doll*, trans. Malcolm Green, p. 61。
45　Hans Bellmer, Preface to *Les jeux de la poupée / The Games of the Doll* [Paris 1949], in: Hans Bellmer (2005), *The Doll*, trans. Malcolm Green, p. 59. 贝尔默与诺拉·米特拉尼（Nora Mitrani）共同撰写的法文版不包含"诗意的刺激"这一令人欣悦的表达方式。其他优秀的特别刊号 *Obliques, numéro spécial Hans Bellmer* (见 Bellmer 1975) 却包含了德文版的一些错误。另参见 Schade (1989), p. 19f。
46　译者注：罗杰·卡约瓦（1913—1978），法国社会学家和哲学家，主要研究领域为游戏与幻想。

明一种游戏——发明一种语言——发明一种机器。"[47]

贝尔默为乔治·巴塔耶（George Bataille）的许多作品配过插图，包括《眼睛的故事》（*Story of the Eye*，1928）和大画幅的《爱德华夫人》（*Madame Edwarda*，1941）。20世纪30年代，巴塔耶围绕"花费"（expenditure）发展出了他的"被诅咒的部分"（accursed share）的另类经济学概念。卡约瓦和巴塔耶一起参与了反法西斯组织"反击团"（Contre-Attaque）的工作，并于1937年开始在社会学院（Collège de Sociologie）工作。瓦尔特·本雅明（Walter Benjamin）在巴黎流亡期间仍能自由行动的时候，偶尔也会去那里做客。

约瑟夫·塞林格（Joseph Schillinger）在去世前不久，于1942年完成了他的名著《艺术的数学基础》（*The Mathematical Basis of the Arts*）。尽管这一大胆观念在1948年出版成书，但很长一段时间里，都被艺术界和艺术理论家们所忽视，当然也没有得到任何发展。塞林格系统研究了数学逻辑是如何进入审美客体化过程的，为什么拟态或模仿这样的艺术技巧必然包含数学法则，以及在未来发展过程中，人类如何能够从数学化原则中直接获得创造力："随着处理材料艺术媒介（特殊成分）的技术的发展，以及整体构图节奏（一般成分：时间、空间），人类就能选择想要的产品，并让机器完成剩下的事情。这就是艺术创作的理性和功能阶段。"[48]

1948年，布莱希特在麦卡锡非美活动委员会（Mccarthy House Committee on Un-American Activities）露面一年后，出版了他修订和概括的关于科学时代戏剧艺术的指南。他把它称为《戏剧小工具篇》（*A Short Organum for the Theater*）。在标题中，布莱希特与亚里士多德文本建立起了联系，他以史诗剧的概念极力反对亚里士多德美学。他用希腊词

47　Wittgenstein, *Zettel*, §326-7.
48　Schlesinger (2003) p. 4f., quotation p. 5. 第二部分讨论了"规律性和协调性理论"，第三部分讨论了"艺术生产的技术"。

"organum"强调了这部作品的"工具箱"性质。这本书可以被解读为一本新型艺术创作指南,不仅适用于戏剧,还适用于其他领域。对布莱希特来说,《戏剧小工具篇》是他对戏剧与诗歌、科学与学术以及社会之间相互作用关系思考的(自我)批判性回顾。这是一份为在美学领域进行睿智的实践介入行动而写作的理论纲要。

"我是在一台我出生时还不为人知的机器上写下这篇文章的。我开着新车,用我祖父无法想象的速度行驶着……如今我能腾空跃起:而这是我的父亲难以做到的事情。我和父亲的谈话跨越了整个大陆,但我和儿子在一起,首次看到了令人震动的广岛爆炸的画面。"[49]

这一工具箱的核心理念就是通过同时解释世界并直接成为世界本身来进行愉快的学习和教学。"科学和艺术在这一点上相遇了,两者都为了让人们的生活变得更轻松,前者保护我们,后者给了我们娱乐。在未来,艺术将从全新的生产力中创造娱乐性,并极大改善我们的生存环境。就其本身而言,如果不对它加以约束,它可能会给我们带来最大的乐趣。"[50]

1948年,艾伦·图灵(Alan Turing)为英国国家物理实验室撰写了名为《智能机器》("Intelligentt Machinery")的报告。报告的核心描述了一台思维机器,这台机器不是简单的机器,而是一台具有学习能力的机器。它很顺从,可以模拟一个孩子的思想,在接受一段时间的教育后,它会学到经验和知识,并能以更大的复杂性再现和生成这些知识,而不会有饥饿或欲望等任何令人厌烦的副作用。

直到今天,图灵的这一理念——机器可以代替我们思考,并拥有广泛的操作能力——仍具有很大的挑战性。对图灵来说,其先决条件是,一个人,就其思维而言,其实已经像一台机器一样运作了。"一个拥有

---

49 *Brecht on Theatre. The Development of an Aesthetic,* ed. and trans. John Willett, Methuen: London, 1964, §16, p. 184.
50 同上,§20, p. 185。

纸、铅笔和橡皮并受严格纪律约束的人,实际上就是一台通用机器。"[51]思维高度组织化的部分完全可以从生物硬件中导出,并在机器中实现。这实际上呼应了路德维希·维特根斯坦在 20 世纪 40 年代早期就已经简明阐述过的一个观点:"如果计算在我们看来是一种机械活动,那么执行这种活动的人就是一台机器。"[52]

在维特根斯坦关于数学基础的讲座中,图灵是一个专注而挑剔的听众。图灵在他的著作中所说的"智能"在认识论意义上到底是什么意思,还不是很清楚。不过概念的精确性并不是他认识论兴趣的核心。他不是哲学家,只是一个数学家和工程师,同时也是一个异端。他想要激发人们走出舒适区,并寻求一种实用的方法来解决人类之外其他实体的思维能力的问题。正是出于这个原因,他开发了"模仿游戏",这是一款角色扮演游戏,之后以他的名字命名,也就是图灵测试。图灵测试表明,用语言表达的机器在某种程度上可以同用语言表达的人的性能相媲美。一台能像人一样智能工作并自我表达的机器,就可以被认为拥有智能。显然,这里的智能概念是一个语言的问题,而智能的形式化维度的编制与统计学有关:

"我相信大约 50 年后,以下情形将可能发生,即给存储容量约为 10^9 的计算机编程,并让它们在模仿游戏中表现出色,让一个普通的被审问者在不到五分钟的询问后有 70% 的机会作出正确的判定。原问题是:'机器能思考吗?'我认为这个问题毫无意义,不值得讨论。尽管如此,我还是相信,在本世纪(20 世纪)末,文字的使用和一般教育观点将有很大的改变,

---

51　(Turing 1948: 9.) Alan Turing, "Intelligent Machinery". National Physical Laboratory Report. In: B. Meltzer and D. Michie (eds.). 1969. *Machine Intelligence 5*. Edinburgh: Edinburgh University Press.

52　"Wenn uns das Rechnen als maschinelle Tätigkeit erscheint, so ist der *Mensch*, der die Tätigkeit ausführt, eine Maschine." Ludwig Wittgenstein, *Bemerkungen über die Grundlagen der Mathematik*, Teil IV, 1942-1944 [1953], Frankfurt/Main 1984, 234; 英文版: eds. G.H. von Wright, R. Rhees, G.E.M. Anscornbe, trans. G.E.M. Anscombe, *Remarks on the Foundations of Mathematics* [1956], revised edition, Cambridge MA, MIT Press, 1983.

人们从此可以谈论机器思维的概念,而不再会遭到反驳。"[53]

1948年,诺伯特·维纳(Norbert Wiener)的《控制论》(*Cybernetics*)在美国出版,副标题为"动物和机器中的控制和通信"。几个月后这本书被译成了德文,并建立起了一个对不可预测、不可控制,或难以预测和控制的过程进行控制的新学科。思维机器设想也是维纳控制论固有的概念。当人们认为机器具有思维能力时,必须考虑到技术(technoid)和人(humanoid)之间的交互界面的不确定性。

移民到爱尔兰都柏林的数学家和1933年诺贝尔物理学奖获得者埃尔温·薛定谔(Erwin Schrodinger),在"二战"后头几年里选择了另一个方向。由于纳粹对技术理性的"贡献",以及核物理原理在原子弹制造中达到顶峰,薛定谔决定退回到古代思想,特别是前苏格拉底思想,尤其是德谟克里特的思想。他想要探讨的问题是,在那个时代,人们是如何看待世界的,那个时代还没形成现代世界观的划分,即主体和客体之间的划分,心物之间、真假之间的划分。

西格弗里德·吉迪恩(Sigfried Giedion)在他的巨著《机械化控制》(*Mechanization Takes Command*)中批判了欧洲现代性。该书最初由牛津大学出版社出版,德国出版商花了30多年才推出这部极具影响力的著作的德文版。《机械化控制》自信而自由地跨越了艺术、科学和技术之间的学科界限。它是一部杰出的现代性考古学的研究著作。当时甚至不存在"考古学"这个名词,直到很多年之后文化研究领域才开始使用这一标签。这本书将我们通常认为属于不同领域的话语进行了相关的链接,这一方法论之后成了一种研究典范,尤其是对那些"文化技艺"相关过程的研究而言。在德国,像沃尔夫冈·施瓦尔布希(Wolfgang Schivelbusch)[《铁路旅行:工业化和对时间和空间的感知》(*The*

---

53 A. Turing, (1950), "Computing Machinery and Intelligence," *Mind*, 59 (236): 433-60。文章也描述了模拟游戏;另见 Link (2007)。

Railway Journey: The Industrialization and Perception of Time and Space)] 和克里斯托弗·阿森道夫（Christoph Asendorf）[54][《生命的电池：论事物的历史及其在现代性中的感知》（*Batteries of Life: On the History of Things and Their Perception in Modernity*）] 这样的作家也借鉴了吉迪恩的方法，这一方法通过这些著作也进一步影响了更年轻一代的文化和媒介研究学者。不过，吉迪恩这样的作品现在还没有在电子研究领域中出现。或许，我们只有像吉迪恩那样在回顾式研究中彻底思考异质性联系，才能写出这样的作品。毕竟，吉迪恩写作的时代早已经离开了机械学时代，而我们尚未离开电子时代。

赫伯特·马歇尔·麦克卢汉（Herbert Marshall McLuhan）的《机械新娘》（*The Mechanical Bride*）是对马塞尔·杜尚（Marcel Duchamp）的《大玻璃》（*Le Grand Verre*）或《被单身汉剥光衣服的新娘》（*The Bride Stripped Bare by Her Bachelors*）的致敬，但这位加拿大传播理论家其实也非常熟悉吉迪恩的作品。在他的第一部著作中，他分析了大众媒体传播中一些个别现象，比如 A. C. 尼尔森（A. C. Nielsen）[55]的播放记录器（Audimeter），这是一种用于测量广播受众数据的电子设备，用于收集受众收听和观看习惯的统计数据。麦克卢汉更像一个人类学家一样对待他的研究对象，认为这些对象类似于观察原始社会生活的技术。他的"部落人"（tribal man）概念也继承了文化人类学的观点。电子媒介把人们聚集在一起，而传统媒介，比如书籍，则把人们相互区隔。然而，最重要的一点是，在这本书中一篇题为"机械新娘"的短文中，麦克卢汉解释了流行印刷媒介中，图像语法（the grammer of images）作为性和技术修辞的主导模式。"'行走''腿''身体''臀部''目光''嘴唇'"。她从墙上

---

[54] 译者注：克里斯托夫·阿森道夫（1955—），德国艺术史学家和文化理论家。他的研究领域包括现代艺术、媒体艺术和视觉文化，主要涉及技术与艺术之间的关系。
[55] 译者注：尼尔森公司是一家全球知名的市场研究和数据分析公司。公司的全称为 Arthur C. Nielsen Inc.，成立于 1923 年，总部位于美国。尼尔森公司的主要贡献是发明了电视收视率测量方法。

掉下来了吗？召集国王所有的马和士兵。"[56]

当诺伯特·维纳在安静的剑桥麻省理工学院研究控制论时，另外两位流亡加州的知识分子，德国犹太移民西奥多·阿多诺（Theodor W. Adorno）和马克斯·霍克海默（Max Horkheimer）正在哀叹技术理性已滑向野蛮。他们撰写了《启蒙辩证法》（*Dialectic of Enlightenment*）一书来描述这场灾难。两人断言，人类为了应对和弥补个体的不足而创造的工具，现在已经呈现为一种独立存在，并开始对它们的制造者进行反击。文化工业以现代大众传媒为形式，正无情地强化艺术固有的乌托邦潜能；也就是说，将不受限制的主体性与共同目的（common purpose）概念及共同体（communitas）观念融合起来，有时甚至调和二者。第一实体不一定是个体，最重要的是，第二实体也不必然是社会。

我一直不明白的是，为什么在那些主张"启蒙作为大众骗局"的批判理论变体，与雅克·拉康（Jacques Lacan）后来以后结构主义方式论述的想象界（imaginary）概念之间，会有不可逾越的认识鸿沟。想象界概念是拉康设定的心理生命线，是他扔在象征界和实在界之间的一条缓冲地带，以免那些因分裂而痛苦的人会完全疯掉，这实际上不就类似于阿多诺和霍克海默所描述的文化工业体系，以微妙方式对救赎（salvation）和惩罚（punishment）进行的双重编码吗？而沟通（communication）和圣餐（communion）有着相同的词源。我们需要想象界这一现象，以便在某种程度上处理我们的缺陷和欲望。我们需要图像这一中介来弥补根本上欲望的不可满足性。反过来，这些图像又通过它们不可解决的虚幻本质（Schein）来惩罚我们。"通过反复展示欲望对象、毛衣下的乳房、体育英雄们的赤裸躯干，它只是刺激了未被升华（unsublimated）的原乐（pleasure）期待，这种期待通过惯性否定，早已退化成了一种受虐狂。"[57]

56　麦克卢汉隐晦地在《机械新娘》"听力计"这一篇中提及了吉迪恩（第50页）；以下引用见第98页。
57　Theodor W. Adorno and Max Horkheimer, (2007), *Dialectic of Enlightenment,* Stanford University Press, p. 111.

阿多诺和霍克海默都不是精神分析学家，他们的主要研究对象不是人类大脑，他们是进行哲学论证的社会学家。不过，他们对由商业利益驱动的一般偏执狂的分析也并不逊色于拉康，至少在机智和准确性方面毫不逊色。

《启蒙辩证法》在 1947 年出版了一个最终版本；而在 1949 年，拉康出版了《镜像阶段》（"Mirror Stage"）修订版。同年，克劳德·列维－斯特劳斯（Claude Lévi-Strauss）在法国发表了他的巨著《亲属关系的基本结构》（The Elementary Structures of Kinship）[58]，这本书将人种和神话的复杂性解释为一种具有重复性结构的现象。这本书间接阐述了语言学，并使其之后成为了人文学科中的一门主要学科。在所有与社会有关的学科中，只有语言学有能力在最广泛意义上融合对心理对象的历时性解释和共时性解释。列维－斯特劳斯采用费迪南德·德·索绪尔（Ferdinand de Saussure）的语言学理论，以及俄罗斯形式主义者和布拉格学派对其的进一步扩展，来研究亚马逊印第安人的仪式或神话，而很长一段时间中，来自现代文明的学者一直无法理解这些神话。列维－斯特劳斯展示了一种语言或文化符号的意义可以从与其他语言或文化符号的差异中推导出来。现在这种方法已经被普及了。列维－斯特劳斯对西格蒙德·弗洛伊德（Sigmund Freud）《图腾与禁忌》（Totem and Taboo）中对乱伦概念的批判堪称杰作。他把乱伦禁忌解释为文化交流和经济交流的基础和动力，这在之后也成为了人文学科研究崭新理解的主导思想。

---

58 *Les structures élémentaire de la parenté;* 英文版：*The Elementary Structures of Kinship*, ed. Rodney Needham, trans. J. H. Bell, J. R. von Sturmer, and Rodney Needham, 1969。

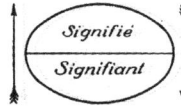

Quand on parle de la valeur d'un mot, on pense généralement et avant tout à la propriété qu'il a de représenter une idée, et c'est là en effet un des aspects de la valeur linguistique. Mais s'il en est ainsi, en quoi cette valeur diffère-t-elle de ce qu'on appelle la *signification* ? Ces deux mots seraient-ils synonymes ? Nous ne le croyons pas, bien que la confusion soit facile, d'autant qu'elle est provoquée, moins par l'analogie des termes que par la délicatesse de la distinction qu'ils marquent.

La valeur, prise dans son aspect conceptuel, est sans doute un élément de la signification, et il est très difficile de savoir comment celle-ci s'en distingue tout en étant sous sa dépendance. Pourtant il est nécessaire de tirer au clair cette question, sous peine de réduire la langue à une simple nomenclature (voir p. 97).

Prenons d'abord la signification telle qu'on se la représente et telle que nous l'avons figurée p. 99. Elle n'est, comme l'indiquent les flèches de la figure, que la contre-partie de l'image auditive. Tout se passe

图 3　这是 20 世纪非常有影响力的书的片段，但并没有以作者的名义出现。Ferdinand de Saussure, *Cours de linguistique génerale* (1916), p. 158

精神分析学家拉康在他 1949 年的著作中对列维-斯特劳斯只字未提。然而，对于这位偏执狂研究专家来说，将语言结构主义扩展为一种"元概念"来研究心理现象，为阐明弗洛伊德是如何通过语法形式将大量无意识的混乱自我进行重新组织提供了机会。通过不懈的阐释和无尽的文本，我们能理解迄今为止无法被学术研究所接触到的其他心理残余。我，自己，不再说话，但这个世界必须把我当作媒介来表达它自己。世界不停对我说话。通过我把自己传递给别人，又通过别人把它自己传递给我。

只有那些永远不可言说和不可书写的真实界顽固地拒绝任何光照，于是这个不可言说的真实界被那些法国大师级思想家们像偶像一样地围绕和崇拜着。贝尔默是来自极端天主教卡托维兹（Katowice）的强迫症患者，皮埃尔·莫里尼埃（Pierre Molinier）[59]是一个叛教者和狂热的异装癖者，还有皮埃尔·克洛索夫斯基（Pierre Klossowski）[60]，一位创作

59　译者注：皮埃尔·莫里尼埃（1900—1976），法国艺术家，他的作品被认为表达了对性别二元对立和规范的反叛。

60　译者注：皮埃尔·克洛索夫斯基（1905—2001），法国作家、哲学家和艺术家。他的作品涉及小说、哲学和艺术等领域。克洛索夫斯基深受尼采、福柯和拉康等思想家的影响。

关于文学、神学和哲学主题的艺术家和作家,这些人通过无休止的涉及身体、玩偶和面具的色情游戏,成为了这个思想世界团体的无冕之王。他们偶尔会在巴塔耶的无头怪阿法塞尔(Acéphale)的旗帜下聚集,参与一个同名秘密社团以及同名杂志的出版项目。拉康与巴塔耶妻子、女演员西尔维娅·马克莱斯(Sylvia Maklès)有染,后来两人结了婚。拉康从一个颓废的匈牙利贵族手中买下了古斯塔夫·库尔贝(Gustave Courbet)[61]创作于 1866 年的名画《世界之起源》(*L'origine du monde*)。拉康要求安德烈·马松(André Masson)[62]制作一个画框,并在上面画上另一幅画,覆盖住原画中详细描绘的阴毛和生殖器,并把两张画都隐藏在不透明的窗帘后面。安德烈曾在 1928 年为巴塔耶臭名昭著的《眼睛的故事》(*History of the Eye*)配图。

在尼采宣布基督教一神论上帝死亡之后(结构取向的思想家们都热情地采用这一宣言),不仅一个新的精神分析之父的形象支配着拉康,而且他在主题上还是采用了一个新的三位一体形式,在语义上离旧的三位一体也相去不远,即想象界、真实界、象征界,克洛诺斯(Kronos)、卡洛斯(Kairos)、埃俄斯(Aion)[63]、父神(God the Father)、道成肉身的圣子、圣灵。我们可以概括地说,三位一体包括这样三种东西:第一,统治我们生活的东西;第二,抽象的、远超越于生活的东西;第三,作为一种特殊品质进入生活并赋予它节奏的东西。三元结构在西方话语中一直持续存在。弗里德里希·基特勒也把他的媒体设备的结构——电影、留声机、打字机——建立在这个古老的数字"3"之上。

在拉康把自我分裂成意识上的想象自我(moi)和不能与自身现实相一致的真实自我(je)之后,我们就不再可能把当代主体设想为一个

---

61 译者注:古斯塔夫·库尔贝(1819—1877),法国画家,现实主义艺术运动的重要代表之一。
62 译者注:安德烈·马松(1896—1987),法国画家和雕塑家,超现实主义运动代表人物。
63 译者注:均为时间之神的名字。克洛诺斯指时间作为事件的线性序列可量化、有方向的一面,而卡洛斯则是时间恒久的一面,埃俄斯指时间循环往复的一面。

同质化主体了。主体变得不同步了，即真正意义上的"笨拙"。拉康把它诊断为偏执的精神痛苦，文化批评也很快把它概括为所有心理关系中的一个固定观念。一个绝对的历史主体变得无法想象，并被宣布为淫秽的存在。新一代思想家开始出现了，与坚持主权主体的马克思主义存在主义者让-保罗·萨特（Jean-Paul Sartre）等人不同，他们将结构主义、权力批判、巴塔耶异质论、受拉康精神分析影响的阿尔都塞的相对非教条的马克思主义，以及与海德格尔哲学思想结合成一门尼采意义上的"快乐科学"。从此，他们开拓出一个他们自己的星球——罗兰·巴特（Roland Barthes）关注艺术、文学和世俗性；米歇尔·福柯讨论历史与权力；雅克·德里达（Jacques Derrida）关注语言与文本。在1969年的《快乐的知识》（*La gai savoir*）中，让－吕克·戈达尔（Jean-Luc Godard）对这些全新的、特殊的思想文化进行了紧张而丰富的追踪。

1957年，巴特以《神话学》（*Mythologies*）为题出版了一部短文集，这些短文写于1954至1956年之间。在50多篇文章中，巴特将神话概念投射到当代大众文化表象上，这同麦克卢汉在《机械新娘》当中所做的类似。例如，一道标准的法国菜"牛排配薯条"、一场"脱衣舞"表演、一台"新雪铁龙"汽车，近距离观察这些熟悉的东西，它们变得陌生起来。这与列维-斯特劳斯采用的方法类似，但是方向相反。在巴特这里，来自异国文化的东西被体验为异类，但是通过结构分析，可以把它们整合到我们的知识领域中。巴特的每一篇文章的起点其实都是从一个媒介材料片段开始的，这些媒介材料是从不断流动的大众文化生产线上打捞起来的——一篇报纸文章或照片、一部电影或戏剧表演、一场展览，等等。意识形态批判和符号学分析在每一个小篇章中都被组合成一个引人入胜的复合体，《神话学》因此成了最重要的符号学书籍之一。[64]

---

64 2010年，瑟伊出版社（Édition du Seuil）发布了大开本的新版《神话学》，其中包含来自报纸和杂志的照片和剪报，生动地重构了巴特的项目。

几个月后，另一部重要著作在巴黎出版了：那就是吉尔伯特·西蒙栋（Gilbert Simondon）的《技术物体的存在模式》(*Du Mode d'existence des objets techniques*，1958)（*On the Mode of existence of technological Objects*，1980）。[65] 尽管这位康吉莱姆（Canguilhem）和梅洛－庞蒂（Merleau-Ponty）的学生撰写的著作对战后法国哲学，尤其是吉尔·德勒兹（Gilles Deleuze）哲学产生了巨大影响，但这本书直到2012年才被翻译成德语。西蒙栋对技术的哲学思考特别强调了三个要点：像机器这样的技术对象必须被理解为异质性构造；技术对象必须从整体的角度来理解；技术目标不是一劳永逸的，而是不断变化的。用德勒兹术语来说，它们是生成（becoming）的现象。西蒙栋的核心思想可以这样被理解：机器是一个包含了人类元素的异质体，它揭示了文化其实是人类和技术紧密结合的产物。这些范式后来在布鲁诺·拉图尔（Bruno Latour）和伯纳德·斯蒂格勒（Bernard Stiegler）的技术反思中获得了突出的地位。

图4　1961思想家谱系

65　*Die Existenzweise technischer Objekte,* trans. Michael Cuntz (Zurich 2012)。在德国，亨宁·施密德根（Henning Schmidgen）是少数几个关注西蒙栋作品的评论者之一。

- 1961 +

1961年秋天，一些欧洲电影院上映了令人不安的画面。阿兰·罗布-格里耶（Alain Robbe-Grillet）和阿兰·雷奈（Alain Resnais）完成了影片《去年在玛里昂巴德》（*L'année dernière à Marienbad*），这是一部结构独特的电影小说。经典的线性叙事形式被抛弃，取而代之的是高度人工化的叙事片段组成的水平的、关联式的蒙太奇。在豪华酒店走廊和房间里进行跟踪拍摄和镜头扫视——作者称之为A、X和Y等主角的姿势、只能在镜子里看到的男女演员发出的声音、那些矫揉造作的对话的虚幻深度——所有的一切都非比寻常，显然都是为了重新定义电影和诗歌。这部电影似乎是以一种数学和几何的精确度拍摄而成的。巴黎知识界为之欣喜若狂。正是在玛里昂巴德这个地方，拉康于1936年首次发表了他的《镜像阶段》。1880年，尼采曾在那里休养，不过他的健康状况还是急剧恶化，连续五周都情绪沮丧。

在第二次世界大战结束16年之后，德国坦克再次驶过柏林，这次针对的是柏林东部的居民。围绕如何从法西斯主义和斯大林主义造成的双重灾难中得出"正确"后果而展开的激烈的意识形态和政治斗争，最终导致了柏林墙的建立。柏林墙不仅是标志一座城市和一个国家分裂的建筑表达，这一建筑从设立之初就有带刺的铁丝网和致命的地雷场，作为冷战的象征，而且还是资本主义和社会主义这两种社会制度不可调和的象征，这两种社会制度所代表的世界观作为普世主义原则都倾向于普遍化。从最宽泛的意义上来说，语言是一切遵循语法来表达自己的东西，成为那些权力渴望者激烈争斗的重要战场。语言又一次被宣传和唤起悲伤的公式所充斥着。统治者威胁要大力把文化纳入行政管理范畴，阿多诺对此进行了不懈的批判。

这就是当时成立技术时代语言研究所（Institut für Sprache im Technischen Zeitalter，SPRITZ）最重要的原因——其动力来自外部环境。

诗人兼文学教授沃尔特·霍勒（Walter Höllerer）[66]在柏林墙建成的那一年于柏林工业大学提出了建立这所研究所的倡议，年轻的路德维希·维特根斯坦在搬到曼彻斯特前曾在那里学习过航空学。霍勒在该研究所第一期同名期刊的社论中写道："从8月13日起，出版这份杂志的计划变得更为明确了。这个日期再次证明了当代语言造成的错位、措辞和音调的歪曲与掩蔽。与此同时，这些事件也表明，对这样一种语言作出回应而不陷入神话和大众的暗示中是多么地困难。"霍勒用一句话概括了研究所的工作计划："我们不会为'技术语言'辩护，也不会把语言简化为可计数的、机械的原则，相反，我们要研究语言在一个受技术影响的世纪中必要的用法和抵抗。"[67]

为此，人们需要确切知道技术到底能做些什么。语言学、计算机和电声学（electroacoustics）之间的相互作用是柏林工业大学早期传播研究的一个典型特征，这在SPRITZ杂志第一期稿件中得到了清晰展示。海因茨·泽曼内克（Heinz Zemanek）[68]的文章重点讨论了"语言自动翻译"的局限；赫伯特·艾森雷希（Herbert Eisenreich）[69]研究了"语言的规律性和反对语言控制的方法"。顺便说一句，该杂志在常规栏目中专门讨论"大众媒体"，这也预示着后来德国大学第一个媒体研究系的成立。该系是他的研究助理弗里德里希·克尼利（Friedrich Knilli）[70]于1967年创办的。克尼利曾学习机械工程、心理学和无线电符号学（*Deutsche Lautsprecher*，1970）。在SPRITZ第一期讨论大众媒介的部分，赫尔穆

---

[66] 译者注：沃尔特·霍勒（1922—2002），德国诗人和文学学者。德国战后文学运动中的重要人物之一，"新主体"（Neue Subjektivität）运动核心人物之一，"技术时代语言研究所"（SPRITZ）的发起人之一。
[67] W. Höllerer (1961), "Diese Zeitschrift hat ein Programm," in: *Sprache im technischen Zeitalter*, no. l, p. 1f.
[68] 译者注：海因茨·泽曼内克（1920—2014），奥地利计算机科学家和工程师，被公认为奥地利的计算机科学之父，他成功地设计和建造了欧洲第一台程序存储式计算机——Ferranti Mark I STAR。
[69] 译者注：赫伯特·艾森雷希（1925—1986），德国数学家和物理学家。他主要的研究领域是引力理论和时空结构的数学描述。
[70] 译者注：弗里德里希·克尼利（1930—2022），奥地利建筑师和设计师，功能主义和现代主义建筑运动的重要代表之一。

特·克拉普（Helmut Krapp）[71]探讨了"图像和语言之间的对照"，而这在互联网普及的时代依然是一个永恒的主题；海因茨·施维茨克（Heinz Schwitzke）[72]对"广播剧语言"作出了贡献。

与此同时，在距离柏林西南几百公里处，马克斯·本斯（Max Bense）[73]正在研究霍勒所批判的东西，即语言的"可计数的、机械的原则"，以及它们的诗学具象化。[74]让我们简单重述一下本斯是如何做到这一点的。

20世纪30年代，本斯研究了综合艺术和科学领域的课题，并以论文《量子力学和相对论》（"Quantenmechanik und Daseinsrelativität"）获得了博士学位。战后，他专注于研究诗学逻辑问题。

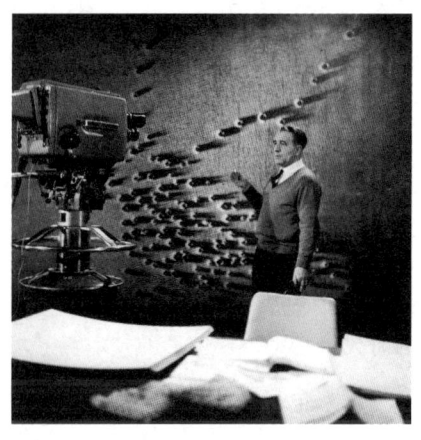

图5 马克·本斯在电视节目《艺术：消失的现象》（Kunst: Bin schwindendes Phänomen）中，背景是卢西奥·丰塔纳（Lucio Fontana）的作品。（巴伐利亚电视台）1966年11月2日

71　译者注：赫尔穆特·克拉普（1929—2002），德国音乐学家和作曲家，作曲大胆有实验性，融合了传统和现代的音乐元素。

72　译者注：海因茨·施维茨克（1908—1991），创立了教会和无线电信息服务。从1951年到1971年，他担任NWDR和NDR广播剧部的负责人，并提出自己的广播剧理论，具有极大影响力。

73　译者注：马克斯·本斯（1910—1990），德国哲学家、数学家、文化理论家，信息美学和信息哲学重要代表人物，他提出了一种以信息和通信为核心的文化理论。

74　当我在2010年再次向诺伯特·米勒（Norbert Miller）询问霍勒的学院与斯图加特学派早期的关系时，他直截了当地向我保证，柏林与他们没有任何关系。

"我们生活的世界是一个技术世界，"这是马克斯·本斯在 1949 年发表的文章《技术存在》（"Technische Existenz"）开篇的一句话，[75] 采用了维特根斯坦式的精确表述。五年后，本斯开始写作了一系列以"美学"（"Aesthetica"）为题的专论，研究艺术领域当中的数学原理。在柏林工业大学发行新期刊《科技时代的语言》（*Sprache im technischen Zeitalter*）的几个月前，本斯出版了他的系列丛书中的一册，书名颇具争议，叫作《编程之美》（*Programmierung des Schönen*）。本斯以这种眼光重新发现了瓦尔特·本雅明，并讨论了维特根斯坦作为一个早期博弈论家的问题。他还特别发展出一种关于"文本和文本美学的普遍理论"，并以严格的方形格式印刷，这是当时最时髦的，因为这基于技术和信息理论的原理。

在提到早期对文明的批判时，本斯在《编程之美》序言中写道："文明，作为我们创造的这个世界上最适宜居住的领域，本质上建立在精确性基础上。"我们的独创性只能通过"在有限的生产步骤中逐步分解"这样一个精确化的过程，来达到去意识形态化和去神话化的目的。"任何神话或神学都不能将我们与让我们生存下来的技术关联起来。"[76] 本斯已在《技术存在》中指出了这一点。接着，他将编程之美的可能性与技术新时代的想法联系起来，对他来说，这样一个时代已经开启了。这是一个经典的时代、机械机器的时代，它将迫使陈旧的技术与艺术的分裂彻底结束。现在电子计算机这种"超经典机器"（trans-classic machine）使得"技术和美学之间的互通"成为可能。美的概念实质上正在消失，但却在功能中重新复活。基于科学和技术、数学和信息理论的全面相互作用，我们现在可以得出这样的结论，"艺术作品就是审美信息的载体"。[77]

---

75 Bense (1998), p. 122, trans. G.C.
76 同上，第 123 页。
77 Bense (1960), quotations pp. 10, 1 5, and 14, trans. G.C.

本斯称这种新艺术的最高级维度为"生成美学",这显然是参考了诺姆·乔姆斯基(Noam Chomsky)20 世纪 60 年代中期"生成语法"概念。本斯把生成美学理解为"所有操作、规则和定理的集合,通过把它们应用到许多作为符号的物质元素上,有意识地、有方法地生成审美状态(分布和/或设计)的聚合"。[78] 在为 1968 至 1972 年出版于南斯拉夫的《比特国际》(*Bit International*)杂志撰写的一篇文章的末尾,本斯以实用的明晰性定义了生成美学理念:"它的目标是把艺术创作过程分解成有限的一系列构造步骤。因此它是一种'确定性'美学。实际上,它可以建立起'程序',借助于程序控制计算机来产生'审美状态'。"[79]

在 20 世纪 60 年代初,机器和能思考的有机体之间的密切联系,绝不是对想象中的未来的异想天开。在美国国家航空航天局(NASA)工作的精神病学家、生理学家、麻醉专家、程序员和工程师都在致力于研究控制论机器和生物有机体组成的混合体,这在半个世纪前被称为"赛博格"(cyborgs)。第一个赛博格其实是一只体内植入了微型机械输液泵的实验鼠。

智能机器承诺不会犯与发明它们的人同样的错误。正如阿多诺、霍克海默和拉康各自以自己的方式所宣称的那样,人工设计、精确的草图、明确的规则以及精确的执行,显然不仅仅是对自然缺陷的表面弥补。至少在不排斥形式化的领域,这些方法可以避免甚至克服缺陷。机器和程序似乎是智能的标志,它们应该有机会做得更好,包括艺术和诗歌领域。

20 世纪 60 年代初是意大利年轻先锋派的梦想的起点。皮耶·保罗·帕索里尼(Pier Paolo Pasolini)此时已被开除出意大利共产党,他在 1961 年拍摄了《神曲》(*Accatone*),这是他的第一部社会情节剧,主角是一个来自罗马郊区的反社会英雄;此时作家南妮·巴莱斯特里尼(Nanni Bal-

---

78 Bense (1965), pp.11-13, trans. G. C.
79 Bense (1968), p. 81, 第一次出现在 *IBM-Nachrichten* 180, 1966, pp. 294-296 中;感谢玛格丽特·罗森(Margit Rosen)提供的宝贵信息。

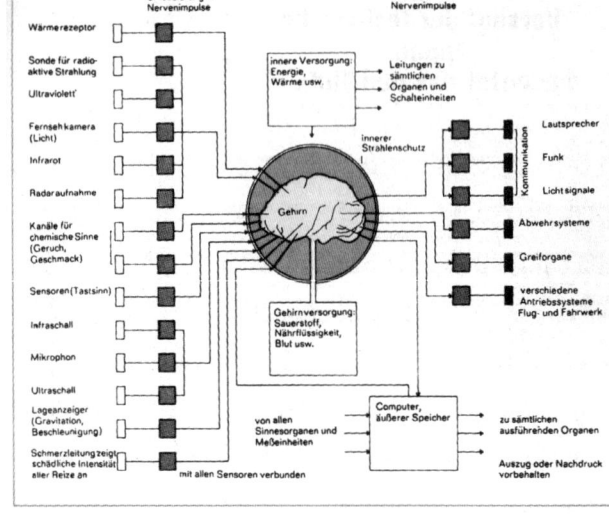

图 6 "赛博格是我们社会中的一员吗?"
来源: *Hobby. Das Magazin der Technik*, no. 22, 1970.

estrini）[80] 和翁贝托·埃科（Umberto Eco）与国际商业机器公司（IBM）的工程学博士阿尔贝托·诺里斯（Alberto Noris）一起，坐在一台大型计算机前，创作了这首置换诗《条带马克 1》（*Tape Mark 1*）。该标题取自哈佛大学于 1943／1944 年研制的一台自动序列控制计算机，而 1948 年和 1949 年曼彻斯特大学用电子管制造的计算机——两台计算机都叫作"条带马克 1"。[81]

巴莱斯特里尼设计的诗歌用现有的文学短语在 IBM 7070 上生成，[82] 这台计算机现在矗立在米兰的伦巴省储蓄银行（Cassa di Risparmio delle Provincie Lombarde）的新计算机中心里。在这台巨大的机器前，或者更确切地说是身在机器当中的三位专业人士都打着领带，穿着保守的西装。IBM 7070 是大型银行常用来更快、更精确地进行日常会计工作的电子巨兽之一。20 世纪 50 年代末，意大利打字机制造商奥利维蒂（Olivetti）为办公室和银行开发了类似于 IBM 的大型计算机；然而，优雅的 Olivetti Elea 9003 仍然只是一个小插曲。[83] 意大利先锋派实验是在来自美国的一台机器上进行的。在米兰，博比亚尼出版公司（Bompiani）为他们提供了一个出版平台。20 世纪 60 年代初出版的《博比亚尼文学年鉴》（*Almanacchi letterari Bompiani*）是一份对新美学、诗歌和政治情感的总汇。1963 年的年鉴取名为 "摄影信息"（*Il messagio fotografico*），其中包含了罗兰·巴特对新闻摄影的精彩分析。这一期的主要焦点是对流行图像的结构性阐释，吉尔伯特·柯亨－塞阿（Gilbert Cohen-Séat）[84]

80　译者注：南妮·巴莱斯特里尼（1935—2019），意大利作家、诗人和政治活动家，意大利新左翼运动的重要人物之一。

81　关于曼彻斯特的"马克 1"，我参照了 David Link (2006), p. 19f。

82　他参照的来源是：道仁八谷（Michihito Hachiya）的《广岛日记》（*Hiroshima Diary*）、保罗·戈德温（Paul Goldwin）的《电梯之谜》（*The Mystery of the Elevator*），以及老子的《道德经》；参见《博比亚尼文学年鉴 1962》（*Almanacco Letterario Bompian*，*1962*）和《变体学 5》（*Variantology 5*）中我们的英文翻译（Cologne 2011）。

83　关于意大利奥利维蒂公司内部复杂计算机的开发，尤其是开发由于阿德里亚诺·奥利维蒂（Adriano Olivetti）的去世而终止，请参见 Parolini (2008)。乔治·马丘纳斯（George Maciunas）在 1962 年 11 月用激浪派表演致敬了奥利维蒂。

84　译者注：吉尔伯特·柯亨－塞阿（1920—2009），法国政治家和法学家，在法国政治界和工会运动中起到重要作用。

的《图像的文明》（*La civiltà dell' immagine*），在装置理论出现之前提供了对装置进行思考的令人印象深刻的启发，该文本还没有从最初的法语翻译成英语或德语。博比亚尼出版公司邀请了一大批世界艺术先锋派精英，如布里（Burri）[85]、丰塔纳（Fontana）[86]、考内利斯（Kounelli）、利希滕斯坦（Lichtenstein）[87]、劳森伯格（Rauschenberg）、图冯布雷（Twombly）[88]和沃霍尔（Warhol）等人一同参与。年鉴对这些贡献者没有采用任何等级排名，1963年的年鉴报道了上一年的激浪派（Fluxus）艺术——戏剧、电影和电视的作品，并详细列出了法国、苏联和美国从1961年10月4日至1962年9月25日进行的核武器试验；整整十几次爆炸，也就是每个月发生一次核爆。

1964年，当帕索里尼的电影《马太福音》（*Il Vangelo secondo Matteo*，根据圣玛窦的故事改编）在意大利影院上映时，他让吉奥乔·阿甘本出演了角色，扮演耶稣的门徒保罗，阿甘本出演了几秒钟时间。当时，巴莱斯特里尼正在创作他的置换小说《特里斯塔诺》（*Tristano*）。翁贝托·埃科于此受益良多。巴莱斯特里尼很不情愿地进入了一所工程学院，但很快就辍学了[89]，41岁的他令人印象深刻地展示了如何使用《特里斯塔诺》中的巧妙算法，从现有的文学短语中生成新的叙事文学作品。巴莱斯特里尼谦虚地称这些在机器的帮助下创造出来的美学产品为"aurina"或"auretta"，即可爱的小光晕（aura）。[90]

这位六三学社（Gruppo '63）和新先锋派（Neoavanguardia）的共同创始人没有利用这一概念成功出版畅销书。巴莱斯特里尼与安东尼

85　译者注：阿尔贝托·布里（1915—1995），意大利艺术家，擅长抽象表现主义绘画和装置艺术。
86　译者注：卢西奥·丰塔纳（1899—1968），意大利艺术家，20世纪重要的先锋艺术家之一。
87　译者注：罗伊·利希滕斯坦（1923—1997），美国艺术家，他把大众文化图像进行了漫画化处理，是大众艺术运动代表人物。
88　译者注：图冯布雷（1928—2011），美国艺术家，以抽象表现主义风格绘画和雕塑作品著称。
89　Personal communication, November 2010.
90　Personal conversation in Rome, 4/8/2011.

奥·奈格里（Antonio Negri）和其他许多人一起，被指控进行武装颠覆活动，以及参与暗杀奥尔多·莫罗（Aldo Moro）[91]。他滑雪穿越了阿尔卑斯山逃到了法国。在那里，他遇到了让－雅克·勒贝尔（Jean-Jaques Lebel）[92]和菲利克斯·加塔利（Felix Guatarri）等人，他至今还住在那里，有时也会去罗马。他认识罗伯-格里耶（Robbe-Grillet）是在他们合作出版文学期刊《野猪》（*Il verri*）的时候。这位艺术家还以达达主义的方式为画廊和博物馆制作视觉文本拼贴作品，并构思了自己的文学实验，在将近半个世纪后，苏尔坎普出版社（Suhrkamp Publishers）为他的小说出版了 2000 个由不同拼贴方式创作的版本。埃科为其撰写了导言，在他去世前不久，彼得·O. 乔特耶维茨（Peter O. Chotjewitz）[93]把这部小说翻译成了德文。[94]

图 7 巴莱斯特里尼、勒贝尔、吉亚罗·达吉尼（Giairo Daghini）、让－保罗·德高德纳尔（Jean-Paul de Gaudernar）、加塔利、克里斯蒂安·德斯坎普斯（Christian Descamps）[95]、让－皮埃尔·法耶（Jean-Pierre Faye）[96]（从右到左）在《国际变革》（*Change International*）杂志在巴黎的发布会上的合影
来源：巴莱斯特里尼的私人档案

91　译者注：奥尔多·莫罗（1916—1978），意大利政治家，意大利基督教民主党领导人。
92　译者注：让－雅克·勒贝尔，法国艺术家、诗人和政治活动家，"新现实主义"艺术运动的先驱之一。
93　译者注：彼得·乔特耶维茨（1934—2010），德国作家和律师，"二战"后德国文学中的重要人物之一。
94　在意大利，这本小说在两年前被重新发现，《野猪》还为它做了一期特刊，名叫"attività combinatoirie"。参见 Balestrini (2008)。
95　译者注：克里斯蒂安·德坎普斯（1946—），法国音乐家、诗人和歌手。
96　译者注：让－皮埃尔·法耶（1925—），法国作家、哲学家、文学评论家。

雷蒙·格诺（Raymond Queneau）在他的诗集《十万亿首诗》（*Cent mille milliards de poemes*，1961）中主要追求诗意的目标。这些诗被切成一行一行的片段，读者可以按照任何顺序排列它们，以此产生无数变体。然而，还有另外一种置换产品，它需要相当程度的努力才能生产出来。巴莱斯特里尼的想法是技术乌托邦和激进民主文化市场的混合体。他鼓吹由计算机加速和提高生产效率的制造过程的概念。根据高度灵活的超经典机器原则，可能以这样一种方式来控制印刷机，即生产的每一本书都有不同信息内容。装配线代表的并不是物品无止境的可复制性，而恰恰是生成和分发拥有多种变体的独一无二的物品：每一个顾客都会收到属于他们自己版本的小说。对于每一份印刷作品来说，小说大约 300 个段落中的 200 个将以不同的顺序组合。原创性是随机生成的。用户在这个过程中没有起到任何作用，就像后来连接到互联网的 3D 打印机所打印出的定制产品一样，这些产品被称为加工设计。每位顾客都可以拥有属于自己的文本，可以制作一个"小光晕"。

我们已经可以想象到，图书出版商将会如何适应这个想法。读者将根据需要或他们认为合适的方式，从商业数据库中选择，并重新组合文本。文本打印出来后，每本书都会有个性化的封面，封面上印上读者的名字。在 20 世纪 60 年代早期，选择权在电子百货商店中还没有起决定性的作用。"置换艺术就像水印一样被印在了技术时代身上"，亚伯拉罕·A. 莫尔斯[97]（Abraham A. Moles）在他的《置换艺术第一宣言》的结尾说道。[98] 他是本斯的同事，后来也成了弗卢塞尔的朋友。

97　译者注：亚伯拉罕·莫尔斯（1920—1992），法国音乐家、艺术家、科学家和哲学家，主要研究信息理论和感知美学领域，是跨学科研究的先驱。
98　这篇短文的德文版以第 8 号作品在传奇的 "Rot" 系列中由梅尔（K. Maier）在斯图加特（无出版日期）出版，由马克·本斯和伊丽莎白·瓦尔特（Elisabeth Walther）担任编辑。在文本末尾，编辑强调该文本是"由海蒂（Heidi Döhl）为 IBM 高管编写的"。向公众开放工具箱的姿态伴随着所有艺术的前卫。

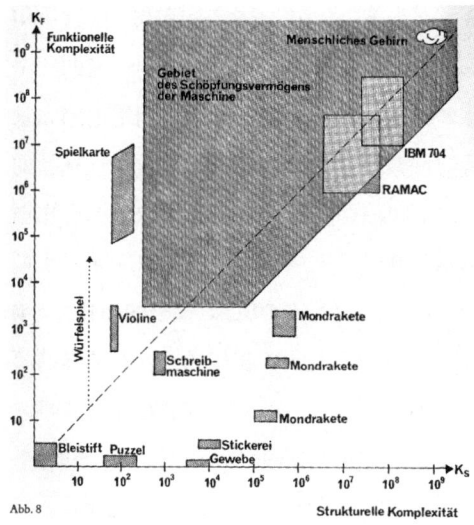

图 8 在平分玩具和游戏之上,在技术完善到自动化程度之下:"作为让创造性使用成为可能的复杂性条件,我们提出以下假设:功能复杂性必须在足够强的程度上超过结构复杂性。"来源:Moles (1971), p.54.

排列、组合、机器诗歌,剪切、拆解、再组合,打破了传统的写作规则,有意打破了体裁的边界:这些方式都代表着创造性攻击战后资产阶级文化生产传统的姿态。与此同时,从业者正致力于开发一种不再需要传统意义上的作者的语言:"来解放词语 / 解放到来的词语 / 解放到来的词语 / 词语变得解放……"[99](Come to free the words / To free the words come / Free the words to come / The words come to free...)这五个短词有 5×4×3×2×1 种的排列方法,总共 120 行:这是一首没有作者的诗,因为甚至写第一行的人都没想过要产生各种变体。从 1960 年到 1962 年,布里恩·吉辛(Brion Gysin)[100] 经常和威廉·S. 伯勒斯(William S. Burroughs)[101] 一起,在文本和图像中对发现的材料进行自动组合实验。

99　Brion Gysin (1987);另见 Brion Gysin (2010)。
100　译者注:布里恩·吉辛(1916—1986),英国实验艺术家,擅长拼贴画。
101　译者注:威廉·S. 伯勒斯(William S. Burroughs)(1914—1997),美国非常重要的现代作家。

"我就是我所是"，"垃圾无用，孩子"，这是吉辛和伊恩·萨默维尔（Ian Sommerville）[102] 一起编写的，是拥有独特节奏的机器诗歌的一个早期例证。伊恩·萨默维尔后来成了伯勒斯的情人。主角们用电脑和录音机来表演。每一首突变的诗歌都被制成磁带。这首带有攻击性标题的《手枪诗》（*Pistol Poem*）是吉辛和伯勒斯在巴黎一家廉价旅馆合作创作的，这家旅馆后来以圣米歇尔区 9 号"爱之屋"（Gît-le-Coeur）街道的"垮掉的旅馆"（Beat Hotel）而闻名。之后受 BBC 广播公司委托，《手枪诗》将枪声、数字和单词碎片转换成令人欣喜若狂的、富有节奏的吟唱。吉辛将录制的材料切割成微小碎片，然后以有节奏的循环方式将它们重新组合在一起。后来，像大卫·鲍伊（David Bowie）、悸动软骨乐队（Throbbing Gistle）的基尼西斯·P. 奥利奇（Genesis P. Orridge）、伊基·波普（Iggy Pop）、卢·里德（Lou Reed）这样的摇滚乐手，以及卡巴莱·伏尔泰（Cabaret Voltaire）[103] 这样的乐队，都是吉辛的超级粉丝。但是在学术文化中，吉辛仍然是一个不合规者。比如，吉辛最崇拜的人是一个同性恋艺术家让·热内（Jean Genet）[104]。1964 年，来自立陶宛的流亡者乔纳斯·梅卡斯（Jonas Mekas）[105] 在他的电影作品中也使用了剪贴技术。他在纽约公开放映了热内的禁片《爱情颂》（*Un chant d'amour*，1950），并因此被逮捕和审判。[106]

102　译者注：伊恩·萨默维尔（1951-），计算机科学家和软件工程师。
103　译者注：卡巴莱·伏尔泰，瑞士苏黎世的实验音乐和艺术团体，达达主义运动的重要参与者。
104　译者注：让·热内（1910-1986），法国作家、剧作家和政治活动家。
105　译者注：乔纳斯·梅卡斯（1922-2019），美国电影制片人、导演和诗人，实验电影和无声电影运动的创始人之一。
106　Dwoskin (1975), p. 59; 作者是伦敦电影制片公司的创始成员。

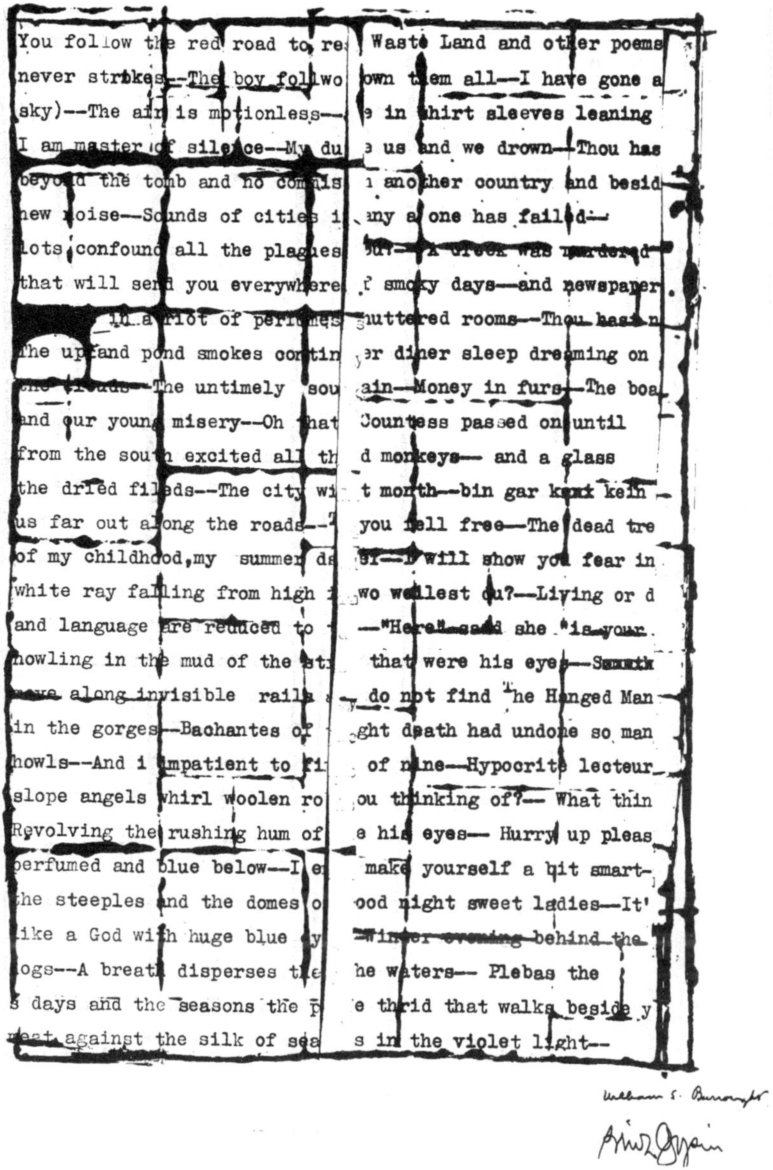

图 9 来自《第三心灵》(*The Third Mind*, 1965) 的剪辑，右下角是作者伯勒斯和吉辛的签名

在此期间，美国垮掉一代作家在奥地利的对应者奥斯瓦尔德·维纳
（Oswald Wiener）[107]正在意大利打字机制造商的数据处理部门工作。这正
好也是奥利维蒂开始开发 Elea 9000 系列的时期。从 1962 年到 1967 年，
维纳完成了小说《中欧的进步》（Die Verbesserung von Mitteleuropa）中的
大部分片段，并于 1969 年首次由罗沃尔特出版社（Rowohlt Verlag）出版。
特别是《生物适配器》（"Bio-Adapter"）一文，作为小说的附录被纳入
其中，这个文本值得结合当代的界面理论被重新挖掘出来。维纳的可编程
"快乐套装"是"世界上所有问题的完整解决方案"，它基本上是一个理
想界面，不再需要任何其他媒介作为与世界沟通的先决条件。维纳宣称，"通
过技术解放哲学"是"这个世纪带给我们的机遇"，很自然地，就像这一
时期的莫尔斯和其他人一样，他们的作品都是以布莱希特的史诗风格写成，
没有任何大写字母，所以似乎更适合打字机。维也纳行动主义（Viennese
Actionism）[108]的那种欢乐的资产阶级无政府状态——在这种状态下，性
欲常控制着大脑——对维纳来说是远远不够的。他认为新智能机器有可
能彻底超越笨拙的人形机器人（humanoid）。维纳的"快乐套装"与镜
像阶段后包裹着拉康分裂的"我"的盔甲完全相反。生物适配器是一台天
堂机器，而盔甲则是进入日常地狱生活的界面。

"在生物适配器的设计者看来，只有人类适配器才能够经得起那些
负责任的人类学批评的挑战，并首次满足统治宇宙的智人们的健康和英
雄理想；一方面，耗尽宇宙，另一方面，清算智人。人类在离开他们的
适配器后，会变得暴露无遗，紧张激动且不堪重负（无论是语言、逻辑、
智力、感官器官、工具），如同一团又软又滑的泥浆，因对生命的恐惧
而颤抖，因对死亡的恐惧而石化。然而，当他们穿上生物补体时，他们

107　译者注：奥斯瓦尔德·维纳（1935—2021），奥地利作家、诗人和哲学家，概念艺术和后现代主义的代表人物。
108　译者注：维也纳行动主义，20 世纪 60 年代至 70 年代初期在奥地利维也纳兴起的一种先锋艺术运动，主张将身体表演、行为艺术和感官刺激结合在一起。

就变成了不再需要宇宙就可以应付宇宙的主宰实体,因为在想象的意义等级序列中,他们的等级惊人地高于宇宙。"[109]

在《生物适配器》出版的那一年,Unix 操作系统和 C 编程语言都成了可用的信息处理选项。美国政府为他们的高级研究计划局(Advanced Research Projects Agency)建立了一个精英网络,名为阿帕网(ARPANET)。阿帕网成为一种自相矛盾的、基于技术的通信形式的技术基础和政治基础:它被认为极端安全、可靠,同时又是完全敞开的。一开始,该网络的四个节点由参与研发军备最多的研究机构来开发和管理,即加州大学圣巴巴拉分校 (the University of California,Santa Barbara,,UCSB)、加州大学洛杉矶分校 (the University of California, Los Angeles,UCLA)、斯坦福研究所(the Stanford Research Institute, SRI)和犹他大学(the University of Utah)。

1967 年,在瑞士召开的关于度量衡的会议上,秒被重新定义为铯 13 原子震动 9192631770 次时间,对应于温度 0 K 时铯 -133 原子基态的两个超精细能级之间的跃迁。时间单位肯定会从宇宙学中消失,也肯定会从人类感知所能达到的领域中消失。

图 10　1968 思想家谱系

109　"Wiener. Appendix A, der Bioadapter. (prospectus 1965/66), (not revised)," in Wiener (1969), p. CLXXV.

-1968+

"福柯先生,您什么时候不再相信意义了?"1966年5月,在巴黎的一次采访中,玛德琳·查普萨尔(Madeleine Chapsal)[110]向这位38岁的哲学家询问道。那一年,福柯正在北非教书;《词与物》(*The Order of Things*)的出版使福柯突然成为巴黎知识分子世俗好奇(mondaine curiosity)[111]的对象。福柯对查普萨尔的回答是:"断裂发生在那一天,当列维-斯特劳斯对于社会的研究和拉康对于无意识的研究向我们表明,意义可能只不过是一种表面效应、一种镜像、一种泡沫;它们深深贯穿我们,是在我们出现之前就早已存在的东西,并且在时间和空间上支撑我们的就是这个系统(system)。"[112]

福柯将法国战后智囊团大师们的思想激进化,同时将它们投射到历史建构上,投射到历史进程上。他以一种激烈的方式反对人文主义思想,人文主义思想以主权历史主体的观念为核心,这一观念长期以来一直主导着历史学。他与乔治·巴塔耶一起,分享了一个不成功、但大肆挥霍的(squander)努力,旨在摧毁胜利的主体性,无论是在口语表达还是书面文字中。在这场公开辩论展开的最初几年,他最著名的对手就是让-保罗·萨特。福柯的批评最终可以概括为这样一种表述:对结构主义者来说,个体不会思考,而是被思考;对结构主义语言学家来说,个体不会自己说话,而是通过语言系统被言说。

在方法论上,福柯的思想也不再局限于一个统一的真理概念。他没有发明任何哲学范畴,来取代观念论当中消失的上帝。他是一个辩论精辟、富有哲理、借用各种来自其他作者的概念的历史学家。他几乎逐字

---

110 译者注:玛德琳·查普萨尔(1925—),法国作家、记者和评论家。

111 Agamben, "Der Autor als Geste," in: Agamben (2005), p. 57.

112 引自 Howard Richards, *Foucault and the Future: A Philosophical Proposal for Social Democracy*, Chp. 5, Early Middle Foucault (1964-1969), http://bowardrichards.org/peace/content/view/72/100/accessed 10/15/2012。

逐句地从尼采那里继承了他的谱系学；他从巴塔耶那里借用了越界和异质学概念，并由此衍生出自己的异托邦概念；在与巴塔耶的互动中，他也使用布朗肖（Blanchot）的思想来加深他对主权的理解；系统和结构是他从列维－斯特劳斯那里挪用的。他对"话语"这一术语的复兴是非传统和具有原创性的，"话语"一词在科学传统中代表着客观真理的产生。如果一个人对一个现象进行福柯式分析，最后剩下的只有铭刻在话语及其表达技巧中的对客观真理的意愿。与福柯的话语分析紧密相关的是他的策略性概念"档案"和"考古"。在福柯的晚期工作中，考古学越来越被更加不受约束的、方法上更开放的谱系学所取代。

生于阿尔及利亚的雅克·德里达与福柯有着密切的联系，他为反对西方欧洲的逻各斯中心主义（Logocentrism）及其建构意识的真理进行了不懈的哲学努力。然而，德里达寻求真理的实践不是通过历史来研究的，而是通过解释文学，特别是作为书面文本的文学。一年后的1967年，德里达的《文字学》（*Of Grammatology*）问世，并产生了与福柯的《词与物》相似的巨大影响。这两部作品都不接受规范的专制、既定的等级制度和异化。对德里达来说，这涉及一切可以被言说的东西，尤其是一切可以被书写的东西。尤尔根·哈贝马斯（Jürgen Habermas）把《文字学》描述为建立一门写作科学的努力；海德格尔只是满足于将语言定性为类似于存在之栖居的东西，而德里达则从文学的角度开始对语言进行系统性研究。

对于这位采用哲学辩论的语文学家来说，语言表达的意义并非固定不变，而是随着每一次言说、每一次写作和每一次阅读被反复重建的，并且可能每次都以不同的形式呈现。这就是德里达所谓的"解构"的起点。他反复强调，解构不应被误解为一个哲学范畴，解构描述的是通过言说和写作所发生的意义不断转移的实践，它意识到语言符号生成的差异性特征，并且不断展示这一点。在解构的写作和阅读中，每个文本都展现为差异的特定产物，在这些积极的转移中，德里达希望把书写看作是延异（différance）的过程；当然，在口语当中，差异和延异这两个词是不区分的。

显然，福柯和德里达都不是媒介理论家，但是技术媒介及其作为内置话语实践的隐喻，都是他们思想的内在组成，并经常成为他们的思考对象。然而，这些媒介问题在他们那里并不是显性的，甚至不是特别吸引人的、让他们专注的研究领域。他们的探索和理论的工具被热切地改编，用于分析媒体现象。比如福柯的全景概念"全景敞视"，作为一种特定的监督形式，是他通过分析杰里米·边沁（Jeremy Bentham）的监狱概念而得来的，之后成了大量研究的典范，这些研究都涉及通过技术手段组织起来的监视。同样，德里达的解构概念也是一样。在绘画、电影或电子视频等例子中，解构成了一种美学策略，但最重要的应用还是在建筑中。例如，丹尼尔·里伯斯金（Daniel Libeskind）[113]的柏林大屠杀博物馆被认为是对这个20世纪下半叶美学中最吸引人的操作概念的杰出纪念。

另一本开创性著作出现在1968年的分水岭前一年，自称巴黎情境主义者领袖的居伊·德波发表了《景观社会》，这本书通过对大众传播及其主观效应的批判，严厉、诗意和分析性地延续了资本主义批判的议题。这本书是以小册子（pamphlet）一般的激烈风格写成。文本出版于1967年11月；6年之后，它又成了一部同名暴力电影蒙太奇的音轨。在接下来的几十年里，任何批判性思想家都不能忽视这个三位一体——《词与物》《文字学》《景观社会》。

解剖和表达——它们的组成部分就像机器的齿轮一样相互啮合——罗兰·巴特用这一对术语描述"结构主义活动"，以这种方式，

---

[113] 译者注：丹尼尔·里伯斯金（1946—），美国建筑师和城市规划师，代表作之一是柏林犹太博物馆（Jewish Museum Berlin）。

他简洁概括了当时整整一代文学和语言学学生和教授的活动。20 年后，基特勒也含蓄地承认这一点，他的语言在某种程度上受到了拉康的影响，当他定义电影的一种基本特征时："在现实中进行剪切或剪辑，在想象中进行融合或流动，整个电影研究的历史就是围绕这个悖论展开的。"基特勒从结构主义活动中借用的解剖和表达媒体活动的方式，贯穿了他在《留声机、电影、打字机》（*Gramophone, Film, Typewriter*）中对材料的分析。[114] 这也描述了蒙太奇的基本操作。

"爱只是一个四个字母组成的单词，"鲍勃·迪伦（Bob Dylan）在 1965 年左右写道，琼·贝兹（Joan Barz）把这句话演绎成一首热门歌曲。受过符号学训练的 1968 年一代非常了解并教导我们，在一个语言结构化的世界里，一切可见和可闻的事物都是由符号组成的，在这些秩序系统下，心理的、象征的和被象征的，这三者之间的熟悉关联遭遇到了麻烦。当时，符号学成了一门时髦学科，并自负地自称为元学科，它非常适合于批判东西方之间流通的意识形态。一切以既定表达形式出现的事物，如建筑和城市规划、大众汽车、音乐、绘画、廉价小说、时装秀、漫画、法律实践或色情作品等，都成了符号专家们热切关注的对象。符号学的国际明星们有时会给自己取更时髦的名字，并聚集在同一家出版社，比如 1977 年出版的一本选集就是如此，虽然选集中的作者们的路径有很大的分歧：米恰伊尔·巴赫金（Michail Bachtin），翁贝托·埃科，阿尔吉达斯·J. 格雷马斯（Algirdas J. Greimas），朱丽娅·克里斯特娃（Julia Kristeva）和尤里·M. 洛特曼（Jurij M. Lotman）。[115] 即便是在东柏林洪堡大学（Humboldt University）哲学系，马克思主义符号学家格奥尔格·克劳斯（Georg Klaus）[116] 也尽力确保从"真正的社会主义"的角度出发，

114　Kittler (1986), p122.
115　参见 *Textsemiotik als Ideologiekritik* (1977).几乎所有的文本都是在 20 世纪 60 年代写的，几乎没有例外。
116　译者注：格奥尔格·克劳斯（1912—1974），德意志民主共和国马克思主义哲学家。

在国际对话层面上协商意识形态力量，但是对于那些恐惧官方术语的人来说，这种观点具有巨大的乌托邦潜力。

在那个时候，发生了两段重要经历，对我的研究特别重要。我永远不会忘记1973年，我与克尼利在柏林工业大学参加的第一次媒介研究研讨会。在位于17街135号研讨会的走廊上，人们就已经可以听到异常兴奋的呻吟声了。我打开门，发现里面大约有十几个青年知识分子，有男有女，坐在一台黑白显示器周围，显示器连接着一台贝尔&豪厄尔（Bell&Howell）KV-360，这是一台0.5英寸的卷带录像机，上面正在播放一场色情表演。学生们在屏幕和他们的笔记之间来回扫视，他们在笔记中仔细记录色情片的镜头、场景和序列特征。如果我没记错的话，这个研讨会叫作"商业色情电影和意大利式西部片分析"（Analysis of Commercial Porn Film and Spaghetti Westerns）[研讨室离演讲厅很近，那个演讲厅拥有弗劳恩霍夫协会（Frauenhofer Institutes）的波场合成系统，系统配备有2700个扬声器，分布在832个独立频道上]。过了一会儿，我有机会和其中一个作家说话了！很少有人知道他的名字。他就是海因茨·沃纳·霍伯（Heinz Werner Höber），联邦调查局（FBI）特工杰里·科顿（Jerry Cotton）这一虚构形象的创造者。科顿开着时髦的红色E型捷豹（Jaguar），在曼哈顿街道上追捕坏人，经常持续几天几夜，然后在淋浴完和吃完几个煎蛋后准备进行下一轮捕猎行动。霍伯住在西柏林的波茨坦大街和布洛大街一带，在20世纪70年代，那里是个令人兴奋的混杂区，有媒体公司、妓院和酒吧等场所。在拐角处有一些进步的出版商，如沃尔克·斯皮斯（Volker Spiess）和罗布赫（Rotbuch），维姆·文德斯的制作公司"公路电影"

(Road Movies），还有"喜剧"（Kommedia），它是柏林第一家专门经营媒介文学的书店。听这位低俗小说作家干巴巴地讲述他如何一遍又一遍地重新刻画这个角色，以及特工的忠实的伙伴菲尔·德克尔（Phil Decker），是一件非常有趣的事情。他的小说基于一系列特定属性、动机和冲突，在它们不断变化的排列变体当中被重新描绘；有时他甚至一周能写两个中篇小说。他的小说被改编成了电影，由乔治·纳德（George Nader）[117]主演，霍伯因此收到了几百德国马克的报酬。那时霍伯从未踏足曼哈顿，因为他没钱。他对曼哈顿的精确描绘完全是借助城市地图和明信片来完成的。他的小说的一个重要特征是细节上的准确性，但是忽视大局。当时除了霍伯之外，还有数十位其他作家也大量创作了这类小说，他们为该系列的巨大成功作出了贡献。与此同时，《杰里·科顿》（Jerry Cotton）已经被翻译成了多种语言。到目前为止，其总发行量已经达到 10 亿册左右。

克里斯蒂安·麦茨（Christian Metz）将结构主义符号学在阐释电影方面的作用推向了极致，而在 20 世纪 60 年代，电影是无政府主义者最后的避难所之一。他为叙事电影设计了宏大的组合（syntagmatic）范畴模型，[118]并为早期电影和媒体研究的研讨会和辅导课提供了无穷无尽的素材。模型有助于发现电影叙事句法结构多样性中的模式和规律，不厌其烦地将各种叙事条件的各种特征范畴——从独立镜头到更复杂的语结构——投射到众多令人作呕的电影现实中。每个人都必须掌握这套工具，它是电影分析不言而喻的基础，包括镜头的尺寸和视角、相机

---

117 译者注：乔治·纳德（1921—2002），美国演员，活跃于 20 世纪五六十年代的好莱坞电影中。
118 首次出版于法国梅茨（1966）；英语版本：*Language and Cinema*（1974），trans. Donna Jean Umiker-Sebeok, The Hague: Mouton.

轴和相机运动方式,以及声音的各种索引特征等。掌握电影语言会给那些平时做歌德和海涅意大利之旅比较分析的同学们留下深刻印象。人们终于明白,比如在谢尔盖·爱森斯坦(Sergei Eisenstein)的《十月》(October, 1927)中,蒙太奇的众多概念之一是"非时间性语法"(achronical syntagma),也就是电影常规叙事框架内的"括号句法"(bracket syntagma),对此大家肯定都略知一二。在这个例子里,括号句法指的是不同图像和镜头之间密切的语义接近性,这和爱森斯坦的智力蒙太奇非常类似。

电影分析从此成了一种能力,就像 20 年后,当通用电子控制机开始普及的时候,编程成为一种必须要掌握的文化技艺一样。据我所知,德国最早的一本《电影和电视分析导论》(Einführung in die Film- und Fernsehanalyse)有一个副标题,叫作"观众基础知识"("An ABC for Viewers")。也就是说,这其实是学习和掌握一门新语言的问题。该手册用煽动性的解说手法来吸引大众读者,但它所使用的符号学和意识形态术语极为繁琐,中间存在鸿沟。作者弗里德里希·克尼利和欧文·赖斯(Erwin Reiss)尝试用卡琳·赖斯(Karin Reiss)清晰的色情图画来弥补这一鸿沟。在这本书中,极端学院派风格和垃圾文化对象完美地结合在了一起。[119]

一所位于英国中西部地区工业革命重镇的大学,当时成了一个新的研究领域的核心,当然它的辉煌时光已经结束。这个新的研究领域是各种极端的组合,给学术界提出了挑战。伯明翰当代文化研究中心(The Birmingham Centre for Contemporary Cultural Studies)提供了后来在全球范围内广泛传播的肆意扩张和社会性空虚的文化研究所需要的所有概念。这一学派的先驱著作有理查德·霍加特(Richard Hoggart)的《识字的用途》(The Uses of Literacy, 1957),雷蒙·威廉斯(Raymond

---

119 该书由安那巴斯(Anabas)出版社出版(Steinbach 1971)。

Williams)的《文化与社会》(Culture and Society, 1958)、《漫长的革命》(The Long Revolution, 1961),马克思主义历史学家和社会学家爱德华·P.汤普森(Edward P. Thompson)的《英国工人阶级的形成》(The Making of the English Working Class, 1963)。在这个时期,资产阶级学术话语被打破了,它允许这些来自工厂和工作台的诗人和剧作家们进入其中,也允许其他文化现象,包括本地亚文化、广播和电视产品,甚至摇滚音乐的早期变体等进入。那些本质上创造社会财富,但是同时在其中份额最小的人对媒体产品的特殊使用引起了人们的关注。先前高雅文化和低俗文化之间的本体论区分被宣布不再是决定性因素。尤其是威廉斯发展出了一种可操作的文化概念,即使对今天的技术先锋来说,这种概念也没有丧失它的锋芒。

对威廉斯来说,文化并不是一个界定明确的现实领域,例如限制在过往杰出的美学成就等当中,而是应该把它理解为一个在生活条件、日常活动和个体实际发展之间的具有关系性质的系统。作为关系的质量和不断变化的生活方式变迁表达,文化是以互动性和过程性为特征的。[120]

在他具有划时代意义的著作《电视:技术和文化形式》(Television: Technology and Cultural Form)一书中,[121]威廉斯较早阐明了一个延续至今的偏见。他解释了一个问题,即技术和文化的关系应该如何被理解。他区分了两种主要观点,一种被称为"技术决定论",另一种被称为"症状性技术"(symptomatic technology)。第一种观点认为技术是决定性因素,例如,与蒸汽机、汽车和核能一样,电视创造了现代人类及其特征。书写机器不仅能用来记录思想,它们还对这些观点作出了重大贡献——这就是基特勒多年后所说的"先验技术"(the technological a priori)。第二种观点则认为技术是一种症状,它强调技术创新的偶发性。在这里,

---

120 我在另一本书中以相同的长度讨论过威廉斯的文化概念,参见 Zielinski (2010), Chp. II, p. 43f.
121 London:Fontana, 1974.

决定因素不只是技术本身，还存在于社会发展的不同要素中，例如，在经济或政治中，这些所有的因素或单独或共同地决定了模范社会。技术成为一种被中介的副产品："电视，就像任何其他技术一样，在任何情况下都在发生或即将发生的变革过程中，成为一种元素或媒介。"[122]

对前者来说，对进步的信念集中在技术设备上，而对后者来说，社会思想并不围绕技术——这位英国文化研究学者为我们提出了第三条道路，即文化和技术发展是相互依赖的。因此，关于先有鸡还是先有蛋的棘手问题，被更有趣的问题所取代，这些问题探讨的是技术和文化的话语领域如何在实际案例中交汇，以及它们如何共同作为人类活动领域相互交织。任何被技术和文化所处理的东西都是由二者共同作用的。

在伯明翰，批判理论的英文翻译提升了法兰克福学派作者的影响力，瓦尔特·本雅明、布莱希特、罗兰·巴特和帕索里尼[123]，以及对法国符号学和阿尔都塞马克思主义（Althusser's Marxism）的广泛接受，文化研究发展成讨论文化和媒体话语的一个丰富多彩且充满活力的领域。随着文化研究的发展，一种新型知识分子出现了。出生于牙买加的文化理论家斯图尔特·霍尔（Stuart Hall）的讲座是充满力量和感染力的理论雷鬼（theory-reggae），他在学术舞台上打破了演讲和表演的界限。斯蒂芬·希斯（Stephen Heath）[124]将雷蒙·威廉斯的思想重新扭转并编织成一种精致而很难被清晰解码，却对文化和技术的解释和批判充满刺激的织物。我们也很难评估雷吉斯·德布雷（Regis Debray）的"媒介学"（mediology）概念究竟在哪些方面超越了20世纪60年代和70年代早期的那些洞见和发现；由于这个原因，我就不再描述他在20世纪90年代所做的

122　Williams [1974] (2003), London: Routledge Classics, pp. 5-6.
123　除了汉娜·阿伦特（Hannah Arendt）和哈里·佐恩（Harry Zohn），苏格兰左翼作家斯图尔特·胡德（Stuart Hood）还担任英格码信息系统的翻译。胡德与维尔纳·肖勒姆（Werner Scholem）的女儿蕾妮·戈达德（Renée Goddard）有染，他将布莱希特等人带到了伦敦，并对欧洲的独立艺术电影产生了持久的影响。
124　译者注：斯蒂芬·希思（1948—2004），英国文化理论家、影视研究学者，代表作有《希区柯克电影的视觉表达》等。

工作了。特别是文化研究已经产生了大量德布雷意义上的媒介学事实和过程的研究,这些研究作为可以进一步研究的有价值的方法,还等待我们去发现。

在柏林学界,直到 20 世纪 70 年代末,一份新的学术期刊《相互依存:技术,科学和社会》(*Wechselwirkung: Technik, Naturwissenschaft, Gesellschaft*)才得以问世。编辑委员会是由在克罗伊茨贝格(Kreuzberg)格奈森瑙大街(Gneisenaustrasse)的梅林霍夫(Mehringhof)另类文化中心工作的科学家、计算机科学家和数学家所组成的专门团队。技术哲学家京特·罗波尔(Günther Ropohl)[125]在他 1979 年的著作《技术的系统理论》(*Eine systemtheorie der Technik*)中精确地阐述了相互依存概念。其中还讨论了比勒费尔德(Bielefeld)的社会学明星尼克拉斯·卢曼(Niklas Luhmann)所谓的系统理论方法。尽管罗波尔的表述与文化研究倡导者的作品相呼应,但当时他并不知道他们所做的工作。"技术涵盖了具体的艺术品,以及它们的开发利用,因此,技术构造的利用也同样可以用来创造新艺术品……因此,自然、个人和社会都为技术受制于何种条件,以及如何承受技术的后果提出了要求。"相互依存思想使人们能有效地反对"那些认为'技术要么是一个不成问题的结果,要么是一个不成问题的非技术现象的决定因素'等毫无意义的观点"。[126]

1968 年,戈达尔拍摄了《一加一》(*One Plus One*),这将是他十多年内拍摄的最后一部电影。像当时许多激浪派艺术家和其他艺术家一样,戈达尔将他的注意力转向电子视频,它们更容易操作,并为用户提供了更多的自主权。他在政治上和美学上都充分发挥了电子视频的潜力。

---

[125] 译者注:京特·罗波尔(1939—2017),德国科学哲学家、工程师和技术伦理学家,代表作有《技术伦理学导论》(*Einführung in die Technikethik*)。

[126] Ropohl (1979), p. 69, 43f. trans. G. Custance。引文是温加特(P. Weingart)关于技术的历史功能的论述(1976)。

此时，吉恩·杨布拉德（Gene Youngblood）[127]正在加利福尼亚写作一本非常出色的书，该书描述了由电子和计算机所扩展的电影的多重可能性。在媒体素材方面，戈达尔的《一加一》在电影和视频的门槛上摇摆。它的素材以滚石乐队在伦敦奥林匹克录音室录制《同情魔鬼》（Sympathy for the Devil）为中心。布莱恩·琼斯（Brian Jones）[128]还健在，他在《小红公鸡》（Little Red Rooster）中演奏了十年来最伟大的吉他即兴片段之一。在这部讲述录制歌曲的电影中也交织着一些宣传元素，如黑豹党激进分子和一个卖色情片的人阅读着希特勒的《我的奋斗》（Mein Kampf），这部电影的结构极其零碎。尽管滚石在工作室里冷静而专注地进行创作，但电影的叙事风格却是激进的。纪实和虚构之间的界限已经完全瓦解。没有统一的叙事主题，而只存在不同的、不可调和的观点。在此之后，戈达尔越来越多地致力于制作带有明显政治主题的电影，并宣称他自己的实践是政治性的；这也包括电影制作的戏剧性。电影应该好好反思一下自己的制作状况，它们如今已深深植根于现有的权力结构中。

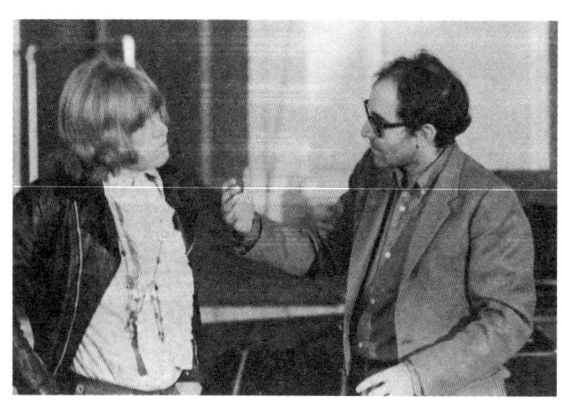

图 11 1968 年 7 月 30 日，滚石乐队吉他手布莱恩·琼斯 (左) 和戈达尔在伦敦奥林匹克摄影棚拍摄《一加一》。次年，琼斯去世，享年 27 岁
来源：Keystone Features© Hulton Archive, Gettey Images

127　译者注：吉恩·杨布拉德（1942—2021），美国学者，代表作为《扩展电影》（Expanded Cinema），这是关于媒体艺术的重要著作之一。
128　译者注：布莱恩·琼斯（1942—1969），摇滚乐队滚石乐队的创始成员之一。

在巴黎，一场关于艺术电影实践思想的辩论，以"装置理论"（apparatus theory）这个过于繁琐的题目发表在《原样》（*Tel Quel*）杂志上。讨论电影理论的主角有专业的牙科医生兼小说家让－路易·博德里（Jean-Louis Baudry）[129]、作家兼编辑马尔塞林·普莱内（Marcelin Pleynet）[130]，以及电影制作人兼理论家让－路易·科莫利（Jean-Louis Comoll），他主要为戈达尔的电影评论杂志《电影指南》（*Cahiers du cinema*）撰稿。围绕着《原样》的松散团体的其他成员还包括德里达、克里斯蒂娃和菲利普·索莱尔斯（Philippe Sollers）等[131]。他们的文章有非常密集和深奥的语言表达，但是总体有一个清晰的焦点。他们已经预示了对权力的意识形态和美学的批判其实就是对技术的批判。他们以不同的侧重点，大胆地将异质性的理论借用并整合到电影和媒介的探索中，这种做法前所未有——其中包含马克思主义意识形态批评与阿尔都塞的机器（APPARATUS）、拉康与弗洛伊德的精神分析学说、胡塞尔（以及稍晚出现的海德格尔）的现象学，如果有需要的话，甚至会调用经典哲学家柏拉图和他著名的洞穴寓言。

他们的核心观点可以这样来解释：技术不仅仅是偶然的，而且是实现美学作品及其感知的关键。尼采的观点，即我们的写作工具有助于思想的形成，在后结构主义媒介理论中相当流行，并在 20 世纪 80 年代的联邦德国取得了重要的地位——在这里是作为对产生审美对象的技术条件的必要反思。同样，"装置"（dispositif）概念，在 1975 年博德里关于电影中现实印象的论文标题中也被明确提及，不过在此之前，这一概念已经在他 1970 年发表的论文《基本[电影]装置产生的意识形态效

---

[129] 译者注：让－路易·博德里（1930—2021），法国影视理论家和批评家，对后现代电影理论产生了深远的影响。

[130] 译者注：马尔塞林·普莱内（1933—2020），法国作家、诗人、评论家和艺术理论家，对后现代主义和结构主义运动产生了重要影响。

[131] 译者注：菲利普·索莱尔斯（1936—2023），法国作家、批评家和文化评论家，法国新小说运动（Nouveau Roman）核心成员。

应》("Effets ideologique-produitspar l'appareil du base")中扮演了重要角色[132]。

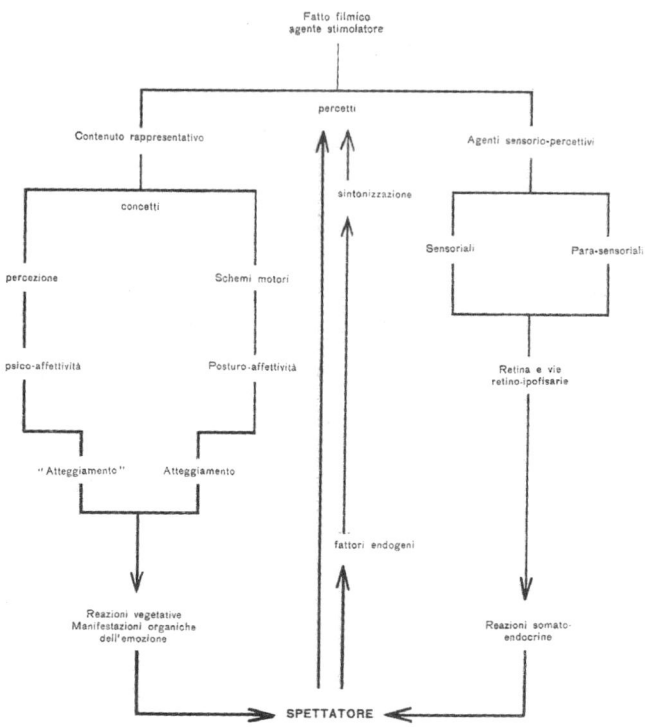

图 12 装置理论家之前的装置理论：吉尔伯特·柯亨－塞阿（Gilbert Cohen-Séat）[133]的"电影院中的电影知觉示意图"(diagram of film perception in the cinema)；"传播视觉形式的致病模式包括复杂的因素"("The pathogenic modalities of visual forms of communication include complex factors")；在"电影放映""感知行为"和"作为刺激的电影事实"（上图）之间，为"观众"（下图）展现了一个表征、微调、感知、影响、感官和超感官知觉的结构。植物和"身体和内分泌反应"以及"感情的有机体现"。见 1963 年《博比尼亚文学年鉴 1963》（*Almanacco letterario Bompiani 1963*, p. 141）

---

[132] 我们将博德里的文章《基本装置产生的意识形态效应》翻译成德文的一个原因是阿兰·威廉姆斯（Alan Williams）将该文本翻译成了英文，将后来在福柯的著作中占有如此重要地位的术语 dispositif 转换成"技术编制"和类似的词。参见我们的翻译，由博里叟授权：Ideologische Effekte-erzeugt vom Basisapparat, trans. Gloria Custance and Siegfried Zielinski, in: Eikon (Vienna), no. 5, 1993, 36-43。在美国的译本中，"电影"已经与标题中的"装置"相互取代了，这凸显了博德里根本没有想过要突出的焦点。

[133] 译者注：吉尔伯特·柯亨－塞阿（1907—1980），巴黎大学电影研究所的创始人，并于 1948 年至 1963 年期间任该所所长，创办了机关杂志《国际电影学》，极力提倡建立研究电影本质的学科——电影学。

在摇滚音乐中,从吉姆·莫里森(Jim Morrison)可以看到即时的对精神分析的普及,比如 1967 年的歌曲《结束》(The End)中著名的带有俄狄浦斯情结的歌词。1971 年,他被安葬在巴黎。20 世纪 70 年代中期,精神分析一直是法国电影和媒介理论话语不可或缺的一部分。这一理论传统的高潮是麦茨发表的《想象的能指》(The Imaginary Signifier)。德国学术出版机构在 20 多年之后才发行了德文译本。[134]

在受英美传统影响的国家,翻译书籍出现得更快。两位女性,意大利文化和性别理论学者特蕾莎·德·劳雷蒂斯(Theresa de Lauretis)[135]和韩国艺术家兼理论家车学敬(Theresa Hak Kyung Cha)[136],推出了两本由装置理论代表人物撰写的传奇性文集。

劳雷蒂斯的选集很大程度上沿袭了文化研究传统。除此之外,她还与雷蒙·威廉斯的继承人之一史蒂文·希思(Stevern Heath)共事过。车学敬的选集则更倾向于精神分析和美学实践。她是一位作家、电影制作人以及摄影师,还在巴黎与雷蒙德·贝洛尔(Raymond Bellour)[137]、蒂埃里·昆泽尔(Thierry Kuntzel)[138]和麦茨一起学习过,因此她非常熟悉那些参与装置概念讨论的作者们。[139]在巴黎期间,车学敬创作了一系列关于影像和电影的理论作品,如"Vidéoème"是对图像文本的结构主义剖析,就像戈达尔喜欢在他的电影中操演的那样。还有"Perputations",这是一个关于她妹妹头部的影像字谜。车学敬去世时只有 31 岁。1982 年,

---

134 参见 Baudry(1975)和 Metz(1975)。博德里第二篇更著名的文章(与梅茨合著)出现在 1975 年《传播》(Communications)特刊"心理分析与电影"(Psychanalyse et cinéma)中,由巴黎科学社会学院的跨学科教育中心出版。这篇文章作为社会科学、社会学、人类学和符号学的多学科融合被纳入了特刊。其中还包括克里斯蒂娃、加塔利、贝洛尔和巴特的贡献[包括他的传奇文本"在电影界 / 离开电影院"(En sortant du cinéma / Upon Leaving the Movie Theater)]。

135 译者注:特蕾莎·德·洛雷蒂斯(1938—),美国女性主义文化批评家和电影理论家。

136 译者注:车学敬(1951—1982),韩裔美籍艺术家、作家和导演,对后现代艺术和文学产生了深远影响。

137 译者注:雷蒙德·贝洛尔(1939—1979),法国电影理论家、评论家和作家,代表作有《电影分析》(The Analysis of Film)。

138 译者注:蒂埃里·昆泽尔(1948—2007),法国视觉艺术家、电影制片人和理论家,主要从事对媒体艺术的实验性探索。

139 关于车学敬,可以参阅勒瓦伦(Lewallen,2001)的目录。

她在纽约街头被谋杀。当时，她正在进行一个对商业宣传的批评项目和一个关于"西方绘画中的手"的项目。

图 13　1979 年，装置理论家和艺术家车学敬在打字机前的手
来源：詹姆斯·查·勒瓦伦（James Cha Lewallen），2001 年

对于女性主义电影理论和实践的发展来说，装置讨论的启发意义重大。其论点是令人信服的：如果本身作为父权制的资产阶级社会意识形态，在电影制作所依赖的装置和技术系统中铭刻自身，那么这就意味着装置世界本身就是男性编码的。英国电影制作人劳拉·穆尔维（Laura Mulvey）在《视觉愉悦和叙事电影》（*Visual Pleasure and Narrative Cinema*，1975）中，为整整一代女性艺术家和理论家概括了整个情况：男性是凝视的积极投射者和组织者，而女性则不得不忍受男性的凝视；他们的地位就是作为欲望对象而存在的。

从电影的实际情况看来，女人出现在银幕上的影像中，而男人站在摄影机后面进行指挥，录制设备则介于女人和男人之间。劳拉·穆尔维与彼得·沃伦（Peter Wollen）一起合作，将这一来自精神分析和女性主义理论的概念拍成了电影《斯芬克斯之谜》（*Riddles of the Sphinx*，1977）。

图 14 1974 与 1984 思想家谱系

-1974-

人类存在的概念在一方面至少部分地受到技术的共同制约，而在另一方面则是完全人工制造的外观（Schein），这一左右摇摆的观念自 20 世纪 60 年代以来一直是通过媒体进行艺术创作的一个显著特征。戈达尔在 1965 年就已经拍摄了计算机电影《阿尔法城》（Alphaville）。这部电影对无处不在的、乔治·奥威尔（George Orwell）口中的反乌托邦巨机器的电影批评，已成为现实，因而需要在电影中有鲜明的平衡物。身强力壮的演员艾迪·康斯坦丁（Eddy Constantine）扮演男主角莱米·考逊（Lemmy Caution），而戈达尔的妻子安娜·卡里娜（Anna Karina）则扮演着全然不同的他者，展现了令人不安的情感、诱惑和爱情。戈达尔通过《阿尔法城》对 IBM 的大型电脑主机的私人和公共设备做出了回应，而此时，只有少数警觉的人知道这些电脑成了纳粹的杀人机器。[140]他还对巴黎城市的发展做出了回应，其中某些部分看起来是对循环一致

---

140 埃德温·布莱克（Edwin Black）有关 IBM 在德国大屠杀中的作用的书直到 2001 年才出版。

性（circular consistency）概念在建筑学上的实施，而循环一致性概念作为一种社会技术本来就隐含在控制论中。从 1964 年到 1967 年，雅克·塔蒂（Jaques Tati）[141] 花了三年时间，在他的电影《游戏时间》（*Playtime*）中巧妙地实现这个想法，他将这部电影作为一个设定在当下的场景。而后，斯坦利·库布里克（Stanley Kubrick）的《2001 太空漫游》（*2001: A Space Odyssey*）于 1968 年上映。

《阿尔法城》的另一部西德姐妹篇也是在巴黎拍摄的，并于 1973 年上映。《世界旦夕之间》（*World on a Wire*）是赖纳·维尔纳·法斯宾德（Rainer Werner Fassbinder）拍摄的两集电视片，根据丹尼尔·弗朗西斯·加卢耶（Daniel Francis Galouye）[142] 名为《三重模拟》（*Simulacron-3*）[143] 的科幻小说改编。其中，男主角再次因强大的身体素质而鹤立鸡群[144]，德国强壮的男星克劳斯·洛维奇（Klaus Lowitsch）扮演一位计算机工程师，他不仅仅是与一台机器作战，而是在与一种影响到所有人的、无所不在的技术物进行斗争。每个人都被困在了这个矩阵中，并且每个人都认为彼此有能力做任何事情，人与人之间不存在相互信任。最后，连电脑工程师自己也变成了一台机器，这台机器的智力非常发达，同时也有情感，能够感受到怜悯。法斯宾德比戈达尔更深入地探究了技术想象的问题；真实似乎在影片中完全消失了，而爱情却比死亡更冷。《爱情比死亡更冷》（*Love Is Colder Than Death*）是这位德国情节剧大师在 1969 年拍摄的另一部影片的名字。

对信息学美学条件下运作的艺术创作的各种考察工作早已在世界其他地方进行了。1973 年，伊拉克人默罕默德·萨布里（Mahmoud Sa-

---

141　译者注：雅克·塔蒂（1907—1982），法国著名的导演、演员和编剧。
142　译者注：丹尼尔·弗朗西斯·加卢耶（1920—1976），美国科幻作家。
143　原标题为《虚假世界》（*Counterfeit World*, 1964）。从诗学和哲学的角度对拟像（simulacrum）这个从古希腊原子论诗歌与哲学武器库中来的概念进行的可爱改造显然不是鲍德里亚（Baudrillard）的特权。
144　通过艾迪·康斯坦丁的短暂客串，法斯宾德对他在法国的导演同行及其电影作品表示感谢。

bri）引用布莱希特的格言说："野蛮人有他们自己的艺术，而我们必须创造另一种艺术。"并且他的《量子现实主义》（*Quantum Realsim*）为一种在他看来非常适合于技术和原子时代的艺术创建了一个项目。对萨布里来说，随着原子的分裂和结合，人类已经在狩猎—采集阶段和农耕阶段后正式进入了文明的第三个阶段。从概念上来说，这种新艺术方向应该由质量和能量的可互换性所决定，其主题就是原子过程的表现。萨布里创造了一种全新的语言，它由 92 个原子单位和色彩字母表组成；他还试图将马克思和爱因斯坦融入他的概念中，并通过重造自然的工作发起对新文明的挑战[145]。

在 20 世纪 60 年代后半期，战后的西德 15 年来几乎完全无节制地发展资本主义，最终陷入了严重的经济萧条。西德受到经济和政治事件的严重冲击，仅在钢铁产业中就有 10% 的劳动力被裁员。人们已经意识到，一直以来作为经济繁荣稳定支柱的采矿业所在的重工业，在经济上将永远失去价值。"增长"之神圣不可侵犯显示出它在动态运动中高度的脆弱性和不可靠性。因此，在 20 世纪 70 年代初，西德出现了一股改变工业结构与内容，并把它置于一个新的或至少是扩大基础上的、巨大的政治驱动力量。电子技术与信息技术、数据处理和通信的人工制品和系统一同进入国际市场。它们的发展还预示了一种崭新的后工业化经济和一场令人敬畏的革命，在这场革命中，不会再有流血，也没有人会弄脏自己的双手。基于信息技术的服务即是速度、清洁、效率、能预测的可靠性和更密集的社会互动的同义词。

纽约哥伦比亚大学共产主义事务研究所（Institute on Communist Affairs of New York's Columbia University）所长、20 世纪 70 年代中期吉米·卡特（Jimmy Carter）的国家安全顾问兹比格涅夫·卡齐米尔·布热津斯基

145　Sabri (1973).

(Zbigniew Kazimierz Brzezinski)[146] 在 1969 年创造了一个战略性新词：电子技术时代（Technetronic Era）。"后工业社会正在成为一个电子技术社会：一个在文化上、心理上、社会上和经济上都被技术和电子的影响所塑造的社会，尤其是在计算机和通信领域。"[147] 通过将技术和电子相结合，布热津斯基不仅揭示了美国国内的巨大转变，还揭示了地球上地缘政治的范式转变。在从工业生产时代到电子技术时代转变的路上，一个"全球性"甚至"行星性"社会正在出现。在所有连结在一起的远程信息的基础上，历史进程不再由那些咄咄逼人地试图击败对方的意识形态决定，相反，它由建立一致意见的发达国家共同决定（布热津斯基所说的首先指美国，然后是西欧，第三则是日本）。电子技术时代的崭新共同体将由一群知识渊博的精英群体引领，他们也将成为塑造未来的大学。这个精英群体将确保完美的交流结构，以及对以前没有被充分控制的事务进行最优化治理。

在 20 世纪 70 年代的前半期，当嬉皮士运动试图将控制论思想、禅宗哲学、个人创造力和拒绝为大规模生产作贡献的另类生活方式（这让他们非常忙碌）结合起来时，媒介的系统性重要功能从各个角度被详细阐述与审视，以应对可能的技术未来。在联邦德国，美国舵手布热津斯基的见解（诺伯特·维纳也曾详细研究过）以及丹尼尔·贝尔（Daniel Bell）关于后工业社会和性别讨论的早期文本，有些姗姗来迟。其中，传统电话网络扩展到数据、文本和图像传播，起到了开创性作用。作为帝国邮局（Reichspost）的接替者，国有德意志联邦邮局（Deutsche Bundespost）仍然深受官僚主义传统的影响，但它在当时开启了一场技术上和政治上的运动。这个庞然大物无可选择地被迫自行解体，这为后来的德国电信奠定了基础。寻找投资机会和创新的私营企业家们开始进

---

146 译者注：兹比格涅夫·卡齐米尔·布热津斯基（1928—2017），美国政治学家、战略家和外交政策专家，他对美国外交政策和全球战略发挥了重要作用。
147 Brzezinki (1969), P.10.

> "The product of Television, Commercial Television, is the Audience.
> Television delivers people to an advertiser.
> [...]
> Mass media means that a medium can deliver masses of people.
> Commercial television delivers 20 million people a minute.
> In commercial broadcasting the viewer pays for the privilege of having himself sold.
> It is the consumer who is consumed.
> You are the product of t.v.
> You are delivered to the advertiser who is the customer.
> He consumes you.
> [...]
> The NEW MEDIA STATE is predicated on media control.
> [...]
> POPULAR ENTERTAINMENT IS BASICALLY PROPAGANDA FOR THE STATUS QUO.
> Control over broadcasting is an exercise in controlling society.
> [...]
> The NEW MEDIA STATE is dependent on propaganda for its existence.
> [...]
>
> Every dollar spent by the television industry in physical equipment needed to send a message to you is matched by forty dollars spent by you to receive it.
> You pay the money to allow someone else to make the choice.
> You are consumed.
> You are the product of television.
>
> Television delivers people."

图 15 1973 年，理查德·塞拉（Richard Serra）和卡洛塔·费·斯派曼（Carlotta Fay Schoolman）在商业电视上制作了最终版视频，当时商业电视被誉为印钞的通行证和新型的主流媒介，这个视频被称为"电视传送人们"（"Television Delivers People"），由一段简单的白色字母组成的文本构成，并在蓝色的背景和穆扎克的背景音乐中慢慢地向下滚动。以上的节选段落展示了该视频大约一半的文本

入市场。通信（communication）被宣布为一种公共和商业的服务。

1974年，联邦德国政府成立了一个专家委员会，分析当时电信结构和技术通信未来可能的发展情况。这个资金雄厚的组织被称为技术通信系统发展委员会（Kommission für den Ausbau des technischen Kommunikationswesens，KtK）。早在1976年年初，该委员会就公布了它的调查结果和建议，这是一套由1份报告和8卷附录组成的文件。它用新术语给人们提供了实际的教训，并以一种不道德的搭配预示了发展方向：德意志联邦共和国电信系统设想中的扩张将是"经济上合理的，以及社会上可取的"，邮政和电信系统部长库尔特·克沙伊德勒（Kurt Gscheidle）在序言中以一种个人的、满怀激情的方式如此表达。在理性和欲望间确保一种持续平衡，将成为媒介政治的核心话语领域。

根据1974年年底前联邦德国注册的24500个数据站点的情况，KtK在F18（F代表该委员会的调整报告中的结论）中以务实的方式构想："满足数据通信服务的要求对经济和行政管理都是必要的，这会产生积极的社会效应。"这就引出了建议3："鉴于对数据通信的需求日益增加，建议立即扩展目前正采用的电报和数据网络。"在F24至F26中，他们为公司和公共机构宣传新形式的书面电讯和传真；在F27中，引入了电子信件递送。其中还描述了像屏幕文本（Bildschirmtext）这种通过电话网络传输的技术怪物，该技术在不久之后就作为试验品被使用了。

在KtK的研究结果和建议中，有相当一部分涉及通过宽带通信以及有线电视和卫星服务对无线电广播进行扩展的内容。在接下来的几年里，这也是它招致媒介理论家们批评的主要原因。然而，这份关于电信的报告明显把重点放在了新网络上，而新网络显然是一个战略性概念。在关于电信形式系统的一个专门章节中，"通信"这一术语从一开始就被明确用于交互对话的意义，并作为"人—机通信"和"机—人通信"的特殊案例被使用。20年之后，为了获得关于模拟技术和数字技术之间关系研究的资助，我们必须向德国研究基金会提出冗长的媒介研究申请。1976 年，KtK 只需两句话："信号是用物理量表示的信息，例如，电压或电流的时间顺序。当数字信号仅仅由符号构成时，也就是被编码时，即为数字信号；而当信号的参数被连续函数修改时，则是模拟信号。"

这些概念被限定在巨大的符号集合中，这些符号在 20 世纪 90 年代将通过互联网被简明扼要地整合起来。为了整合各种各样的服务和功能，我们需要"大量的连接，比如电信网络……这种网络有诸如星形、网状或复合等各种结构……各种电信网络的聚合以及在这些网络中实现的电子通讯形式就可以被称为电信系统"。而在接下来的句子中，KtK 又理所当然地引入了另一个术语，这个术语将在 20 世纪 90 年代的媒介理论中发挥了决定性作用："在这一类型的系统中，与多种形式的电子通讯相适应，存在着各种技术、操作和组织/财务等多样化接口（Schnittstellen）。"[148]

这些由国家资助并由后资本主义推动的技术政治（technopolitics）优先于传播和媒介理论中那些声称对政治经济批判的文化论争。它们在 20 世纪 60 年代不同程度上受到文献学、诗学和语言学的影响，70 年代前半叶的西欧又在元理论层面上受到传播社会学和意识形态批判变体的影响。弱势的左翼之间围绕意识形态立场展开了激烈斗争。

汉斯·马格努斯·恩岑斯贝格尔（Hans Magnus Enzensberger）对这一切感到十分厌烦，以至于有一段时间他痴迷于计算机，发明了一台德国诗歌机，并以"全世界的诗歌程序员联合起来！"为口号，尝试在艺术文学中激发一种全新的技术文化。但他在 1974 年编写的 6 KB 程序是谦逊的，完全不同于他公开宣称的视角："更高级的诗歌自动机远远超越任何作家的能力。只能由一个由语言学家、程序员和诗人组成的团队才能够实现。"[149]

148　所有引文均来自 *Telekommunikationsbericht* (1976): p. III, 4, 21, 23。
149　Enzensberger (2000), p.64 and p.63.

慕尼黑社会学家霍斯特·霍尔策（Horst Holzer）是这一理论的倡导者之一。由于一场反对所有公务员(包括教师和高校教职人员)的丑陋的职业禁令（Berufsverbots）运动[150]，霍尔策被禁止在不来梅教书，就因为他是共产主义者。霍尔策曾任教的慕尼黑大学领导层下令将他的所有作品从大学图书馆中撤除，这一举措被我们学生称为"冷焚书"。霍尔策在 1971 年出版的《失败的启蒙？》（*Gescheiterte Aufklärung?*）中，再次将批判理论提上了议程，并就当代电视批判提出了更锐利的论点。他的《传播社会学》（*Kommunikationssoziologie*）出版于 1973 年。来自不来梅的弗朗茨·德勒格（Franz Dröge）[151]的文章则更多从教育社会学的角度来写作。他于 1972 年出版的《没有意识的知识》（*Wissen ohne Bewusstsein*）（出于宣传的目的，被巧妙地简称为 WoB），与慕尼黑社会学家霍尔策就合于当时形势的马克思主义政治经济学批判的正典阐释展开了竞争。然而，就像许多其他当代知识分子一样，他们都同意，"唯物主义传播研究"的任务是理解"媒介就是组织阶级行动的工具"。[152]

早期传播和媒介话语的领军人物主要是马克思主义者。作家格茨·达尔米勒（Götz Dahlmüller）[153]、伍尔夫·洪德（Wulf D. Hund）[154]和赫尔穆特·科默（Helmut Kommer）[155]组成的团队撰写了《政治电视入门》（*Politische Fernsehfibel*），在 1974 年提供了与 KtK 类似的"关于阶级传播的材料"。柏林的语言学家、符号学家和文化批评家围绕着工程师

150　1972 年 1 月 28 日，西德总理威利·勃兰特（Willy Brandt）和各州州长制定了所谓的《反激进法令》（*Radikalenerlass*）。根据这项法律，被认为是持有激进观点的人，特别是如果他们是这些党派的成员，可能会被禁止担任公务员，这包括各种公共部门的职业，如教师等。该法令是对共产党派系带来的恐怖主义的公开回应。维基百科，2012 年 2 月 11 日访问。
151　译者注：弗朗茨·德洛格，德国学者，主要研究教育社会学和媒体研究。
152　Dröge (1972), p.194.
153　译者注：格茨·达尔米勒（1939—2024），德国学者，主要研究社会学和媒介研究。
154　译者注：伍尔夫·洪德（1946— ），德国学者，主要研究社会学和媒介研究。
155　译者注：赫尔穆特·科默，德国学者，从事媒体研究和文化批评领域。

和广播理论家弗里德里希·克尼利进行研究,主题是对《德国电视家庭的娱乐》(*Die Unterhaltung der deutschen Fernsehfamilie*,1971),以及垃圾文化的电影作品进行意识形态批判。他们还为"大众传媒工作组"输送了大部分成员,该工作组由新视觉艺术协会(Neue Gesellschaft für Bildende Kunst,NGBK)发起,目的是在公共展览中组织媒介批判性评论。当时,NGBK在哈登堡大街9号设有办公场所,那里属于柏林工业大学和柏林艺术大学的联合校园。1973年夏天,"电视——一个阶级媒介"项目被公开展出,并得到柏林彩票基金会的慷慨资助。这场煽动性展览的核心内容是一张海报,它展现了当时环境的"经济水平"。从这个作品,人们学会了区分"传播手段资本家"(Kommunikationsmittelkapitalist,KMK)和"传播资本家"(Kommunikationskapitalisten,KOK)。KMKs指制造电器和硬件以及生产技术基础设施的电气公司。KOKs则是同国家广播公司相对立的商业公司制作的软件、电影和电视节目生产者。它们是货币(Geld-G)和传播/信息(Kommunikat-KO)交换过程中的主要生成器。[156]

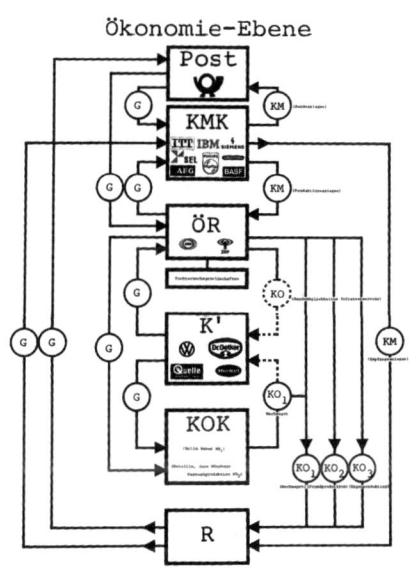

图16 《分类媒介电视》(*Klassenmedium Fernsehen*)的封面(NGBK柏林,1973年);一些Courier字体的单词略有增大

---

156 《分类媒介电视》(1973)目录中有一份缩小版的海报作为插页。

媒介理论变得与社会理论日益相同，不管它在主题上讨论的是什么具体内容，无论是对伊格罗鱼条商业广告的深入分析、对越南战争期间电视新闻报道的解读、对新技术制品的分析，还是对选举活动等复杂政治传播过程的宏观分析。由此，媒介理论达到了文化理论甚至政治理论一样的高度概括的水平，因为将媒介理论等同于社会理论，其实就假设了媒介对个体的社会共存具有构成性作用。

媒介在意识形态上备受推崇，这可能是各大出版社愿意为那些媒介批评作品提供印刷设备和发行系统的原因之一。然而如果不先了解有关马克思的《资本论》（Capital）、黑格尔或阿多诺的著作，是很难理解这些作品的。德国菲舍尔出版社（S. Fischer Verlag）出版了三卷本具有传奇色彩的、平价授权的论著，涵盖了大众传播研究的内容。第一卷 425 页，仅售 6.8 德国马克，在 1972—1973 年就卖出了 25000 册。第二卷出版于 1973 年，书名为《消费》（Konsumtion），有 500 页，价格为 1 德国马克。它包含了恩岑斯贝格尔的《媒介理论的构成要件》（Baukasten zu einer Theorie der Medien），其成为西德新一代广播和电视游击队的唯物主义方法论工具。该系列第三卷在 1977 年出版，聚焦于对个别媒介产品的分析。汉莎出版社（Hanser Verlag）甚至将《传播研究》（Kommunikationsforschung）收入其平装书系列，并配以亮黄色的封面。从形式上看，赫尔穆特·H. 迪德里希（Helmut H. Diederich）[157]1973 年出版的《大众媒体的集中》（Konzentration in den Massenmedien）代表了该系列最高水平。这本薄薄的书中附带一张松散的插页，它是一张用磷光绿纸印刷的 DIN A3 尺寸折叠海报，一度装点过年轻批判媒介研究者的墙壁，并代表了 20 世纪 70 年代初组织化媒介力量的指南。马克思主义哲学理论的成果也最终与正在成为潮流的新主题相结合。"大众 / 媒介 / 政治"（"Massen/Medien/Politk"）是《论争》（Das Argument）杂志第十期特刊的标题，由奥古斯特·佐佩 (August

---

157 译者注：赫尔穆特·迪德里希（1948—），德国学者，从事媒体研究和社会学研究。

Soppe）编辑，主编是沃夫冈·弗利茨·豪格（Wolfgang Fritz Haug）。其封面上的插图是一个靶子，在这个靶子后面可以看见人们在做着他们的日常工作——这宣告着开放风气的时节已经到来。

人们对新传播和媒介理论材料的需求非常巨大。柏林工业大学开设了第一门媒介研究课程。许多西德的大学，例如马尔堡大学（Marburg），设立了自治的工作小组或读书会，参与者在其中会学习到如何将权力关系解读为媒介关系，以及在看似无结构和无序的材料中存在哪些结构和模式。在马尔堡大学德语系，京特·吉森费尔德（Günther Giesenfeld）[158]致力于借助计算机进行自动化的电影分析工作。约尔格－约亨·伯恩斯（Jörg-Jochen Berns）[159]开始了他对早期现代时期媒介历史的冒险性探索，那时这种工作还没有被赋予媒介考古学这个名称。工作小组是由学生自发组织的，尽管受到一些教授和讲师的反对，但20年之后，这些教授和讲师均成了媒介理论第三波浪潮中的弄潮儿。

在20世纪70年代，诗人和思想家的政治世界与安装工和司机的政治世界毫无关系。这是两种渐行渐远的文化，彼此回避接触。KtK建议的底线是对"通信资本家"进行有效支持，这当然为左翼知识分子鄙夷。为了有效而顺利地实施这些建议，人们不需要媒介政治经济学批判的专家，也不需要符号学上的马克思主义意识形态批判。人们需要的是电气工程技师、工程师、计算机科学家和各种专业人员。[160]然而，当有人试图将这两种对立的文化联结起来时，产生的结果往往是非常怪异的。20世纪70年代，霍斯特·科尼希施泰因（Horst Konigstein）是北德广播公司（North German Broadcasting, NDR）的一名年轻公共广播员，他自然被视为统

---

158 译者注：京特·吉森费尔德（1938— ），德国学者，从事媒体研究和电影分析。
159 译者注：约尔格－约亨·伯恩斯（1938— ），德国学者，从事媒介研究和媒介历史研究。
160 在柏林工业大学，我们较晚地以自己的方式对这些要求作出反应，但在20世纪80年代初，我们开始测试技术设备和软件包的指示说明，或者干脆重写它们。以这种方式，我们工作组为办公软件重写了操作手册，让秘书能够理解和使用它们，作为回报，我们收到了西门子的第一台UNIX计算机。

治机构的代表,他的专长是进行与公共广播机构宣称的教育使命完全相悖的采访。科尼希施泰因以出其不意的方式访问弗兰克·扎帕(Frank Zappa)[161]、林戈·斯塔尔(Ringo Starr)[162]或谁人乐队(The Who)的皮特·唐森德(Pete Townsend)等摇滚音乐人,并让他们出乎意料地面对包含阿多诺文化理论或意识形态批判的长篇注释。当冗长的独白结束以后,被采访者只能用疲惫的"是"或"不是"、极度的惊讶,或明显的瞌睡来回应。

在20世纪80年代的德意志联邦共和国,下一代理论家倾向与那些在哲学系中准备从事媒介研究的人保持距离。这些"守旧派"们似乎对他们的左派抱负自鸣得意,他们从事的符号学过于呆板、过于教条化,过于沉迷于文学研究,而且在意识形态和哲学上都已经是过时的了。而在后现代的十年开始之际,下一代理论家不希望与这一切扯上任何关系。当时的其他承诺一直到现在仍然很重要。对权力的批判现在被直接理解为对技术和审美理性的批判。当这些批判都针对政治结构时,自然很适合引用历史学家以及宏大的越轨者和真理的激进行动主义者福柯的"系统"概念。大多数人甚至把阿尔都塞都抛在脑后,他是曾经类似亚伯拉罕·莫尔斯这种"技术—想象"(techno-imaginary)理论家的有影响力的导师。当然这不仅仅是因为阿尔都塞本人生病了,也不仅是由于他在勒死妻子后被送进精神病院待了好几年。然而,阿尔都塞意识形态国家机器(ISA)的概念及其想象力特质,对那些在装置(apparatus)调节下的政治和艺术状况感兴趣的思想家来说,具有开创性的重要意义。阿尔都塞试图把马克思、恩格斯同拉康联系在一起。对阿尔都塞来说,意识形态也体现在技术装置和阵列里,这就使他的观点与媒介理论有了相关性。1981年,海纳·穆勒(Heiner Müller)以短文《我对阿尔都塞案

---

161 译者注:弗兰克·扎帕(1940—1993),美国音乐家、作曲家、制作人和社会评论家,现代音乐的重要创作者之一。
162 译者注:林戈·斯塔尔(1940—),英国音乐家、歌手和演员,披头士乐队的鼓手。

感兴趣》（"I am interested in the Althusser case..."）[163]，用一个颇为无礼的姿态驳斥了这位现在已经过气的左翼国家理论家。通过这段话，穆勒表现出他对阿尔都塞作为一个心理—病理主体的兴趣，而不是对他的政治和哲学思想感兴趣。在今天，对阿尔都塞的新理解又开始出现。最近成名的法国政治思想家，如巴迪欧（Badiou）或朗西埃（Ranciere），都曾师从阿尔都塞。

在西德，尤尔根·哈贝马斯从启蒙和主体哲学的基本视角出发，为理解技术官僚文化与贵族人文主义之间渐行渐远的状况作出了巨大努力。他对以成功为导向的理性行动和以理解为导向的交往行动（communicative action）所做的区分在理论上有一个半衰期，这一半衰期一直延续到今天的远程电子传播星系中。"工具性行动（instrumental action）可以与不同类型的社会互动相联系，并从属于这种互动。例如，作为社会角色的'任务要素'；策略性行动（strategic actions）本身就是一种社会行动。相比之下，每当涉及的能动者行动不是通过自我中心的成功计算，而是通过达成理解的行为来协调，我就会称其为'交往行动'。"在哈贝马斯概念的乌托邦维度中，他勾勒了一种建立共同体的形式，这一共同体被不太公正地去成员化了（entinnern）。"在交往行动中，参与者并不以他们自己的个人成功为主要目的；每个人追求各自的目标，条件是他们可以在共同情景定义的基础上协调他们的行动计划。"[164]

这正好可以用来定义新技术网络中被称为协作行动（collective action）的东西。在 20 世纪 70 年代，联邦德国的德语研究系中，大多数教授仍在宣扬古典文学典籍的绝对神圣性，并规定研究它的适当理论和方法。尽管《未来德语研究观》（*Ansichten einer künftigen Germanistik*，1969）这本文集汇集了不小的刺激性知识能量，但它对学术机构的影响与四年后

163　*Alternative*, no. 137, "Louis Althusser. Frühe Schriften zu Kunst und Literatur," Berlin 1981.
164　Habermas (1984), vol. 1, pp. 285-286.

的《未来德语研究的新观点》（*Neue Ansichten einer künftigen Germanistik*, 1973）一样微乎其微。为《未来德语研究的新观点》贡献作品的学者包括：年轻的文学教授格特·马腾克洛特（Gert Mattenklott）[165]，他在马尔堡的讲座是不折不扣的新德语语言学敏锐叛逆者的神圣集会——26岁的博士生彼得·斯劳特戴克（Peter Sloterdik）、25岁已获博士学位的汉斯·乌尔里希·贡布雷希特（Hans Ulrich Gumbrecht）[166]、弗里德里希·克尼利及其合作者、柏林工业大学媒介研究系的学生们。由于学术机构的变化是如此缓慢，甚至在十年后的西德，弗里德里希·基特勒还需要寻找十几个评审专家，才能让他那部关于媒介对文学的条件性和渗透性的教授资格论文《话语网络 1800/1900》（*Aufschreibesysteme 1800/1900*，1984）被认可。

-1984+

出于文化上的悲观主义，人们要么选择屈从，要么就只能直面奥威尔在他的电幕（telescreen）小说中所勾勒的完全视觉控制(total visual control)。在杜塞尔多夫艺术研究院任教的韩国音乐家、艺术家白南准（Nam June Paik）选择了后者。在一场新年前夜在不同大陆举行，并在亚洲、欧洲和美国的电视上同步播出的大型即兴艺术表演中，约瑟夫·博伊斯(Joseph Beuys)、约翰·凯奇和劳里·安德森（Laurie Anderson）[167]等艺术家在网络上迎接了1984年新年。他们的无政府主义表演破坏了"文化进程可被完全控制"的观念。他们尝试用不同方式展现机会、中断、突发事件、偏离、语法上无法确定的泪与笑。

---

165 译者注：格特·马滕克洛特（1942—），德国文学学者和作家，主要关注文化研究和性别研究。
166 译者注：汉斯·乌尔里希·贡布雷希特（1948—），德国学者，从事哲学研究和文化研究。
167 译者注：劳里·安德森（1947—），美国知名的艺术家、音乐家和表演者，从事跨学科的艺术实践。

在这场被白南准称为"2500 万人的艺术"的展览举办后的几个月，巴黎的蓬皮杜艺术中心（Centre Georges Pompidou）即将举办盛大展览的消息开始越过国境。这个展览就是"非物质"（Les Immateriaux）展览，该展览定于 1985 年年初开幕。著名的当代知识分子利奥塔（Jean-François Lyotard）在一篇同名文章中提出了这一概念。几年前，他在欧洲为欧洲文化—哲学思想提出了另一个新概念，这一概念影响了整个 20 世纪 80 年代和 90 年代早期，即后现代主义。1979 年，利奥塔出版了《后现代状况》（*The Postmodern Condition*）一书。这项工作是由加拿大魁北克"大学委员会"（Council of Universities）委托完成的。

利奥塔在谈及自己的这个概念时说，"非物质"展览结构的五个领域以一种特殊的方式体现了拉斯韦尔公式。从"物质"这个词的词干（matter）开始，其工作方法的"运作结构"可以被分解如下：

——物质是信息的（实质性）载体。

——物质是使信息得以实现、传递和接收的设备。

——"母性"（maternity）是信息发送者的功能。

——信息的实物（matter）是它的指涉对象（信息是关于什么的）。

——矩阵（matrix）是信息的编码。[168]

该展览是与工业创作中心合作完成的，它根据物质的这五个维度来组织。这里最明显的主题之一是体力工作正日益被新技术取代。在被许多投影笼罩的黑暗的展览空间里，到处显现着这种想法，即所有仍被称为"现实"的东西正在变得无形。正如利奥塔在 1984 年 10 月与雅克·德里达的一次广播谈话[169]中表述的那样，"非物质"描述了"一种结构，在这种结构中，精神与物质间的传统对立已不再有任何位置了"。

168　Lyotard (1985a), p. 82; trans. G.C.
169　同上，p. 23。

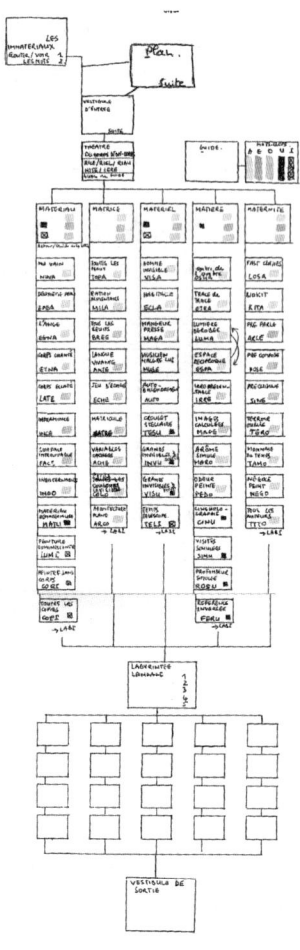

图 17 利奥塔巴黎展览的五点操作结构。由毡头笔绘制
来源：*Les Immatériaux*（Paris 1985b），名为"唱片"（"Album"）的部分

此时，由迪特玛尔·坎普（Dietmar Kamper）[170]和沃尔克·里特纳（Volker Rittner）[171]编辑的《身体的历史》（*Zur Geschichte Des Körpers*）一书已经出版 8 年了，该书旨在构建一种全新的人类学。在德国，坎普确保在后现代状况下，当代思想以及身体的主题化依然在议程中。他以一种戏谑的方式将两者联系起来，并坚持不懈地将它们引入关于新主体性的讨论当中。我一直是在双重意义上理解身体的主题化的：一方面是与思考者的感性紧密相连的活动；另一方面则是对唯物主义的指涉，即所有思想的表达都依赖表达它们的（媒介）身体。

"自我及其所有历史内涵都在自我确认（self-reassurance）中被摒弃了。"坎普也可以是很纲领性的，这就是为什么他有时也被称为新运动的领袖。早在 1978 年，在一篇叫作《面具、化妆、模仿》（"Mask, Schminke, Mimikry"）的文章中，他就对寻找身份认同的研究进行了简略总结，而这一问题依旧是当代哲学思考的中心：

"希望的原则在宏大的替代计划中变得越来越弱化。以整体为目标的、对更美好世界追求的努力已经进入了自我麻痹的阶段。显然，有必

170　译者注：迪特玛尔·坎普（1936—2001），德国哲学家、作家和跨学科思想家。
171　译者注：沃尔克·里特纳（1946—　），德国艺术家和视觉艺术研究者。

要回到那些与反资产阶级项目中被禁止的事物达成协议的策略上面来：所有令人眼花缭乱、五花八门、多种多样、具体而不可被普遍概括的东西，就是无法被合理化或被控制的东西。"[172]

在引用上述引文的小册子的结尾，出现了一位作者，他当时在德国几乎不为人知。他就是保罗·维利里奥（Paul Virilio），他早期也为《面具、化妆、模仿》撰写了一篇文章，这篇文章从法语翻译而来，主题是"消失的美学"（"The Aesthetics of Disappearance"）。一年后，维利里奥再次出现在由梅芙（Merve）在柏林出版的新杂志《交通杂志》（*Magazine for Trafficking*）的第一期上，标题为《骚动》（*Tumult*）。通过他的文本《原始事故》（*Der Urfall*），我们可以清楚地看到，维利里奥是一位将启示录的修辞手法转化为真诚的基督教关怀的思想家。20世纪70年代末发生的核事故对他而言是"一次彩排，一次对审判日的模拟"[173]。《骚动》的编辑委员会将传播从对哈贝马斯式乌托邦观念的怀疑中解放出来，并将其重新置于动荡不安的条件下来思考，其中包括弗兰克·伯克尔曼（Frank Böckelmann）[174]、瓦尔特·塞特（Walther Seitter）[175]和汉斯-彼得·金特（Hans-Peter Gente）[176]；在法国的合作者还包括鲍德里亚和福柯等人。

迪特玛尔·坎普是一位合格的体育教师、社会学家、人类学家，最重要的是，他始终是冒险思维的坚定倡导者。在1979年从马尔堡搬到柏林自由大学（the Free University Berlin）后，坎普很严肃地对待这所新大学的名字，并在社会学系创造了一个继法兰克福学派批判理论之后，供人们能进行思辨、想象和批判性思考的空间，它

172　Kamper(1978), n.p., 这个引用同样出自该出版物。感谢Claudia Schink。
173　*Tumult 1*(Berlin 1979), p. 82.
174　译者注：弗兰克·伯克尔曼（1941—），德国艺术家和艺术理论家，从事多媒体艺术创作。
175　译者注：瓦尔特·塞特（1941—），德国哲学家、社会学家和政治活动家。
176　译者注：汉斯-彼得·金特（1936—2014），德国教育学家和教育心理学家。

超越了任何僵化规则或意识形态条条框框的限制。对西柏林而言，坎普是当代法国知识分子的活纽带。1982年6月，德里达应坎普的邀请，参加了与哲学家雅各布·陶贝斯（Jacob Taubes）共同主持的自由大学研讨会。在长达一个半小时的讲座中，德里达分析了卡夫卡（Franz Kafka）的小说《审判》（*The Trial*）中包含的寓言"在法的门前"（"Before the Law"）。德里达指出，不仅被传唤到法庭的人站在法的门前，守门人也站在法的门前，守门人不是受害者，而是加害者，是法律的执行者；所以他就是最直接意义上的媒介，因为他恰恰处于法律和乡下人中间。

坎普总是以一种温和的方式发起煽动。他偏爱太极武术家的技巧：通过巧妙让步，他反而可能取得胜利，因为他会将进攻性很强的对手所消耗的力量转化为自己强大的防御力。在20世纪八九十年代，坎普是柏林最具知识吸引力的知识分子之一。他吸引了最疯狂的思想家们的注意，并让他们确信，只要有了他，任何人都可以思考任何事或说出任何话。1998年，在人民剧院（Volksbühne theater）举行的"福柯对精神病学状况的审判"（"Foucault Tribunal on the State of Psychiatry"）是他在柏林的工作的一个壮观的高潮，标题为"Macht Wahn Sinn"（字面意思是：让疯狂变得有意义；而且疯狂确实有意义）。坎普与哥德堡·特罗伊施-迪特（Gerburg Treusch-Dieter）[177]和沃尔夫-迪特·纳尔（Wolf-Dieter Narr）[178]共同发起了这个活动。活动在超过1000名参与者的混乱条件下举行，自由大学获得了一个临时的"疯狂席位"。在一场惊心动魄的行动中，卡尔·邦赫费尔（Karl Bonhaoeffer）[179]的精神科被重新命名为"戴安娜夫人诊所"（Lady Diana Clinic），这主要是因为邦赫

177　译者注：哥德堡·特罗伊施-迪特（1939—2006），德国社会学家和性别研究专家。
178　译者注：沃尔夫-迪特·纳尔（1939—2019），德国社会学家和文化研究专家。
179　译者注：卡尔·邦赫费尔（1868—1948），德国精神病学家和神经学家。

费尔参与了纳粹对精神病患者的强制绝育运动。[180]

"后现代"概念标志着人类在启蒙思想和行动陷入了不可逾越的历史断裂：奥斯维辛和广岛的非人灾难。根据一些思想家的观点，随着这一断裂，现代科学最终损害了自身。愿意生产真正知识以及在历史上独立的认知主体已经解体并过时了。随着尼采思想被重新发现，"快乐科学"的可能性得到了宣示——这是一种可以舞动的哲学思想。

当后现代主义在20世纪80年代达到鼎盛时期时，艺术家、评论家和文化哲学家用这个时髦词语来回应他们面对电子技术和数字技术渗透各行各业时所感受到的深深的不确定感。被归类为物质认同下游的一切，似乎都已无可救药了。所有与数字打交道的行为最终都不可避免地陷入了世界算法构造的、零维度的死胡同。

一切有形的东西都崩解为无法逃脱的抽象，这就是学者们所宣称的。"癌症和艾滋病都不是当下的灾难了。"坎普在1989年的一次采访中尖锐地描述了这种世界观："我们正在经历一场视听死亡，我们淹没在影像海洋中，却没有经历生活，也没有用我们的身体感受感官的意义。"[181] "太多的图像了——我们必须采取行动！"[182] 这是一篇文章的标题，其中引用了戈达尔的话，文章聚焦于戈达尔的《电影史》[Histoir(e)s de cinema]，后者在20世纪末回顾了此前一个世纪的电影史。

这里存在一个悖论：一方面，坎普对技术声音和技术图像媒介感到由衷地厌恶，尤其是对它们在舞台上的呈现。"（它们）足以让你变成聋子和瞎子。"他经常这样评论。然而，另一方面，他又始终站在20

180　*Die Irren-Offensive, Zeitschrift von Ver-rückten gegen Psychiatrie* (Berlin)(Offensive of the Psychotics. Journal by the insane against psychiatry) devoted Issue no. 8 (1999) to the Foucault Tribunal.

181　Kamper (1989), p.31.

182　Zielinski (1992b). 这篇论文是作者与尼尔斯·罗勒 (Nils Röller) 共同撰写论文的原始版本。它以《逻辑影像》("Cogito ergo Video") 为标题发表在奥地利前卫杂志《飞艇》(*Blimp*)（格拉茨：1992年第21期）上。

世纪末灾难的前沿，其中涉及比尔多学院（Bildo-Akademie）的创立——这是柏林第一所专注研究媒介设计的私立学院，该学院巧妙地提供了关于拳击和鼓乐的研讨班、运用拉康精神分析法对希区柯克电影进行细致分析的研讨会、在柏林艺术学院对古典绘画进行哲学解读的研讨会，以及大量专门讨论技术图像及其无处不在的电子存在的座谈会。

1989 年，坎普参与了在德国出版的《媒介考古学》（*Zur Archäolqgie der Medien*）的早期版本，该书包含了对麦克卢汉的《理解媒介》（*Understanding Media*）的最新评论，由诺伯特·博尔茨（Norbert Bolz）撰写，短小精悍，是他于媒介研究学术界亮相的处女作。《理解媒介》早在 20 年多前即 1968 年就在德国出版过，并被 1968 那一代所倚赖与利用。

几年后，麦克卢汉关于“古腾堡星系”（The Gutenberg Galaxy）的隐喻成为博尔茨另一部重要作品的核心。博尔茨与坎普保持合作，也偶

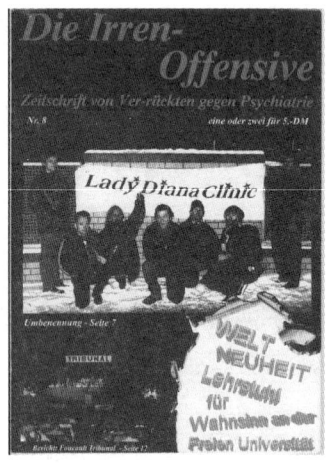

图 18 《精神病学家的攻击》（*Die Irren-Offensive, Zeitschrift von Ver-rückten gegen Psychiatrie*）封面，第 8 期（1999 年），这是一份精神病患者反抗精神病学的杂志

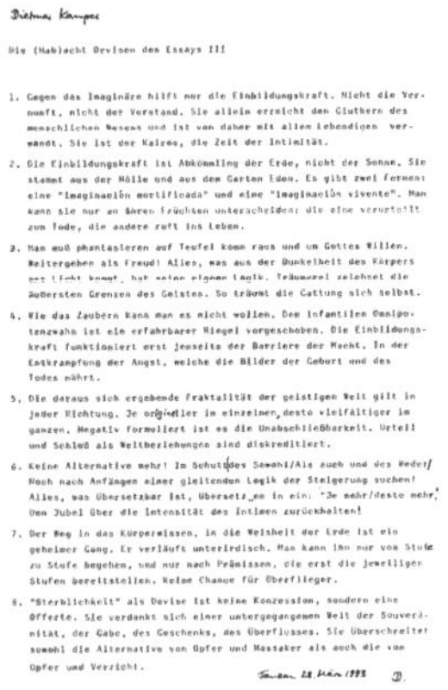

Dietmar Kamper

Die (Hab)acht Devisen des Essays III

1. Gegen das Imaginäre hilft nur die Einbildungskraft. Nicht die Vernunft, nicht der Verstand. Sie allein erreicht den Glutkern des menschlichen Wesens und ist von daher mit allem Lebendigen verwandt. Sie ist der Kairos, die Zeit der Intimität.
2. Die Einbildungskraft ist Abkömmling der Erde, nicht der Sonne. Sie stammt aus der Hölle und aus dem Garten Eden. Es gibt zwei Formen: eine "imaginación mortificada" und eine "imaginación vivente". Man kann sie nur an ihren Früchten unterscheiden: die eine verurteilt zum Tode, die andere ruft ins Leben.
3. Man muß phantasieren auf Teufel komm raus und um Gottes Willen. Weitergehen als Freud! Alles, was aus der Dunkelheit des Körpers ans Licht kommt, hat seine eigene Logik. Träumerei zeichnet die äußersten Grenzen des Geistes. So träumt die Gattung sich selbst.
4. Wie das Zaubern kann man es nicht wollen. Dem infantilen Omnipotenzwahn ist ein erfahrbarer Riegel vorgeschoben. Die Einbildungskraft funktioniert erst jenseits der Barriere der Macht. In der Entkrampfung der Angst, welche die Bilder der Geburt und des Todes nährt.
5. Die daraus sich ergebende Fraktalität der geistigen Welt gilt in jeder Richtung. Je origineller im einzelnen, desto vielfältiger im ganzen. Negativ formuliert ist es die Unabschließbarkeit. Urteil und Schluß als Weltbeziehungen sind diskreditiert.
6. Keine Alternative mehr! Im Schutz des Sowohl/Als auch und des Weder/Noch nach Anfängen einer gleitenden Logik der Steigerung suchen! Alles, was übersetzbar ist, übersetzen in ein: "Je mehr/desto mehr". Den Jubel über die Intensität des Intimen zurückhalten!
7. Der Weg in das Körperwissen, in die Weisheit der Erde ist ein geheimer Gang. Er verläuft unterirdisch. Man kann ihn nur von Stufe zu Stufe begehen, und nur nach Prämissen, die erst die jeweiligen Stufen bereitstellen. Keine Chance für Überflieger.
8. "Sterblichkeit" als Devise ist keine Konzession, sondern eine Offerte. Sie verdankt sich einer untergegangenen Welt der Souveränität, der Gabe, des Geschenks, des Überflusses. Sie überschreitet sowohl die Alternative von Opfer und Massaker als auch die von Opfer und Verzicht.

28. März 1998 D.

图 19 文章的 8 条格言

尔与哲学家陶伯斯（Jacob Taubes）开展短暂合作。加拿大人麦克卢汉与设计师昆汀·菲奥雷（Quentin Fiore）[183] 共同创作了《媒介即信息》(*The Media is the Message*)，让他成为了文化和媒介理论界极具魅力的国际流行巨星。白南准称他为"炫酷的散文家"和"快乐嬉皮士"。大众媒体争先恐后地邀请这位虔诚的天主教徒和狂热的图像蔑视者参加他们的节目。如果以麦克卢汉的关注度为衡量标准的话，博尔茨在世纪之交就已经成为应用媒介研究的社会保守派明星，还同时担任媒介顾问。仿佛在那些他认为早已去人性化的媒介中，博尔茨才感到最舒适：不管在德国电视二台深夜脱口秀的虚拟火炉边，还是在斯洛特戴克（Sloterdijk）和萨弗兰斯基（Rüdiger Safranski）将哲学作为奇观上演的电视节目中。

20 世纪 90 年代，博尔茨主要在埃森（Essen）工作，那儿离波鸿鲁尔大学（Ruhr University Bochum）的混凝土建筑物不远。在调到柏林工作前，基特勒曾在那里教书和作研究。从 1974 年开始，西德最年轻的教授汉斯·乌尔里希·贡布雷希特（Hans Ulrich Gumbrecht）已经在教导他的学生们如何扩大文学理解的新方向了。作为 20 世纪 80 年代的罗马尼亚语言和比较文学教授，贡布雷希特与他的同事 K. 路德维希·普法伊费尔（K. Ludwig Pfeiffer）[184] 在英语研究领域中组织了一系列令人兴奋的探索，探索了现存温和社会主义的星丛及其影响范围，基特勒也参与其中。在杜布罗夫尼克校际中心 (Inter-University Center Dubrovnik) ，他们组织了一系列探寻有趣且有效的方法来替代文学研究中经典诠释学方法的会议。

183　译者注：昆汀·菲奥雷（1920—2019），美国图形设计师和艺术家。
184　译者注：路德维希·普法伊费尔（1944— ），德国作家和学者。

在那个时候,克罗地亚成为西方大都市技术狂热先锋派最爱的目的地已达 20 年之久。从 1961 年起,在克罗地亚的首都萨格勒布(Zagreb),举办了多场以"新动向"("New Tendency")为题的展览和研讨会,探讨了艺术和诗歌中的算法和置换原理。在美国计算机行业的支持下,巴黎、米兰、维也纳、汉堡、慕尼黑以及其他城市的代表人物应邀出席,其中包括马克·阿德里安(Marc Adrian)[185]、赫伯特·W. 弗兰克(Herbert W. Franke),亚伯拉罕·莫尔斯,"零团体"(zero group)[186] 艺术家海因茨·马克(Heinz Mack)[187]、奥托·皮纳(Otto Piene)[188]、京特·于克尔(Günther Üecker)[189],甚至包括无政府主义者和通用艺术(generic art)代表人物迪特尔·罗斯(Dieter Roth),他在 20 世纪 60 年代对置换几何模式进行了实验。1973 年,在一部名为《装置艺术》(*Apparative Kunst*)介绍性的汇编卷中,他为德国读者汇集了许多艺术家的方法[190]。

在南斯拉夫举行的一次会议上,贡布雷希特和普法伊费尔特别强调了两个理论重点。他们认为,结构主义的现代化变体必不可少,同时它也是对尼克拉斯·卢曼(Niklas Luhmann)所发展的社会学系统理论的扩展。自 20 世纪 60 年代早期以来,关于技术制约下的文学生产与接受的知识,就已经在德国、英国、法国和意大利广泛流通,此时它变得更加多元化。从马图拉纳(Maturana)的建构主义到维利里奥的竞速学,这里汇聚的一切,都是为了提醒人们注意那些试图理解文学如何受技术影响的想象性研究。

---

185 译者注:马克·阿德里安(1930—2008),德国艺术家、作曲家和作家。
186 译者注:零团体,德国和荷兰艺术家组成的艺术团体,他们致力于创造一种新的艺术语言和体验。
187 译者注:海因茨·马克(1931—),德国著名艺术家和雕塑家。
188 译者注:奥托·皮纳(1928—2014),德国著名艺术家和雕塑家。
189 译者注:京特·于克尔(1930—),德国著名艺术家和雕塑家。
190 由弗兰克和戈特弗里德(Gottfried Jäger)编辑,收于《杜蒙特文件》(*DuMont Dokumente*)系列。

然而，在杜布罗夫尼克（Dubrovnik），学者们没有特别关注柏林大学霍勒工作室（Hollerer's lab）的实验方法、本斯学派关于程序美学（programmed aesthetics）的主张、意大利和奥地利文学先锋派的项目、巴黎装置理论家的探索性研究，以及伯明翰文化研究的奠基人。从文学研究的角度来看，这些都是构成讨论文学生产的无意义前提的先决条件。1988 年，当将近 1000 页的选集《传播物质性》（*Materialität der Kommunikation*）问世时，发起者被誉为是发起这一热门话题的先驱；事实上，这些问题早就已经在欧洲、美国和加拿大的人文研究圈子流传了四分之一个世纪了。多年以后，普法伊费尔将传播过程的具体物质性作为媒介人类学的一种变体进行了反思，我们现在对这一概念已经十分熟悉，因为它就是另一位当代思想家迪特玛尔·坎普的观点。

威廉·弗卢塞尔此前曾多次试图获得认可，但总是失败，不过他最终还是成了 20 世纪 80 年代极具魅力的理论明星[191]。在今天，他是被探讨得最多的思想家之一，尤其是对于艺术和文化研究者来说。他的术语"技术图像"（technical image）是 20 世纪 80 年代的原创性概念之一，指从摄影到合成计算机图像等所有的视觉表达。如今，围绕这一概念进行的研究项目价值数百万美元。他还提出了其他概念，如"技术美学"（techno-aesthetics）以及作为设计理论和实践的"投射"（projection）概念，它们均是在抽象数字转化为可感知的具体过程中形成的。对弗卢塞尔来说，新的技术图像是"一种表达思想的方式，它们不是复制品，而是投射与模型"。[192]

---

191 有关弗卢塞尔记者生涯的详情，请参阅西尔维娅·瓦格纳迈尔（Silvia Wagnermaier）在 Flusser (2008) 中所写的后记部分。
192 弗卢塞尔与米克洛斯·佩特纳克（Miklòs Péternàk）的访谈，地点是奥斯纳布吕克（Osnabrück），时间是 1991 年；收录于 Flusser (2010)。

亚伯拉罕·摩尔斯认为，弗卢塞尔的作品是"哲学虚构"[193]。他的文章标题尤其指向弗卢塞尔关于吸血鬼地狱（Vampyroteuthis Infernalis）的科学故事，并将弗卢塞尔置入经典的诗人—哲学家行列当中。在历史上，这些思想家总是很难在既定学术领域中获得认可，但同时，他们对学术领域产生了巨大影响。摩尔斯的"哲学虚构"标签还生动指出了推动弗卢塞尔成就和成功的一个关键，那就是，这位来自布拉格的文化人类学家和批评家，像一位扮演哲学家角色的演员一样，令人信服地将哲学思想搬上了舞台。他塑造了哲学的精神图像（mental image），并在不同舞台上，通过不同话语以令人印象深刻的方式将其表现出来——从学术界到社区学院，从圣保罗到法德的偏远地区。

总的来说，弗卢塞尔总在避免直接提及媒介这个概念，因为他认为，无论是这个词的单数形式还是复数形式，它们总归都是对拉丁文"medius"的拙劣模仿，仅出于这个原因，他就对它们深恶痛绝。不过，在这个问题上，弗卢塞尔忽视了一个很重要的细微差别，那就是，在用拉丁文撰写的神学论文中，可以发现"medium"一词代表的是一种机构或手段，而在正确的拉丁文复数形式中，比如在"媒介救赎"（media salutis）这一表达中，media 代表的是疗愈的物质和恩典的手段，因此在语义上，与作为受苦心灵的救生索的想象非常接近。正如戈达尔用他充满敌意的方式所表达的那样，电影的存在是为了使我们不发疯。在他最著名的专著，于 1983 年在德国出版的第一本书《摄影哲学的思考》（*Towards a Philosophy of Photography*）中，弗卢塞尔以一系列特殊装置为例，深入探讨了技术与美学的相互关系。由于其特殊的技术性质，即技术图像中自动再生产对象的能力，这些装置经常被称为第一种新媒介，即摄影。弗卢塞尔的核心见解是，"装置范畴"依赖"文化条件"并会对其进行"过滤"，这与十多年前法国的装置研

---

[193] Moles (1988).

究和德国关于"装置艺术"的讨论类似。然而,弗卢塞尔使用远远超出任何单个媒介的术语,并设定了一个新的重点,即"摄影师的自由仍然是一种程序化自由,而当功能性装置根据摄影者的意图运行时,这种意图还是作为装置程序的一部分来运作的"。[194]

弗卢塞尔显然在致力于提出一种装置理论,不过后来他放弃了这个方向,就像他对其他几个方向所做的那样。在对哲学现象学高度个性化的诠释当中,他在某种意义上是一个"浅尝辄止"的思想家。因为他不是那种费劲地追根究底、把事情弄个水落石出的思想家;相反,弗卢塞尔就像一个踢了一脚球,并让其开始滚动的人。20 世纪 80 年代,"装置"概念在他的论证中非常突出,他将其看作第三实例(third instance),即人与机器之间的中介——这毫无疑问是从第三实体(媒介)的意义上来说的,并同时将其与器械(instrument)或工具(tool)概念对立起来。在使用工具时,人是恒定的,工具是可变的。而在机器世界里,机器是恒定的,人则是可变的。但是关于装置(apparatus),弗卢塞尔将其理解为一个由各种机器组成的复杂结构,因此,它近似于装置(dispositif)概念和德勒兹对装置的定义,这是一个关于"功能的内在关联"的问题:装置做人类想让它做的事情,同时,人类也只能想到装置能做到的事[195]。

由于基特勒对单个特定技术及其特殊物质性有明显的兴趣,所以他在 1984 年的著作《话语网络 1800/1900》出版后,又在 1986 年的《留声机、电影、打字机》里讨论了关于艺术表达的技术特性。在其教授资格论著造成的风波之后,这本书成为了一部开创性著作,并在媒介理论中创造了一股新趋势,就像不久之后阿维塔尔·罗内尔(Avital

---

[194] Flusser (1983), pp.32-33.
[195] 弗卢塞尔《列奥纳多》(*Leonardo*)杂志编辑的信件的大致翻译,信件没有日期。然而,对弗卢塞尔档案的研究表明它写于 1986 年春天。特此感谢罗德里戈·马尔特斯·诺瓦斯(Rodrigo Maltez Novaes)。

Ronell)[196] 的《电话簿》（*The Telephone Book*）[197] 一样。柏林《每日新闻报》（*Tageszeitung*）"亲切"地称其为"解构主义娼妓"。话语分析将自己呈现为一种在文学批评和技术批评、精神分析、哲学和语言学、流行音乐和自然科学领域之间紧密同步的关联性开关。就媒介装置而言，这就是那些从业者所理解的福柯的"话语间分析"（interdiscoursive analysis）的意思，不仅如此，这种方法还将以一种无法仿效的、令人目瞪口呆的风格，在接下来几十年里继续成为基特勒研究方法的重要组成部分——其形式更像是一首复杂的歌曲，而不是史诗。

用技术先验（technical a priori）的态度来探讨包括艺术表达在内的一切流行的符号表达，成为了基特勒的理论标签之一，并被用来解释战争星系中所有通信技术。麦克卢汉的观点，即每一种（新）媒介都包含其他（旧）媒介，此时再度在学术界流行起来。从这个意义而言，媒介就是信息。

在基特勒声音、影像和书写的"三位一体装置"问世多年后，面对着日益成为"通用机"的计算机，基特勒构建了一个可以追溯到数学家阿兰·图灵的概括性理论。对人文学者来说，这一概括是足够强大的，足以给他们一些东西来对抗天真的技术专家那种不切实际的折中主义立场。然而，在20世纪90年代和接下来的几年里，基特勒放弃了这种一般化论述，转而研究元音字母作为所有美学文本原始生成器的概念。他将数学与古希腊爱情诗的感性联系起来，并创造了一种理论上独一无二的混合物。在该主题上，当代唯一可与之媲美的可能就是阿兰·巴迪欧（Alain Badiou）的研究了。巴迪欧的著作于1992年第一次在卢比亚纳（Ljubljana）问世，并于1996年作为他关于拉康"哲学挑战"讲座的修订版发表。"对数学的引用恰好出现在这样的时刻，这里的关键在于，让不了解自身的

---

196 译者注：阿维塔尔·罗内尔（1956—），美国哲学家、文化评论家和文学批评家，主要研究法国哲学。
197 1989年第一次在美国出版，德语版本由布林克曼与博斯出版社（Brinkmann & Bose publishers）于2001年出版，此书的封面设计颇类似于基特勒的著作。

真理成为知识上可被理解的东西。"在下面四个命题中,巴迪欧总结了"爱与数学"之间协商的过程:

(1)有一种真理不可还原为知识。
(2)关于真理的知识是可能的。
(3)这种知识的真正理想就是数学。
(4)真理在存在上操演的程序是"爱"。[198]

这些命题同样适用于基特勒和其他在此简要描述的复杂立场:他的媒介理论概念不能被简化为任何一个特定概念;相反,有必要识别出多个概念,它们以动态顺序相互紧密关联并处于紧张的关系当中。基特勒延续了维利里奥对远程通信媒介的关注所发展出来的军事范式,并令其在写情诗或唱情歌这样的短距离媒介环境中,获得完全不同的意义。基特勒的媒介理论首先是一种特定的智力活动,它非常接近于福柯的真理概念。

如果说 20 世纪 80 年代后半期,西德的弗卢塞尔和基特勒引入了媒介理论,那么 90 年代初则是更激动人心的理论论争阶段,论争聚焦于第三实体(the third entity)——这一处于生命的具象以及抽象的理性和技术之间某种难以定义的东西。越来越多学科对这场论争作出了有趣的贡献,数量呈指数级增长。克莱默尔(Sybille Krämer)用《象征机器》(*Symbolischen Maschinen*,1988)打开了学院哲学的大门,越来越多学科开始用自己的话语来探讨媒介影响的制约性。年轻的媒介理论家们对这些特殊和不寻常的建议有着贪婪的渴望。

奥托·E.勒斯勒尔(Otto E. Rössler)是一位医学博士、生物化学家、混沌理论家和理论物理学家,他激进的微观建构主义思想在当时引起了极大轰动。他认为,可体验的世界获得了一种界面(interface)的地位。他的内生物理学(endophysics)建立了宇宙内部观察者的概念,这无疑

---

[198] Badiou and Rancière(1996) p.61; trans. from the German G.C.

对传统的"外生物理学"（exophysics）的宇宙外观察者观点构成了补充。内生物理学中参与式观察者会显著影响着他/她被整合进其中的过程，这随后成了一种关注过程性和互动性的艺术理论和实践的范式。也就是说，世界是始终如一的，但在每一个时刻也始终都是新的。这是勒斯勒尔对科学构成的挑战，科学认为，自己有责任从宏观和微观两方面描述和阐释自然过程。勒斯勒尔本人不仅接受了这个挑战，还以一个在边界上静舞的思想家的姿态有尊严地生活着。

汉斯·贝尔廷（Hans Belting）从保守的路德维希·麦克西米兰大学慕尼黑分校（Ludwig Maximilians University Munich）最受尊敬的艺术史讲席教授职位上退了下来，并开始着手建设一个新学院，即卡尔斯鲁厄艺术与设计学院（Karlsruhe University of Arts and Design），并将研究重心聚焦于艺术和技术的相互作用。对贝尔廷来说，这意味着从技术媒介角度对艺术史和艺术理论进行彻底的重新思考：关于图像、观察者和凝视等基本问题成为他研究的核心问题。这当然部分得益于他与坎普的友好关系，人类学开始对他的视觉艺术概念及其感知概念产生强烈影响。贝尔廷的著作致力于对图像进行系统分析，这也使他成为国际范围内图像科学（image science）这一新方向的早期倡导者。不过，贝尔廷以他优雅而坚定的思想形象，避免了事后才将新的图像现象纳入他所从事的学科的霸权姿态。奥拉夫·布赖德巴赫（Olaf Breidbach）[199]、亨德克·M.埃姆里希（Hinderk M. Emrich）[200]、德特勒夫·B.林克和戈特弗里德·梅尔－克瑞斯（Gottfried Mayer-Kress）[201]从大脑研究及其历史中脱颖而出。他们提供了通往个人心理活动微观世界的途径，这些心理活动从计算理性跨越到无限幻想。人类和机器间的外部界面的问题可以被理解为大脑

199　译者注：奥拉夫·布赖德巴赫（1957—2014），德国生物学家、科学史家和科学哲学家。
200　译者注：亨德克·M.埃姆里希（1943—2018），德国神经科学家和精神病学家。
201　译者注：戈特弗里德·梅尔－克瑞斯，德国物理学家、复杂系统研究者和动力学专家。

内部展开的戏剧。例如，梅尔－克瑞斯后来研究了海豚大脑的强大适应力和灵活性。在他的研究中，他教鲸类动物玩电脑。这项研究揭示出人类自我膨胀的假设是荒谬的，并动摇了自吹自擂的智人的独特地位。德特勒夫·B.林克是一位神经生理学和神经外科康复专家，他积极捍卫人类思想的自由，并反对人工智能的装置拜物教。他对艺术和大脑之间关系的研究，以令人钦佩的清晰和优雅，将精确的科学和哲学论证结合在一起。埃姆里奇也类似，这位精神病学家和受过哲学训练的精神分析学家专门研究与艺术相关的人机关系的核心问题：联觉、记忆和遗忘的辩证法，还有这些系统中最强大的内部做梦机制，而我们是无法永久地控制这些系统的。

在巴黎，德勒兹和加塔利的《千高原》（Mille plateaux）中关于资本主义和精神分裂症的片段越来越为公众所熟知，包括那些无法阅读法文原版的人[202]，虽然该作品直到 1992 年才有了德文译本。他们第二次文本聚合以及对《反俄狄浦斯》（Anti-Oedipus）的延续，则非常接近媒介研究圈子感兴趣的问题。知识分子在哲学、权力批判、诗歌和精神分析之间的智力摆荡，决定了实验实践和媒体理论立场，包括术语选择，采用了多样化的主体构建、非等级秩序和最大可能的动态关系的开放性。尤其是在技术手段建立的交流联系方面，这些立场以及术语选择在实践中运作。

德勒兹和加塔利著作中一个特别重要的概念是根茎（rhizome），指的是，植物的茎不是垂直的，而是水平的，并且拥有一个庞大的根系。根茎用一个灵活的有机式术语取代了僵化的等级结构，并在一个单一旗帜下团结了新"网络人"（Networkers）。安托南·阿尔托（Antonin Artaud）提出的"无器官身体"概念，以及其他互相排斥的关于装置和机器的概念 [其中又以"战争机器"（war machine）最为成功)]，

202　原版在 1980 年出版。

不仅将自己的名字纳入了高级艺术和媒介理论的索引中，也纳入了那些并未明确提及媒介的相关实践中。作为电影这一特定媒介的狂热哲学家以及戈达尔专家，德勒兹在 20 世纪 80 年代出版了他最重要的理论著作。在《电影 1：运动 — 影像》（*Cinéma 1. L'image-mouvement*）和《电影 2：时间 — 影像》（*Cinéma 2. L'image-temps*）中，德勒兹为电影这种基于时间的表达形式发展出了一套特殊的哲学语文学。在他的作品中，只有关于绘画具象运动大师弗兰西斯·培根的优秀著作《弗朗西斯·培根：感觉的逻辑》（*Francis Bacon: The Logic of Sensation*）可以与之相媲美。

米歇尔·塞雷斯（Michel Serres）开展的引人入胜的研究也涉及沟通性交流（communicative exchange）和第三实体相关问题，我们很难对其做出界定，它没有明确地成为一种媒介理论。塞雷斯始终站在科学史家和文明史家的跨学科立场之上，以便能在更广阔的视角下讨论二者之间的相互转译问题。他的五本书聚焦极其复杂的希腊神明赫尔墨斯（Hermès）的形象：《Ⅰ：交流》（*I：La communication*）、《Ⅱ：介入》（*II：Linterférence*）、《Ⅲ：翻译》（*III：La traduction*）、《Ⅳ：分配》（*IV：La distribution*）、《Ⅴ：西北航道》（*V：Le passage du nordouest*）。从 1968 年到 1980 年这些书先后在法国出版，直到 20 世纪 90 年代初才有德文译本，当时正值互联网热潮之际，起初它们恍若放置在书架上的来自另一个时代的发光化石。尽管事实上它们非常适用于探索以技术为基础的传播的基本问题，但它们并不是使用手册。"让我们想象一张被绘制在表征空间里的网状图。"这是 1968 年《赫尔墨斯 I》（*Hermès I*）导论中的第一句话，然后，塞雷斯展开了他对数学和希腊神话之间相关性的讨论。该书结尾处的文字堪称我所知道的众多传播理论中最精彩的表述之一："笑是人类的交流现象……伴随着宴会上的所有交流现象；

它的声音在众神的餐桌上永不停歇。"[203]

20 世纪 80 年代,维利里奥和鲍德里亚在西德的影响力达到顶峰,他们对单独媒介并不十分感兴趣。在《战争与电影:感知的后勤学》(*War and Cinema: The Logistics of Perception*)中,维利里奥对电影、电影美学、电影语言,甚至任何剧情片或纪录片案例都不感兴趣。相反,他关注的是电影制作的结构和伦理属性如何与战争相类似的比较。他将艾蒂安－朱尔·马雷(Etienne-Jules Marey)的定时摄影枪(chrnophotographic gun)与塞缪尔·柯尔特(Samuel Colt)的"转轮手枪"(revolving gun)联系起来,最终形成了关于照片拍摄的"概念综合"(conceptual synthesis),但二者从技术史角度来看并无太多关联。[204] 然而,作为对罗兰·巴特关于技术图像生产的结构主义活动的基本特征思想的改编,这一假设影响了整个媒介研究者群体,特别是那些着迷于"战争是所有(技术传播)物之父"这一概念的人。《战争与电影:感知的后勤学》借由此,奠定了自己的典范地位(paradigmatic status)。

作为一名建筑师和城市主义者,维利里奥的主要兴趣是加速技术带来的空间和时间的根本变化,后者导致了"消失的美学"(An Aesthetics of Disappearance)。运动是事件的动力。"仪表板的艺术"已经发展成一种"第七艺术",作为电影的一个更激进的版本。在维利里奥的"竞速观看"(Dromoscopy)或"竞速学"(Dromology)中,他的立场基本上是对技术和文化之间关系的决定论观点。他认为所有的文化都是技术的一种结果。他坚持这一立场,即使它可能会导致一种终极观。维里利奥以汉娜·阿伦特(Hannah Arendt)关于奥斯威辛集中营的观察概括为进步和灾难是同一枚硬币的两面,是一次倾向于灾难原则的世界体验。简言之,维利里奥持有一种深深的宗教化的技术／媒介观,这种视角集

203　Serres, 1967 年 5 月,引自 Serres (1991),第 9 页和 345 页;由 G.C. 从德语翻译。
204　参见 Zielinski (1993),第 40 页和 43 页。

中于末世论（apocalypse）。他坚持关于光速下图像生产和传播的原理，提出了"极惯性"（polar inertia）假说——即由于技术带来的持续加速，我们都不可避免地陷入"极惯性"当中。[205]

鲍德里亚在两个场合展现出了他对媒介实践的特殊兴趣。在一篇出色的早期论文中，他将纽约地铁中的涂鸦解读为抗议社会虚无的无政府主义"符号暴动"（insurrection of signs）。他的《酷杀手》（"Kool Killer"）[206] 一文使媒介研究成为许多年轻知识分子的愉悦和游戏化的体验。其次，鲍德里亚在他生命的最后阶段，根据自己的美学实践，明确将摄影主题化。2004 年，卡塞尔的弗里德利希阿鲁门博物馆（Fridericianum Museum）为他这些作品举办了展览，并编撰了名为"世界的缺席"（"Die Abwesenheit der Welt"）的手册。

鲍德里亚在思想上的探索首先被认为是在现实的残余已经从属于完全的仿真（simulation）这一前提下，延续和推进了马克思对商品的分析，尤其对商品拜物教的分析。通过把马克思和索绪尔联系起来，鲍德里亚在晚期资本主义的商品交换中看到，交换价值和使用价值之间已经进入了一种任意关系，类似于结构语言学中符号的两面——能指和所指之间的关系。在能指的力量下，所指开始摇摇欲坠；交换价值在与其他交换价值的互动中实现，而不是基于注定要消失的使用价值。

鲍德里亚的拟像（simulacrum）概念是对古希腊原子论哲学的借用，特别是对卢克莱修（Lucretius）哲学的借用，显然倾向于否定，就像一种警示，取代了潜在的媒介理论。如同维利里奥的末世或极惯性一样，鲍德里亚的拟像概念实现了"末日"（The End）这一范畴的功能。然而与此同时，它也深陷于自己的悖论中：它之所以能够发挥功能，只是

205　特别参见巴黎展览的目录，该目录由维利里奥在 9.11 事件后为卡地亚基金会所构思的：Virilio (2002)。了解更多的重要概念请翻阅 Virilio(1980)，第 135ff 页。

206　参见鲍德里亚的论文《酷杀手或符号的起义》（"Kool Killer or The Insurrection of Signs"），收录于《象征交换与死亡》(*Symbolic Exchange and Death*) 一书中。该书由塞奇出版社（Sage Publications）于 1993 年出版，页码为第 76 页。

因为默默假设了一些被模拟的东西（simulated），一些在认识论上不同于拟像的东西。如弗卢塞尔设想的那样，把模拟变成具体的、成形的材料，这对鲍德里亚来说绝对是不可想象的。然而，他写下的每一句话都非常清楚地表明，从现在开始,我们不能再简单地用实际和虚假、真实和不真实作为谈论现实的属性了。这种方法论上的怀疑主义是非常有成效和有益的。

1987 年，英国电影制片人杰夫·邓洛普（Geoff Dunlop）的一篇电子论文将这两位曾振兴和形塑西欧学术话语的法国人虚构地聚集到了一起，进行了一次想象的会面。《电子时代的艺术品》（*L'objet d'art à l'âge éléctronique*）是由最新的实验性电视广播公司欧洲电视节目公司（La SEPT）委托制作的，该公司后来成为欧洲文化电视台（ARTE）文化频道。邓洛普的视频电影是对瓦尔特·本雅明著名的《机械复制时代的艺术作品》（*Work of Art*）一文发表 50 周年的致敬。邓洛普的主要工具是最近开发的、价格昂贵的图像处理机器绘具箱（Paintbox）。专业用户可以使用这个绘具箱来干预和修改电子图像的表面结构。邓洛普以轻巧的手法为每个受末世影响的媒介理论代表人物赋予了特定的美学形象。当鲍德里亚以一种威胁性论调谈论拟像的统治时，他的形象被不断刷上颜色。当维利里奥面对麦克·克利尔（Michael Klier）[207] 的《巨人》（*Der Riese*）谈论着通过无处不在的监控摄像机进行稳步增加的控制时，他的半身像慢慢变成了面部照片。克利尔 1983 年录像片的主题是对于 1984 年奥威尔时代之前，全景视角是如何在西欧城市建立起来的激进观察。该视频完全由监控摄像头的"发现"镜头组成。

207　译者注：麦克·克利尔（1943—　），德国导演和编剧。

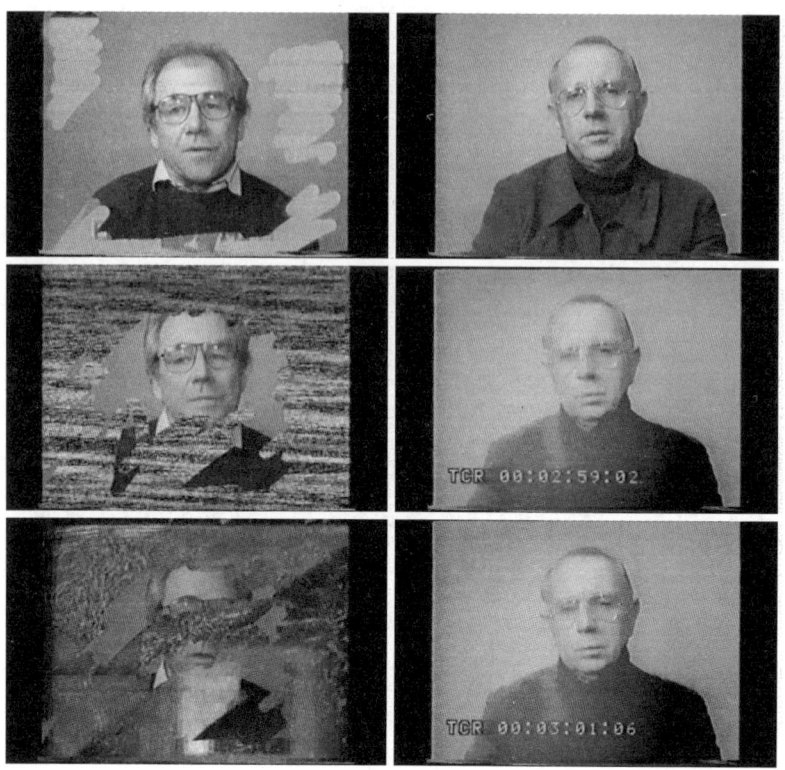

图 20　定格画面，取自杰夫·邓洛普的《电子时代的艺术品》，伦敦，1987 年

2 赞美艺术的非系统性：为一种实验文化而作 *

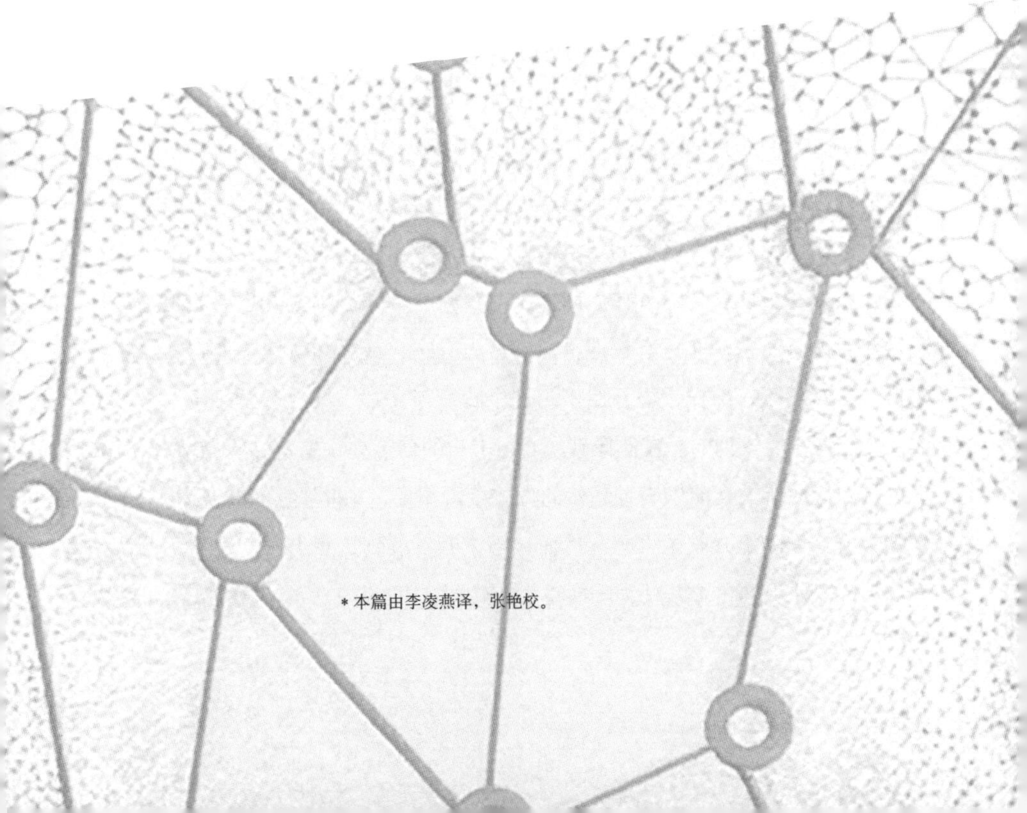

* 本篇由李凌燕译，张艳校。

操作人类学

在从过去到未来的过渡期间，出于实验可用性目的，过去两个世纪已涌现出了两种特别杰出的人类学设计。这两个概念都源于东欧。一个是由来自布拉格的文化批评家威廉·弗卢塞尔在 20 世纪 80 年代提出的，另一个是由西里西亚物理学家约翰·威廉·里特在此之前的 180 年提出的。

弗卢塞尔的操作人类学（operational anthropology）借鉴了一个很吸引人的想法。这个想法描述了一个由神奇的时间概念所驱动的椭球形运动。一个个体对世界的感知最初都是从将他所经历的生活世界予以抽象化开始的。这是胡塞尔现象学中的一个概念，弗卢塞尔很喜欢使用这个概念。而当达到抽象顶点时，投射行为打开了一个世界被全新设计的可能性。从抽象中，或者更好的说法是，通过抽象化，个体才能够在与科学和技术的对话中朝着他者方向重新设计他或她自己。

在这个过程中，文明经历了五个不同阶段。第一个阶段是现实经验的四维世界——三维空间加上一维时间。第二阶段，经验被简化为在三维现实中不起作用的对象，变成了纪念性的东西。人类建造住所是为了保护自己；也就是说，在他们有限的生命中自我保存，并建造永恒的雕塑来自我保存。第三阶段的特点由二维图像所界定。生活在自由之中的、有意识的个体，从对象往后回撤了一步，在墙上画出他们想要的东西；然后去研究它，并更有效地猎取它、占有它，或更高效地杀死它。而到了第四阶段，历史进程开始了。这个阶段与文本一维性有关，原则上，文本是线性排列的。在偶像破坏者、书写的信徒弗卢塞尔的解释中，正是这种特性让人类能以一种超然的方式接近图像，并批评它们的魔力。完成这项工作的媒介就是书写。然而，当文明发展到这点上时，发生了一个转折，弗卢塞尔将其视为一次重大的转变。

此时，后历史时期就开始了。弗卢塞尔对抽象清空（emptied of abstraction）的零维度，赋予了积极发展的可能性。数字、数学公式和算法指令，已经达到了无法再进一步扩展的水平，成为一个可以重新创造现实的白板（tabula rasa），一个新的现实由此成为了可能，至少暂时有了一个草稿。因此，这个正在形成的新现实是一个混合体，它同时包含了生命经验和机器经验。

1806 年 3 月 28 日，30 岁的里特在慕尼黑巴伐利亚科学院提出了他的观点。在题为《作为艺术的物理学：从物理学历史中解读物理学趋势的尝试》（"Physics as Art: An Attempt to Interpret the Tendency of Physics from Its History"）的报告中，他用一页纸篇幅概述了作为一种特定的、积极的人类学的艺术史前史。[208] 它包含四个不同阶段。这份概述最重要的参考点是人类活动。

在时间和空间构成的四维空间中，建筑／城市建设试图以纪念的形式塑造和永恒化人类的行为。在三维雕塑中，演员试图直接把自己表现为一个个体。而绘画再次将行动的必要性委托给人们，因为里特称之为"半空间"（halber Raum）的图像平面性迫使观察者用想象力补充视觉信息。迄今为止，艺术只涉及视觉。它们展示过去，依赖过去而存在，是记忆的艺术。里特用这一想法总结了他的前三个阶段，这一想法得益于卢克莱修和他的原子诗《自然的本质》（*De Rerum Natura*）："艺术的目的是呈现不存在的东西……也就是纪念碑。然而，心爱之人不仅仅只有她的形象。"[209] 只有音乐才能改变历史趋势。声音把人的活动引入到艺术行为中；正是在音乐中，行为第一次被直接呈现出来。次之则是靠物理实现，即人类内在和外在本性之间和谐的（再）创造，本性和行

---

[208] 转载于 Ritter (1984), pp. 288-320，引自 p. 310；里特部分文本的英文版来自：*Key Texts of Johann Wilhelm Ritter*（1776-1810）on the Science and Art of Nature (2010), trans. and essays by Jocelyn Holland, Leiden, Boston, MA: Brill。

[209] 同上 (1984), p. 256。

动之间、生活和享受后者之间一致性的再创造。对里特来说，这就是至高的艺术，他相信未来物理学能够实现这种艺术，如果它不希望丧失其作为一门科学的更深层次意义的话。[210]

里特和弗卢塞尔的概念都不是目的论式的——从人类学的角度来看目的论是不寻常的，同样也不是天启论[211]的。因为它们提供了向开放的未来发展的机会。它们并不追求正确，而是激励行动者继续努力改变那些已存在的事物的项目。

受里特和弗卢塞尔概念的启发，我大约从十年前开始从事一项人类学工作。这项工作被认为是具有可行性的，也就是通过研究艺术、科学和技术之间特殊分歧（friction）的历史，这一人类学项目从最广泛的意义上来说，试图为那些深深致力于实验文化的工程师、科学家和艺术家打开积极面向未来的可能性的道路。

在使用这一方法时，知识的自治领域与艺术、科学和技术之间的关系的复杂性大大降低了。在此，我将它们简单归入艺术和媒介之间关系的不同历史性质底下。在这一语境之下，艺术特指一种与科学和技术相结合的、作为实验美学实践的艺术。否则这种关系的性质（此处的关键所在）就没有意义了。

我区分了四种媒介和艺术关系的性质：媒介之前的艺术（art before the media）、使用媒介的艺术（art with media）、通过媒介的艺术（art through media）以及媒介之后的艺术（art after the media）。就像弗卢塞尔和里特划分的相位（phrase）和阶段一样，这些性质同样不应被理解为一个时间性序列，而应被理解为我们感兴趣的深层时间结构中不同权重的优先级。从历史上看，这些性质都是相互重叠的，有部分是相互平

---

210 同上，p. 317. 另请参阅沃尔夫·哈特维（Wolfgang Hartwig）1955 年的论文，特别是第 70—83 页，以及齐林斯基的《媒体的深度时间》（*Deep Time of the Media*）（剑桥，马萨诸塞州，2006 年），第 177—182 页。
211 译者注：天启论是与世界末日或末世有关的，通常涉及巨大的灾难、毁灭或预示未来的事件或情景。

行的。其中，第二和第三种关系性质是最容易掌握的。

使用媒介的艺术（art with media）反映了艺术对来自数学、算术和几何的洞见的多元化调用，以及它们在力学、声学和光学中的应用，以及这些调用所产生的动力，如何推动那些用于交流、教学、幻觉、震惊、娱乐和说服的人工制品和技术系统的实现。使用媒介的艺术意味着表达意图与技术实现之间的工具性关系。在使用媒介的艺术中，平面或者曲面镜子、管道、漏斗、滚轮、磁力电传机（magnetic telex machines）和机械组合系统被用作艺术生成的假肢（prostheses），但不是艺术存在的根本性前提。这些人工制品扩展了艺术实践，可能使它变得更有效，但并没有从根本上更新艺术实践。

从更狭隘的历史视角来看，这一特质最初在欧洲发展起来，源于9至11世纪阿拉伯-伊斯兰科学文化的黄金时代——对视觉进行几何化以及对图像进行数学化的过程。之后在第二次文艺复兴时期，使用媒介的艺术得到了进一步发展，这就是我们理解欧洲如何从中世纪进展到现代的方式。随着密码学和隐写术的无数模型，以及为技术图像精心设计的空间的出现，这一性质在16世纪继续发展，并在17世纪发展出自动化音乐创作、和谐旋律的排列以及大量视觉特效的发明，这标志着使用媒介的艺术迎来了第一波高潮。基本上来说，18和19世纪（新媒介创始时期）所有机械、光学和声学的创新和发明都采用了这种工具性关系。第二次世界大战后，它再次成为一种有效的、公开的和示范性的远离依存（distancing from a dependency）的方式，艺术现在可以与战略性媒体建立依赖关系，这尤其适用于远程信息通信手段。

通过媒介的艺术（art through media）意味着艺术过程本质上是通过技术媒介或一系列技术媒介而实现的。人工发电的出现使得这一点最终成为可能。在启蒙运动时期，像电风暴（electrical storms）这样的自然力量被科技所驯服。随着18世纪电的物理和化学原理的发现，从伦敦、巴黎到圣彼得堡，一种丰富的实验文化逐渐形成。科学应用在壮观的表演中得到了展示，比如在一些表演中，微弱的电流穿过漂浮在空中的沉重的僧侣或瘦弱男孩和女孩的身体。像德国物理学家格奥尔格·马蒂亚斯·博泽（Georg Matthias Bose）[212]在18世纪30年代进行的沙龙实验一样，访客们在那里受到一个站在绝缘凳子上的带电美女的欢迎，让他们可以参与电吻（维纳斯的吻）的刺激体验。这些实验已经成为对客人们主动参与的邀请，这是实现这种表演装置的先决条件。

随着各种各样魔法舞台（tableaux magigues）模型的出现，电火花在其中描绘出了令人惊叹的形象，用于教学和娱乐的设备以一种全新的方式产生图像，即用时间的方式。[213]也就是说，只有当电流打开时，这些形象才会被看见，或可以被触摸到。当其他实验者开始用光将外部现实写在感光纸上时，这种时间图像就已经存在了。随着弗朗茨·安东·梅斯梅尔（Franz Anton Mesmer）[214]和其他电子医学家在18世纪末展开电子治疗，一种精神病媒介（psychopathia medialis）的原始形式出现了，关于这种媒介，我们在整个20世纪都可以看到它的当代形式是如何发展的。

里特的想法是宇宙在微观和宏观的尺度间永恒地振动和摆荡，他不仅从理论上早早阐述了通过媒介的艺术（art through media）的关系性质，而且还把自己的身体作为实验室，把他的四肢和身体其他部分作为电流的导体和指示器实践了这一理念。里特最后一个未实现的图书项目是《发光理论》（*The Theory of Glowing*）。但是，在电子技术被确立为主流技

---

212 译者注：格奥尔格·马蒂亚斯·博泽（1733—1793），德国物理学家和发明家，他对电学领域的研究贡献巨大。
213 在早期的物理实验室中，这些神奇的片剂被用来在黑暗的房间里展示电的效果，以进行大众展示；详细的插图说明可参考：Louis Figuier, *La Machine Électrique, Le Paratonnerre, La Pile de Volta, l.'électromagnetisme* (Paris, 1868), p. 485ff.
214 译者注：弗朗茨·安东·梅斯梅尔（1734—1815），18世纪末德国医生和催眠治疗师，现代催眠疗法的奠基人之一。

术之后，20 世纪使用的通过电力的艺术似乎非常有规范性，并且似乎服从于一种战略性概念。当然，在算法机器来临后，他们又被赋予了全新的力量和扩展的活动。

在第三个千年伊始，机械的、电气的和电子的媒介，以及艺术通过这些媒介被生产、传播和接受，都被认为是理所当然的。它们就是日常经验的一部分，就像一个水龙头，人们可以随意打开和关闭，而无需过多考虑其内容来自哪里、里面有什么，以及使用后该如何处理。[215] 现在正在学习、研究、测试、调查、组织和领导的一代代科学家、艺术家和工程师或多或少都通过他们对技术媒介的经验而实现了社会化，最年轻的一代也是伴随他们成长起来的。他们被称为"数字原住民"，而媒介对他们而言不再有任何特殊的吸引力。

就艺术而言，20 世纪 90 年代初的策略奏效了。媒介艺术已经得到了广泛认可，跨越了所有领域和文化。它被融入公共空间中，包括银行场所以及私人收藏中；它出现在上海浦东新商业区高层建筑的巨大立面上；也出现在迪拜或卡塔尔的高档购物中心中。甚至是斯堪的纳维亚、英国和偶尔的德国的电视犯罪剧，如今似乎更多受到视频艺术技巧和效果的影响，而不是扣人心弦的故事讲述者的影响了。那些关于媒介艺术在公共和私人空间还没有得到很好发展的抱怨和呻吟，大多来自那些迄今为止没有得到公平待遇的人。

媒介之后的艺术并不是指完全摒弃技术媒介的实验性实践；这在应用科学、文化研究或艺术中都不再可行。相反，这种关系性质试图让人们注意到这样一个事实：我们正在寻找这样一种实验性艺术，它不再需要媒介作为合法性依据。

或者也不再作为一种特殊的感觉（sensation），但同时，我们并不

---

[215] 京特·安德斯（Günther Anders）1956 年在他的著作《人类的过时》（*Die Antiquiertheit des Menschen*）中已经进行了这种比较，（Munich: C. H. Beck, 1980）。特别参见"作为幻影和矩阵的世界"（"Die Welt als Phantom und Matrize"）一节，第 97 至 211 页。

对媒介关闭它的眼睛、耳朵和心灵。在第三个千年伊始，媒介之后的艺术将如何发展已经可以预见，但还未形成定局。我的人类学代表一种适度的尝试，即试图从艺术史中解释艺术趋势，正如里特对物理学阐述的那样——对他而言，物理学就是一种无所不包的生命科学。

各种思想、概念和观念无情地向前推进，并最终成为媒介的概括，这些概念指向了一个特殊的理论和实践领域，但是在此之前，艺术如果没有媒介也不会得到发展。15 世纪密码的加密和解密装置，16 世纪吉安·巴蒂斯塔·德拉·波尔塔（重新）发明的光学仪器，17 世纪初罗伯特·弗拉德（Robert Fludd）[216] 用单弦仪器来调和天体的和谐，阿塔纳斯·珂雪在罗马耶稣会学院建造的供富裕家庭使用的自动作曲机，这些发明都是在前现代许多世纪的研究、推测、认知和模型发展后出现的，它们并不必然在某个特定的、具体的发明上达到顶点。在公元前 800 年到公元 1700 年之间的 2500 年间，大量光学、声学、磁学、组合学和算法学感知被开发出来，而这些感知受限于我们当代视角背景所施加的压力，才被归入媒介这个总体名称之下。然而在它们自己那个时代，这些器物根本没有朝着这样一个概括性的方向前进，它们也根本不需要这样的概括性方向。

古埃及人使用模块化的网格和线条来计算和构建他们雕塑中神像的理想身体比例。[217] 这些比例可能为毕达哥拉斯学派提供了基于几何的和谐概念的来源。中国墨子学派在 2300 多年前使用阴影光学进行实验，并提出了暗箱的构想。拜占庭的菲罗和亚历山大港的赫隆分别在公元前 3 世纪和公元 1 世纪创造了自动机械剧院。这些奇妙的发明与 12 世纪末来自库尔德斯坦的工程师伊本·拉扎兹·阿尔·贾扎里的机械和气动/液压装置相呼应。此外，中国天文学家沈括在 11 世纪进行了关

216　译者注：罗伯特弗拉德（1574—1637），英国医生、自然哲学家和神秘主义者，为文艺复兴时期的医学、科学和宗教哲学作出了重要贡献。

217　参见 Albert Presas i Puig（2004）。

于投射飞鸟和飞驰云彩图像的光学实验。我将这些来自历史深处的单独而孤立的感知经历称为媒介之前敏感于技术和科学（technology and science-receptive）的艺术现象。对于对技术视觉、听觉以及感官组合的创造和发展感兴趣的无政府主义考古学而言，其多样性是历史关系特质中最迷人的方面之一。在我们所描述的四个关系性质中，这是与未来最为相关的，它是一个我们希望能够共同创造的开放领域。

在变体学（variantological）关系中，艺术、科学和技术的深层时间概念需要对过去采取一种特定的态度。这一概念不关注所谓的实际已经存在的事情——大批历史学家和档案管理员负责处理的问题，而关注其他可能发生的事情。如果我想从未来提取选项，那么我必须赋予过去以"虚拟语气形式"存在的权利。

在过去十年里，我们对历史星丛进行了详细而深入的解读。在这里，我将集中关注勾勒未来行动的挑战。作为最重要的前提——类似于对理论进行战略化批判，我将专注于第二次世界大战后媒介艺术建立的问题。这意味着我需要去处理使用媒介的艺术和通过媒介的艺术二者之间的关系，这些关系现在已经成为惯例。我会通过具体的例子来说明这一点。我尤其关注一位艺术家兼知识分子，他不仅在塑造过去 50 年的过程中发挥了决定性作用，而且在很大程度上成功保持住了作为文化所必需的系统性分裂的局面。他就是白南准。

白南准

偶尔，当弗卢塞尔激烈抨击某事或某人时，也会用拉丁语来恶搞。在基特勒邀请他在波鸿作的最后一次演讲的一个片段中，他谈到了在纽约的实验视频中心"厨房"（The Kitchen），他遇到了"一个叫白南准的韩国人"。弗卢塞尔说他是一个"彻底疯掉的文盲（illetterate）"，一个反阅读和写作的"蠢货"。他认为这个人在哲学上就像他在柔道上的表现一样,是一场灾难。与此同时,这位来自布拉格的文化评论家——他一生都在为被认可为一个哲学家而奋斗——却表示这位韩国艺术家是一个"天才的视频制作者"。[218]

我们感兴趣的是,白南准是如何用语言来表达自己的,但是首先需要强调弗卢塞尔比较认识论的核心。从弗卢塞尔的观点来看(他是一个主要通过写作和演讲来表达自己的知识分子),广义上的文学能力和抽象能力属于哲学,并在一个精心打磨的概念中找到最高的升华。相比之下,一个天才艺术家可以极尽个别的所有可能性。艺术家负责个别事件和感知,而不是概括性的东西。

这种并置的做法在艺术问题上经常用来讨论和驳斥。毫无疑问,图像和声音也具有很高的认知价值,也可以具有概念性特征,同理,文字,包括听起来很复杂的文字,也可能是愚蠢和毫无意义的。90年前,谢尔盖·爱森斯坦继列夫·库列绍夫(Lev Kuleshov)[219]之后,在图像表达的概念化的基础上,构建了他的辩证电影剪辑观。这既是一种理论,也是一种具体的电影实践。对于通过媒介的艺术而言,任何将语言的批判和哲学能力与图像和视觉的魔力和诱惑力截然分开的做法都是值得怀疑的。这些艺术实践在与霸权表达机制的紧张关系下产生和发展。它们把自己视为对主流概念的批判,或者至少是对主流概念的有意偏离。正因为这些艺术实践与权力密切相关,也就是与媒介的战略性委托相关,所以它们会对批判性反思和理论构成特殊的挑战,但又同时兼具这两者的能力。

显然,约翰·凯奇并没有发明沉默,而是试图赋予沉默一种形式。作为一名音乐家,他在独特的作品《4'33》中诠释了沉默这个对象。在神学、

218　Flusser (2008),引自第 184 页。
219　译者注:列夫·库列绍夫(1899—1970),俄罗斯电影导演、编剧和电影理论家,电影理论和编辑技术的奠基人之一。

神话、哲学和美学反思的复杂关系结构中，沉默作为有意制造的声音的缺失，被赋予了概念性意义，这些元素构成了凯奇的微宇宙。他所实践的世界观的异质性维度只能以破坏它为代价，从而被分离和孤立。

从1959年起，沃尔夫·福斯特尔（Wolf Vostell）用去拼贴（de-coll/age）概念形容其对大众媒体产生的图像存在与再现状态的转化、排列和解释实践，并将其宣传为"数百万人的事件"。在技术产生的想象中，他所做的与德里达后来对文本和语言进行解构的方法相同。技术图像既是不是客观的，也不是真实给定的，仿佛它一旦被创造出来就是不可改变的。通过适当工具的介入，它就可以是持续变化的，这其中显然也包括重新诠释。福斯特尔喜欢玩弄"decollage"一词的词源学振荡，并将这个概念与一种着手行动的姿态联系起来——从某种紧密连接中解脱出来，比如胶合状态。

1967年，彼得·魏贝尔（Peter Weibel）在维也纳街头表演了合成连续机器（Synthesis zweier Sequentieller Maschinen）。表演内容是艺术家与一台录音机的对话。当魏贝尔启动机器时，他会说"开！"然后，录音机用预先录制的"关！"来回答，接着魏贝尔又把机器关掉，它就变回了一个播放器的角色，而当魏贝尔再次说"开！"，并再次按下启动按钮时，录音机就会再次回答。如此反复，直到操作机器的人因疲惫而倒下，或者机器崩溃为止——就像在作品的早期表演中发生的那样。人和机器以一种循环的、完全决定性的关系结合在一起，同时又相互竞争。当其中一个系统出错或放弃时，这个戏剧性的游戏就结束了。这个作品当然可以解释为对克劳德·香农的信息论和诺伯特·维纳的控制论的回应。早在20世纪80年代德国舞台上出现香农和维纳的作品之前，魏贝尔就已经开始从事他们的工作了。然而，魏贝尔的表演其实并不是对数字理论做出的反应，因为在当时，数字理论还远没有与审美过程相联系。不过魏贝尔制定了这样两种状态，而未来的艺术生产将很大程度上从两者的无尽序列和快速交替中诞生。他用艺术自身的资源，即美学资源，来表达它们。就艺术而言，魏贝尔确实预见到了一些东西。他的表演并不是一种回忆的艺术。

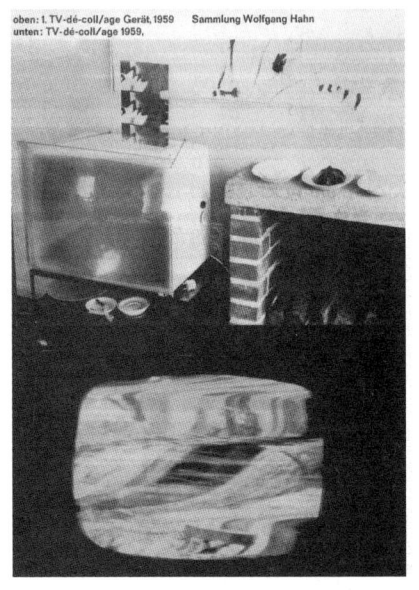

图 21　电视"去黏连"，1959 年。上图：设备［此处为沃尔夫冈·哈恩（Wolfgang Hahn）收藏的一部分］，下图：电子"去黏连"
来源：*Wolf Vostell elektronisch*，Neue Galerie in Allen Kurha us (Aachen 1970)

当弗里德里克·佩措尔德（Friederike Pezold）[220] 将她身体的影像字谜（anagrams）作为写作的标志时，她并不是在阐述一种尚未完善的性别关系的理论。相反，她是在含蓄地回应劳拉·莫维（Laura Mulvey），并在很早的阶段就已经鼓励女性主义艺术和媒介理论，提倡不要将女性视为图像中的客体，即从受害者的视角出发，而是要将身体视

---

[220] 译者注：弗里德里克·佩措尔德（1945—），德国艺术家，主要创作摄影、视频、行为艺术和装置艺术等艺术作品。

为拥有两极力量的存在，它既吸引又抵抗。佩措尔德同时采取了理论立场和实践立场。在慕尼黑巴赫豪斯艺术博物馆（Len bachhaus art museum）的一次展览中，她启发了西德伟大的电影批评者弗里达·格拉夫（Frieda Grafe）[221]的灵感，促使他写了一篇精辟的文章。这篇文章清晰展示了当时的美学实践是如何与精神分析理论紧密交织在一起的，也展示了一贯的个人和艺术形象制作的姿态对电影文化强烈的影响力：

"新图像需要新的凝视。站在弗里德里克·佩措尔德的照片前，人们恢复了视觉感知。沉思的凝视变成了观看的冲动。这就好像凝视改变了自身的形态，并且，一旦在认识发生后，它学会了再次去感受。它变得有了触觉。它采取了一个新的方向：不再仅仅是对外部刺激作出反应，而是适应了内部的节奏。它成了一种承认其对物质承载的印象。"[222]

介入性思维

乍看之下，如果用布莱希特的一个相当笨拙的术语来描述白南准在其艺术创作头 20 年中的活动，似乎没有意义。因为当白南准再次开始在慕尼黑学习时，这位德国戏剧专家和诗人早就已不在人世了。在日本，白南准没有以汉斯·艾斯勒（Hanns Eisler）[223]为第一个学位的研究对象，它研究的是阿诺德·舍恩贝格（Arnold Schönberg）——而布莱希特则在他在加利福尼亚流亡期间所写的工作日志中指出，舍恩贝格的音乐总让他昏昏欲睡。这位移民西方的韩国人的狂野思想和艺术过程与那位德国社会主义者严谨的史诗性论断完全背道而驰，后者的总体取向是面向东方的，正如布莱希特在《Me-Ti 变革之书》（*Me-Ti. Buch der Wend-*

221　译者注：弗里达·格拉夫（1934—1984），德国电影评论家和作家，对德国电影的理论和批评作出了重要贡献。
222　Grafe (1976), p. 125.
223　译者注：汉斯·艾斯勒（1898—1962），德国音乐家、作曲家和指挥家，也是政治活动家。

ungen) 中产生的最好的作品中所展现的那样[224]。然而,仔细观察会发现,它们之间存在着和谐的互补关系。只要在费尔南多·佩索阿(Fernando Pessoa)的意图上同时考虑商人和无政府主义者;只要你试图辩证地理解这些人:

"因此,让我们取消从仅仅令人愉快的王国移民的决定而引起的普遍沮丧,也取消因我们在那里安顿下来的决定来引起的更普遍的沮丧。让我们把剧院当作一个娱乐场所,就像在审美讨论中那样,并试图发现哪种类型的娱乐最适合我们!"[225]

白南准对艺术和研究非常认真,同时他也意识到,在20世纪下半叶,他生活在一个发达的景观社会中,正如情境主义者居伊·德波在1967年对资本主义西方的后工业社会形式的描述那样。白南准与电子民俗有密切的关系,与无处不在的摄像头、监视器、麦克风和扬声器时代的景观事件息息相关。他已经准备好把这场景观变成闹剧式的幽默,比如,愚弄音乐会的观众、牵着小提琴在街上散步、逗路人开心,或者公然以性别歧视的方式来工作。1963年春天,在激浪派出版的《先锋印度教大学每月评论》(*The Monthly Review of the University for Avant-Garde Hinduism*)中,他以诗歌的形式写道:"谁提供了什么?／我提供什么?／我能提供什么?／就像芝加哥的施皮格尔公司(Spiegle Co.)或法兰克福的内克尔曼·范山德公司(Neckermann Versand)一样,激浪派使其成为可能。我们提供音乐／[……]或者芝加哥的一个黑人妓女的腋下毛发／等等。"[226]

---

224 Brecht, *Gesammelte Werke*, vol. 18, *Me-Ti Buchder Wendungen* (Frankfurta. M. 1 967)。许多欧洲先锋派艺术家和知识分子转向远东的世界观——从爱森斯坦到布莱希特,从凯奇到沃斯泰尔。这是一个引人注目的现象。
225 Brecht (1964), Brecht on Theatre, "A Short Organum for the Theatre" 的序言,第 180 页。
226 Hendricks (1988), p. 426.

白南准制造了他的第一个机器人 K-456，作为"几秒钟的惊喜，作为道路交通中一个极简的轰动事件"。[227] 他把它设计成一个具有性别特征的、摇摇晃晃的机器人，戴着一顶白色帽子和一对橡胶义乳。他的作品《年轻的阴茎交响曲》（*Young Penis Symphony*，1962）召集了十个年轻男子，将他们的阴茎一个接着一个穿过一条巨大的白色纸带，"从天花板到地板，横跨整个舞台"，在观众面前书写出一个由勃起组成的乐谱。[228] 他同他的缪斯女神和长期音乐伴奏者夏洛特·摩尔曼（Charlotte Moorman）一起出现，她有时候袒胸露乳，或戴着由透明显示器制成的胸罩，向白南准遮蔽或裸露的胸部鞠躬，或者拿着一个巨大的模型阴茎，代替她的大提琴，甚至有一次以警察逮捕两人告终。一方面，这是白南准故意设计的——为了让自己更出名，并挑衅人们的社会阶层；另一方面，这些姿态也融入了同拍膝盖笑话和闹剧有关的文化习俗。小资产阶级是最懂得如何激怒其他小资产阶级的，正如汉斯·马格努斯·恩岑斯伯格（Hans Magnus Enzensberger）[229] 在为《库尔茨布赫 45》（*Kursbuch 45*）杂志撰写的一篇讽刺文章中所说的："波希米亚人主要由小资产阶级招募而来，他们的专长就是吓唬其他小资产阶级成员。"来自奥格斯堡的布莱希特也是使用这种策略的老手了。

　　在白南准的表演中，他展示了一种侵入性文化，即对完整、和谐、既定的事物进行介入，由此产生响亮而尖锐的声音和图像。这与约翰·凯奇截然相反，同卡尔海因兹·斯托克豪森（Karlheinz Stockhausen）[230] 早期作品中严肃的简朴和激进的复杂风格截然相反，但这种方式让白南准非常着迷。在 20 世纪 50 年代中期的《少年之歌》（*Gesang der*

227　"sekundenschnelle Überraschung"; *Nam June Paik Werke 1946-1976, Musik-Fluxus-Video*, Kölnischer Kunstverein, Cologne 1977, p. 93.
228　Paik (1977). p. 47.
229　译者注：汉斯-马格努斯·恩·曾斯伯格（1929—2022），德国作家。
230　译者注：卡尔海因兹·斯托克豪森（1928—2007），德国作曲家和音乐理论家，现代音乐的重要创新者之一。

Jünglinge）中，斯托克豪森将一个男声女高音的录音移调、组合并修改成了一个迷人的电子唱诗班。1956 年 5 月 30 日，在科隆西德广播电台（WDR）大礼堂举行的名为"Unerhörte Musik"（字面意思是闻所未闻的、不可思议的音乐）的首演中，舞台上没有音乐家，只有"非人音乐"[231] 从巨大的扬声器组和天花板上的 12 个扬声器球形结构中发出。而 1958 年发行的作品《联络》（*Kontakte*）听起来像是吉米·亨德里克斯（Jimi Hendrix）现场表演的一个预兆。

白南准对旧钢琴进行了粗暴的拆解，并用带刺铁丝网、植物、婴儿摇铃、闹钟和其他材料进行了夸张的装饰（*Klavier intégral*，1958—1963）。这个作品在批判和彻头彻尾的媚俗之间游走，他的许多早期作品也是如此，比如 1963 年的《唱片串烧》（*Schallplatten-schaschlik*）。在这个作品中，下层中产阶级的日常生活和先锋艺术的追求结合形成了一个完整的世界。年轻的电子工程师往往避免以真人形式出现在舞台上，而这位韩国艺术家大胆地将身体作为吸引力的存在插入舞台上短暂的行动中。白南准的无政府主义想象力给约瑟夫·博伊斯（Joseph Beuys）留下了深刻的印象。博伊斯是个世俗神圣化的艺术大师和萨满，在 1963 年由罗尔夫·雅林（Rolf Jährling）[232] 在伍珀塔尔 – 埃尔伯费尔德（Wuppertal-Elberfeld）组织的白南准首次个展的开幕晚会上，他毁掉了一架钢琴展品。

白南准挂在展览门口的血淋淋的牛头，导致帕纳斯画廊（Galerie Parnass）因违反《死尸法案》（Cadavers Act）而被人向警方举报。然而，对展览来说，这却是一个非常有效的公关噱头。正是由于这一奇观的成功，展览中的 12 台电磁操控的电视机至今仍被誉为媒介艺术实践的真正开端。尽管在白南准的展览之前，沃斯特尔已经在对（阴极射线管发

231　Hans H. Stuckenschmidt, in *Die Reihe*[1955]，引自 *Wege elektronischer Musik* (1991), p. 22。
232　译者注：罗尔夫·雅林，活跃于 20 世纪 60 年代的德国艺术家和策展人。

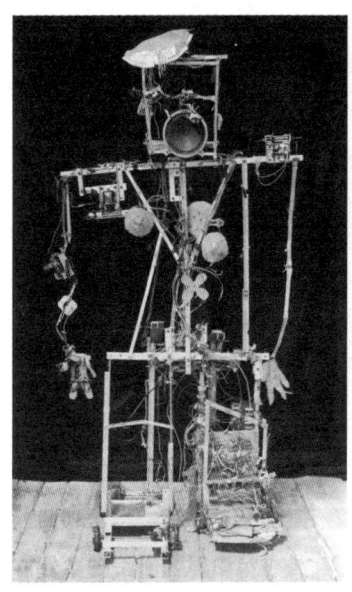

图 22　白南准于 1964 年与舒雅·阿部（Shuya Abe）共同建造的无线电控制机器人 K-456(白南准，科隆艺术协会，1977 年，第 94 页）

图 23　波传输：卡尔海因茨·斯托克豪森于 1962 年在科隆的 WDR 电子音乐工作室
来源：*Wege elektronischer Musik*, Sechs Konzerte, 1991, p. 42

出的）典型图像进行技术干预方面做了至少四年的工作。[233]

"从一开始，剧院的职责就是娱乐观众，其他艺术也是一样。"正是这种任务赋予它特殊的尊严；布莱希特在《戏剧小工具篇》中写道："除了娱乐，它不需要其他通行证，但它必须具备这一点。"在舞台资本主义的时代，艺术是一体化的，目标不可能是在一个与之脱离的场所进行表演；否则就无法被人听到或看到。即使福柯式的异托邦也是既定位置体系的一部分，尽管它们在那里履行着颓废的功能。然而，艺术家的最低要求至少是能共同决定游戏规则，并反复冒着以不可能性去挑战商业的风险。当布莱希特宣称娱乐是一种义务时，他提出的是和德里达于法兰克福的著名演讲（1989）中关于大学的无条件性十分类似的观念。

---

[233]　参见《视频终结》（*TV-Dé-Collage*，1976）当中 20 世纪 70 年代哈恩收藏的电视拼贴集。

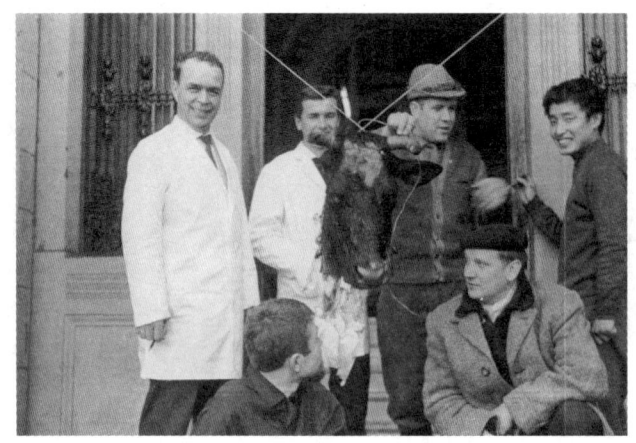

图24　1963 年 3 月，为参加"音乐博览会——电子电视"（*Exposition of Music—Electronic Television*），白南准（右）在帕纳斯画廊入口处悬挂了刚屠宰的牛头
来源：Rolf Jährling, ©Dr. Anneliese Jährling；The Museum of Modern Art, New York. The Gilbert and Lila Silverman Fluxus Collection Gift, 2008；Zentralarchiv des internationalen Kunsthandels e.V. (ZADIK), Cologne

无条件的快乐以及供人嘲笑，成了白南准的专长。在与先进技术相关的审美过程中，这种尝试非常脆弱，非常罕见，也极端美丽。

无条件工作是一种很容易被宣布为无用的态度。艺术能接受的唯一的节约就是毫不妥协的奢侈。"事实上，戏剧必须保持一些完全剩余（superfluous）的存在，尽管这确实意味着它对于我们生活而言是剩余的。没什么比快乐更加不需要理由了。"[234]

第二次世界大战后，鉴于两种生产力概念——资本主义和社会主义——的历史性失败，过剩（excess）范畴不仅仅在乔治·巴塔耶的著作中占据重要地位。把艺术活动理解为一种特殊的消费实践，也使得白南准（他受佛教文化的影响）仿佛拥有了一个贵族头衔一样，他一生都以极大的尊严维持着这份荣誉。

234　Brecht (1964)，引自第 180 页和第 181 页。

时间

"生活的录像机不存在倒带按钮。"[235] 白南准的这句话是一个即时公式,概括了所有基于时间的媒介理论的本质。我们经历的时光不能重复。只有当生命被技术手段记录下来,并放入储存器中,才是可逆的。机器中被客体化的时间可以向前或向后运行;它可以暂停、减速以及加速。人们可以按下过去和未来的按钮。一部电影或一段视频显示了由算法命令驱动的运动:这些媒介最主要和重要的吸引力就在于它们可以操纵时间的流动。相比之下,技术外(exotechnical)的存在却是不可逆转的。

白南准充分意识到技术存在有一种特殊的时间性。在东京、斯图加特和科隆,他研究音乐,尤其是舍恩贝格,这也是他论文的主题。凯奇曾与舍恩贝格一起学习过。音乐这种以时间为基础的杰出艺术类型是白南准最重要的艺术参照框架。这是许多新艺术界人士所共有的。扩展电影(extended cinema)先驱约翰·惠特尼(John Whitney)[236]曾说:"我的电脑程序就像一架钢琴。"时间图像不是画出来的,而是被构成的。[237]

在客体化时间的塑造中,白南准将现代主义思想作为一种介入手段,并与他自己的韩国文化传统和日本文化传统相结合,达到了最大的诗意密度。《电视禅》(Zen for TV, 1963)是一个偶然事件。在为帕那苏斯画廊(Galerie Parnass)展览运送物品的过程中,一台黑白电视机的显像管坏了。当再次插上电源时,它只显示出一条白色水平线,于是白南准将电视机旋转90°,并以垂直信号的形式展出该电子信息。几个月后,他又以禅为主题拍摄了一部电影。这个作品有多种形式。作为物体本身,它是一个塑料盒子,里面装有一卷16毫米未曝光的胶片,大约需要放

---

235 由雷内·布洛克(Rene Block)在 Paik(1984)序言中引用。
236 译者注:约翰·惠特尼(1917—1995),美国电影制片人、艺术家和计算机动画的先驱。
237 参见 Youngblood(1970),第 207 页。

映 20 分钟。而为了某种美学目的，它可以被涂画、刮擦，或者以其他方式处理，最后这个过程被直接放映出来。白南准没有把胶片曝光，而是以《电影禅》为题进行放映。当这些未曝光的原片用电影放映机放映时，它们在屏幕上显示出的几乎是空白的图像。而它的时间性只通过在光线中舞动的尘埃颗粒以及屏幕上微小的阴影来体现。白南准在外观包装上粘贴了一幕好莱坞电影的拍摄场景，但是胶卷盒子里的胶片却彻底清空了所有场景。

当这部作品大约在 1964 年被创作出来的时候，这些视觉上的想法并不是完全原创的。居伊·德波的《支持萨德的呐喊》（*Hurlements en faveur de Sade*）就是一部完全由空白的黑白电影画面组成的片子，创造出了一个抽象的投影空间。1952 年 6 月 30 日，当影片在巴黎人类博物馆的先锋电影俱乐部（Ciné Club d'Avant-Gardes）首映时，年轻的德波使用了由预先准备好的对话片段和由观众抗议的嚎叫组成的配乐，而白南准却放弃了任何额外的音响效果，只剩下放映机的声音构成的寂静氛围。机器的时间维度以自身的节奏、自己的时间，不加过滤地表达出它自身。

在另一部电影中，白南准直接在镜头前表演，同样，以最小的努力达到类似的最大密度。沃尔夫冈·拉姆斯博特（Wolfgang Ramsbott）是霍勒柏林文学研讨会（Höllerer's Berlin Literary Colloquium）的电影制作人，后来又成为柏林艺术大学的第一位实验电影教授。他在 1961 年拍摄了名为《拉姆斯博特之家中的表演》（*Performance im Hause Ramsbott*）的电影，其场景设定非常紧密，没有任何间距。电影完成于 1962 年。影片开头始于白南准小腿的特写，开始时小腿是放松的，但随后开始展现奇怪的机械运动，来回摆动。在一个从渐变到黑色的镜头中，白南准的嘴在说一些话，但我们却听不到。在另一个特写镜头中，白南准在玩一个有趣的游戏，他的手指在面孔前张开。他似乎是在模仿一台闪烁的机器——这种装置通过一个像放映机快门缝隙一样的孔，间歇性地、有节奏地投射光线。

就明显不同于那些已存在的传统设备的技术图像的发明而言，这些年来，最吸引人的实验媒介就是电影。1963 年，安迪·沃霍尔（Andy Warhol）在工厂制作完成了他最好的一部电影，这部电影描绘了简单的日常感受：接吻、吃饭和理发。1964 年的《帝国》（*Empire*）是一部无声黑白电影，在 16 毫米胶片上连续拍摄了八个多小时，只展示了纽约帝国大厦的一个静态镜头。约纳斯·梅卡斯（Jonas Mekas）在时代生活大厦 44 层，用奥力康（Auricon）相机拍摄了这些画面。20 世纪 60 年代后半期，沃霍尔开始制作由光机械和电子装置组成的精致的视听混合体。从 1966 年开始，白南准就与尤德·亚尔库特（Yud Yalkut）[238] 合作研究这种现象。白南准的"电子疯狂"与亚尔库特的"微妙的运动意识"相结合，发展成为在电影和视频之间取得平衡的第三种媒介现实。[239]

白南准的《电视佛》（*TV Buddha*, 1974）是一件标志性的、基于时间的艺术作品，就如同沃霍尔著名的玛丽莲·梦露的彩色照片一样——1962 年吉恩·科尔曼（Gene Korman）[240] 在梦露自杀前不久拍摄的，都属于平面艺术的典范。在白南准的装置中，简单与复杂被巧妙地联系在一起。一尊沉重的佛像端坐在一台视频监视器前面。监视器上方安装了一台摄像机。摄像机以电子方式记录下了这个祭礼物件，而它的电子图像可以在黑白视频监视器屏幕上被看到。这个视频特写视图同传统电视形成了鲜明对比。因为佛陀看到他自己正在看着自己——如此形成了一个闭合回路，就像神奇的时间图形一样。它是椭圆的，非线性的，但可以无限重复，这都是因为在物体和图像之间插入了一个技术媒介：伊涌（Aeon）是希腊神话中的时间维度，它超越了凡人

---

[238] 译者注：尤德·亚尔库特（1926—2002），美国实验电影制片人、摄影师和艺术家，他将摄影、电影和多媒体技术相结合。
[239] 同上，第 330 页。
[240] 译者注：吉恩·科尔曼（1924—2010），美国摄影师和电影制片人，他以与著名导演安迪·沃霍尔的合作而闻名。

的寿命，成了永恒。伊涌就是机器时间，而这种时间在原则上是空的。荷兰作曲家、激浪派大师和媒介艺术家迪克·雷马克斯（Dick Raaymakers）在 1964 年创作了一部早期作品，专门描述了这个时期。[241]

自 1974 年以来，白南准以多种美学变体形式创作了佛教装置；在其中一个装置里，监视器被嵌入一个似乎能为其提供光线能量的煤炭堆中（1982）；另一个则是把佛像埋在土里（1997），作为艺术家的独立雕塑，它嘴里叼着一根香烟，一个衣夹固定在头上；还有一种佛像艺术的变体是在表演行为中实现的，在这个作品中，白南准自己坐在摄像机和监视器前，就像他 1976 年在科尔尼什艺术协会（Kölnische Kunstverein art association）所做的那样。就时间这一概念的激进性而言，尤其是其 1990 年创造的一些后期变体，尤其令人印象深刻。在这些做法中，视频监视器被剥离了所有技术内部结构，只剩下了外壳。在这个框架内，或许曾经有一根图像管闪烁，但是现在只剩下一根蜡烛在燃烧。坐在这些物品前的佛陀在观看着某种类似于原始电影（primeval film）的东西；摇曳的蜡烛象征着人类创造的第一件基于时间的艺术品——火。在这些晚期的佛像作品中，白南准再度回归了他那些早期的装置作品。在 20 世纪 60 年代早期，他曾经致力于清空电视图像，并且也曾试图用蜡烛代替闪烁的电子图像。

《电视佛》中体现时间主题的古老表现力，可以与白南准的另一件装置作品相媲美，这在他 1965 年以后的几个变体装置中也有所体现。几千年来，来自各种文化的人们都会观察夜空，并且把月亮当作他们渴望和乌托邦的投屏。因此，月亮其实就是一个天然的电视装置。在第一位宇航员踏上地球的卫星的四年前，白南准毫不羞赧地声称，他拥有这颗卫星的所有权，他将一个神圣的地方变为了凡俗，也就是说，白南准剥夺了地球时间意义上神圣的月亮。这个装置叫作《月亮是最古老的电

241　参见 *Dick Raaymakers—A Monograph* (2008)，第 408 页。

视》(*Moon Is the Oldest TV*)。在这个装置中,白南准在昏暗房间里的一个开放的半圆形中,在高高的黑色台子上安装了 12 个监视器。在每个监视器屏幕的中心,都有一个白色的球体在闪耀,从非常微弱的新月渐变到发光的满月。

1963 年,白南准在帕纳斯画廊展览后所写作的一篇实验论文中写道:禅由两个否定组成。第一个否定是指:绝对即相对;第二个否定指:相对即绝对。[242]

作为切尔西女孩的"海德加尔"(Heideggar)[243]

1964 年,白南准受邀来到社会研究新学院(the New School of Social Research)。这是从哥伦比亚大学分离出来的一支著名的激进派,并为流亡学者如克劳德·列维-斯特劳斯、汉娜·阿伦特(Hannah Arendt)和汉斯·艾斯勒(Hanns Eisler)等人提供了避难所。直到 1960 年,约翰·凯奇一直在那里教授作曲。正是在这些年里,白南准对技术哲学的思考和实验变得更加深入和激进。他在新学院首次展览计划列出了他的微观世界的艺术分支,这一展览计划在未来几十年里起到了决定性作用。我们首先会看到对黑白和彩色电视的操作,接着是机器人的展示,白南准逐渐宣称,机器人是其家族的一部分。还有流行奏鸣曲表演、一些极简主义禅宗作品,以及摩尔曼(Moorman)[244]和其他激浪派活动家的早期表演。

---

242 这篇文章发表在 1964 年 6 月的《纽约流动报》(*Fluxus ccV TRE*) 上。白南准友好地给了我这份大幅报纸,我把它放入《读者》(*Reader*) (Zielinski 1992a) 中,第 123、124 页。
243 切尔西女孩指一种时尚、潮流或个性化的女性风格和生活方式。这个词源自英国伦敦的切尔西地区,该地区以其文化、艺术和时尚界的活动而闻名。
244 译者注:夏洛特·摩尔曼(1933—1991),美国先锋艺术家,通过创造性地结合音乐、舞蹈和表演艺术,开创了独特的表演形式。

图 25　媒介艺术家、理论家谱系图

1965 年 1 月,一张未添加任何注解的电子电视的电路图被印在了展览邀请函的背面。白南准试图将本雅明式的魔法师和操作者的态度融合在一个人身上——那个人就是他自己。展览在帕纳斯画廊展出的时候,当时的激浪派之父乔治·马丘纳斯(George Maciunas)[245] 赞许地说,为了能够对电视机的电磁场进行各种改造,白南准已经秘密研究了一两年电子学。[246] 很明显,这位疯狂的电工已经获得了大量有关快速电子管的知识,并且与技术人员和工程师展开了越来越多合作,特别是与阿部周也(Shuya Abe)的合作。从一开始,这位天才仪器制造商和电子工程师就与白南准的作品紧密地联系在一起,这些工作涉及干预电子图像的结构和过程。几年后,他们还合作发明了视频合成器这种视听时光机。

245　译者注:乔治·马丘纳斯(1931—1978),艺术和策展人,激浪派运动的创始人之一。
246　马丘纳斯给罗伯特·瓦茨(Robert Watts)的信,参加 Hendricks(1988),p. 438。

1965 年 10 月 4 日，白南准坐出租车穿过纽约曼哈顿。陪他坐在后座的是索尼第一台便携式录像机，可能是 VC 2010[247]。在移动的车辆中，他拍下了教皇访问圣帕特里克大教堂（St. Patrick's Cathedral）的照片。他并不是为了某个电视台或它的匿名观众拍摄这些照片的。不久之后，他又在格林威治村（Greenwich Village）布里克街（Bleecker Street）的时髦夜总会 Café au Go Go 里展示了这段未经编辑的录像。观众由他的朋友、艺术家、作家、音乐家和熟人组成。无论从艺术还是政治的角度来看，这些观众的素质都与这种新媒介完全符合。通过这次行动，白南准开创了涉及自身影像历史的视频艺术类型。

白南准在那段时间写了很多东西。他称这些文本为散文（essays），然而其体裁更像是小册子、宣言或手册。在这些作品中，有尖锐的、争辩的、形式上无政府主义的，或具有故意夸张的结构。白南准已经远远超前于他所身处的时代，并预见了未来将要出现的许多术语和主题。他在对"控制论化的艺术"和"为控制论化的人设计的艺术"之间的辩证法进行简短反思时总结道："我们处于开放的电路中。"他认为，这种理念最理想的代表就是极简主义者乔治·布莱希特（"也许乔治·布莱希特的简约风格是最为合适的了"）。直到 20 世纪 60 年代中期，布莱希特一直从事着化学家和工程师的工作。[248] 白南准对控制论产生兴趣，并将其视为一门关于纯粹关系的科学，实际上它就是一门关于科学关系本身的科学。

---

247 这绝对不是后来传说中的 Portapaks，因为在 1965 年 Portapaks 还不存在。多年前，我曾亲自询问白南准这个谜题，他回复道："索尼第一代 2010 半英寸系列（我想应该就是 VC 2010）也常因为同样的原因被这样称呼。与 Ampex 工作室设备相比，这台索尼有时也被称为米老鼠，因为它非常小，就像一个玩具，而且经常出故障。不用说，为了第一天的拍摄（实际上是 10 月 4 日），我不得不借了一个转换器（DC-AC 转换器）。"（1984 年，白南准与作者的私人通信）。
248 参见 *Something Else Press* (New York 1966); 引自 Paik (2004), n.p. 关于早期激浪派艺术家、制药实验、药剂师和发明家工具箱之间的关系，以及他们与音乐的关系，是很值得研究的。激浪派传统中的表演艺术其实并不是从视觉艺术发展而来的，而是从各种实验性实践中发展而来的。

在 1967 年的一篇文章中，白南准将诺伯特·维纳和马歇尔·麦克卢汉[249]直接联系在一起，构成一个颇具挑衅性的短路（short-circuit）。维纳是麻省理工学院的数学教授，热衷于阅读《大英百科全书》（Encyclopaedia Britannica）；而麦克卢汉是一位来自加拿大的文化评论家，还是一个乔伊斯式的嬉皮士（Joycean hippie）。白南准将两个人联系在一起的核心思想是对信号（signals）的物化，他认为这是维纳和麦克卢汉两位作者所共有的特征，两人都忽略技术交流过程中语义背景。麦克卢汉的名言"媒介即信息"自 20 世纪 40 年代以来就隐含在控制论思想中。这其实也非常符合维纳的假设，即发送信息的信号与不发送信息的信号起着同样重要的作用。但是在香农的那个著名公式中，这两者却是同一个东西。

在获得洛克菲勒（Rockefeller）基金会资助的最初几个月里，白南准在纽约州立大学石溪分校（The State University of New York at Stony Brook）撰写了他的第一份报告，题为《面向无纸化社会的扩展教育》（Expanded Education for the Paperless Society）。在报告中，他对艺术和媒介领域的未来学术工作作出了大胆的展望。就像 20 年后基特勒也把《留声机、电影、打字机》当作他最后一本值得被出版的图书一样。白南准在报告中批评了麦克卢汉，认为尽管他在谈论电子媒介，但他的话语仍然是以文字这种经典形式来出版的，也就是说，必须以纸质为载体，装订在封面之间。但是，现在基于现有视频技术和邮寄录像带的便利性，白南准提议可以建立一个大学网络，他称之为"可邮寄电视"。比如，在纽约录制的讲座可以用杜兰大学（Tulane University）、内罗毕大学（University of Nairobi）或特拉维夫大学（Tel Aviv University）合作项目的课程模块进行交换，从而建立经济的学术友谊。通过这种方式，大学教育就可以以较低成本为学生提供"世界化"（mondialisé）教育。

---

[249] 发表于伦敦 ICA 公报；这里出自 Paik (2004)。

在 20 世纪 60 年代，白南准延续了 20 世纪 20 年代俄国革命的一个著名范式，热衷于将各种连接电子化——从大脑到大脑，从星球到星球。他以一种讽刺的姿态，设计了一个由数千个小型发射机组成的技术文化（technoculture），并计划在 1996 年 3 月 1 日，也就是革命 30 年后的某一天，推出一档节目。从这个节目中我们可以了解白南准的远程宇宙（tele-universe）：杜尚（Duchamp）从早上 7 点开始讲授国际象棋课；下午，马丘纳斯用一份股票交易报告解释了"一个人是如何快速赔钱的"；迪特·洛特（Diter Roth）[250] 用一个保姆节目填满了黄金时段；接下来是沃斯特尔关于艺术和政治的午夜演讲；接着放映布拉卡吉（Stan Brakhage）[251]、梅卡斯（Jonas Mekas）[252] 和范登比克（Bill Vandenbeek）[253] 的电影。最后，到了清晨，所有参与者会进行一场饮酒比赛。

白南准有关扩展教育文本的亮点是对未来哲学课程教学形式的讨论。"哲学家"[254] 的行为至高无上，需要教师全身心投入其中。伟大的哲学家们应该被记录下来，他们的思想应该为全世界的哲学研究提供便利。在这里，白南准想到了一种非常低调的、简便的制作方法，类似于当时沃霍尔在他的电影工厂中所采用的方法。于是，完全在不同圈子里的两个人在一句话中相遇了："采访者至少应该是一位合格的哲学家，摄制组要尽可能简化，这样的话，贾斯帕斯（Jaspars）或海德格（加）尔（Heideggar）就可以像'切尔西女孩'一样自然说话了。"[255]

---

[250] 译者注：迪特·洛特（1930—1998），德国艺术家，他善于将生活的元素融入艺术创作中。

[251] 译者注：斯坦尼斯拉夫·布拉卡吉（1933—2003），美国实验电影导演和艺术家，实验电影运动的重要人物和创新者之一。

[252] 译者注：杰纳斯·梅卡斯（1922—2019），美国实验电影导演、摄影师、编剧和影评人，实验电影运动的先锋和重要人物之一。

[253] 译者注：比尔·范登比克，荷兰电影制片人和实验电影艺术家。

[254] 白南准使用德语词进行哲学论证；参见 Expanded Education for the Paper-Less Society（1968）。

[255] 此处我们保留了白南准对哲学家名字的奇怪拼写，Paik（1968）。

合作伙伴

在 1961 年或 1962 年,白南准构思了一场非比寻常的音乐会。在旧金山,一位钢琴家用左手演奏约翰·塞巴斯蒂安·巴赫(Johann Sebastian Bach)《平均律曲集》中《C 大调前奏曲和赋格曲》的一部分,而另一个钢琴家则在上海用右手演奏了另一部分。到了中午,也就是格林威治标准时间 12:00,这两个部分都用节拍器以每分钟 80 拍的速度精确地在广播中播放。通过电子通信技术,太平洋两岸的这两场独立演出以一种技术想象的方式融合在一起。白南准的这个计划距离现在已有半个世纪了。

在这方面,白南准的思想也是"布莱希特"式的。他对教育的观念通过复杂技术的手段得到了扩展,读起来就像是一部教学剧,在其中可以在未来的通信条件下尝试各种行动方案。在想象的中心,产生了无数发射器的想法,甚至可以满足一小部分人极端精英主义的利益和个别人的奢侈需求。布莱希特在他的广播理论碎片中提出的东西,以及在他的教学剧《飞跃大洋》(*Flight across the Ocean*,1929/1930)中在美学上实现的东西,白南准以连续的表演行为呈现。作为接受方的艺术从业者——无论是专家还是业余爱好者——被整合到传输实践中。白南准,像博伊斯、凯奇或者沃斯特尔一样,认为艺术和生活之间没有分别。这就意味着,任何潜在的、想要在艺术方面受到赏识的人,都可能并且可以在互动活动的扩展集合中成为一个行动者(actor)。对激浪派而言,只会推理和沉思的受众已经不再适宜于今日。

在合作和协作项目的工作中,白南准是一位非常有天赋的沟通者、引诱者和煽动者。在这一点上,他已经远远领先于现有的技术沟通条件。他不断地在真实和虚构的纽带中行动,并成为诸多激浪派事件的枢纽和推动者,在当代艺术中建立了激浪派艺术的传统。他创造了一个哲学和审美同路人的联合网络,其中,成员以艺术和实验为纽带联系在一起。

　　这一发展的高潮和终点似乎是一个名为"早上好,奥维尔先生!"（Good Morning, Mr. Orwell!）的巨型项目。白南准于 1984 年 1 月 1 日创作了这一作品,来迎接新年。中欧时间 18:00 时,观众可以通过电视观看在巴黎蓬皮杜新中心上演的这场盛典,它通过卫星从四个国家的七个城市以四种不同的方式播出,超过 2000 万人观看了这场盛典。它的成功主要是由于白南准巧妙地组织起了一场具有电子综艺节目特征的、极为多元化的表演,其中包含了国际流行音乐明星,如汤普森双胞胎（Thompson Twins）、萨弗（Sapho）、彼特·加布里埃尔（Peter Gabriel）和劳瑞·安德森（Laurie Anderson）,以及电影业的伊夫·蒙当（Yves Montand）和艺术偶像萨尔瓦多·达利（Salvador Dalí）等。另外,还有时装秀和国际喜剧插曲《老大哥》（"Big Brother"）,以及来自各种当代艺术和音乐领域的超级明星,包括博伊斯、凯奇、默斯·柯宁哈姆（Merce Cunningham）、艾伦·金斯堡（Allen Ginsberg）、菲利普·格拉斯（Phillip Glass）、夏洛特·摩尔曼（Charlotte Moorman）,等等。

　　作为操作者和魔术师,白南准成功地将艺术和商业连接在一起,进行了狂野而激进的混合,但是同时,这盘"佳肴"中的各种成分仍然保持清晰的可辨识度,而且这种"吸引人的蒙太奇"——爱森斯坦把这种表演叫作公共舞台上的拳击赛——恰恰是巴黎、纽约、首尔和德国的四个最大城市的电视广播公司愿意参与并资助这个项目的前提。

　　随着电信装置（dispositif）发展到最高水平,白南准在这个奇观横行的时代成功完成了这项艰难的平衡,就像玩杂耍的人需要利用万有引力,并以幻术的方式巧妙地处理它。白南准在激流派运动中的朋友沃斯特尔也受过禅宗训练,他恰如其分地总结道:"在艺术中,就像在事件中一样,重要的不是过河这个行为本身,重要的是你如何渡过。"[256]

256　Vostell: Leben=Kunst=Lehen (1993), p. 150.

白南准为这场电子事件筹备了一年。活动一结束,他就筋疲力尽了。事实上,他已经取得了所有成就:他的作品在全球各地实时传播,并引起了巨大反响。他已经成了一个明星——早在20世纪70年代初,他与约翰·列侬(John Lennon)和小野洋子(Yoko Ono)相比,就毫不逊色。甚至在新年事件发生之前,他已经受阿尔弗雷德·比奥莱克(Alfred Biolek)[257]邀请,参加了德国电视台一个大型娱乐节目(Bios Bahnhof),在节目里,他自由地用他的艺术品装饰整个工作室。他获得了"小丑"特权,并得到了去世界各地工作的机会。从1982年开始,他就在杜塞尔多夫艺术学院(Düsseldorf Art Academy)任教,只是偶尔去上课,当学生们向他展示他们的新作品时,他竟打起瞌睡。不过20年来,他通过艺术实践来努力维持生计,确实非常艰辛并且精疲力尽。

回头来看,《早上好,奥威尔先生!》看起来就像是白南准寄托于这些曾经的新技术的需求和愿望的实现。在这之后,事情则发生了变化。一切都变得更大、更混乱、更重复。1989年,在纽约的惠特尼博物馆(Whitney Museum),白南准推出了"第二个世纪末"(Fin de Siècle II)展览。入口走廊摆放了201台电视机,它们向参观者展示了大量震撼人心的、闪烁的电子图像和声音,这些图像和声音都来自激光唱片,并由计算机控制。展览的标题清楚地宣告着电子艺术已臻于成熟,并到达了西方经济的中心:展览的名字叫作"图像世界:艺术与媒介文化"(Image World: Art and Media Culture),这是它在后工业时代较为务实的名称。(在接下来的几年里,还有数以百计的类似主题展览陆续出现。)1982年,白南准在同一个场所用废弃的40台电视机制作了雕塑《V形锥》(*V-yramid*)。到了1989年,这一雕塑使用的电视更改成了当前的标准型号。他为1987年第十届卡塞尔文献展(Documenta 10)制作了"博伊斯/声音"(Beuys/Voice)。它看起来像一座祭坛,由44个堆叠起来的显示器组成,

---

257 译者注:阿尔弗雷德·比奥莱克(1934—2021),德国电视主持人、厨师和作家。

播放着从三盘录像带中获得的计算机控制图像。三联画中间部分展示了白南准和博伊斯最后一次在日本举办音乐会"野狼"（Coyot）系列的录音。博伊斯在一年前已经去世了。

　　白南准太过热情，太过投入，以至于他无法与正在积聚势头的媒介狂热保持距离。白南准本人则随波逐流，游戏规则是媒介正在成为新的战略。韩国终于发现了这位杰出的"本土艺术家"，并为他的大型装置提供资助。在首尔奥运会上，他在1003个显示器上搭建了一个图像和声音塔，这是一个巨大的视听技术"巴别塔"，来自12个国家的电视广播公司为其提供节目。这个作品的名字《越多越好》（*The More the Better*）蕴含着讽刺意味，讽刺这种装置以如此巨大的规模存在。

　　白南准在过去30年中开发出来的瞬间行动的珍贵时间性、技术微宇宙的脆弱性，被转化为一个空间，并在其中产生影响。艺术家的活动以里特所说的方式被纪念化，这是其操作人类学第二阶段的特色，这一阶段以三维物体为特征。影像雕塑是当代新兴的回忆艺术，穿插了紧张的时间性片段。

　　"因此，在接下来的几年里，可能会出现以下发展，即从录像带制作转向空间、建筑、三维、雕塑的视频解决方案，因为目前人们怀疑视频的艺术之所在正存在于这个领域中。"[258] 彼得·魏贝尔在1977年就已预见了社会向信息社会的发展过程。在威尼斯，法布里齐奥·普莱西（Fabrizio Plessi）[259] 用显示器建造了巨大的水车，蓝色工作室（Studio Azzurro）团队用显示器建造了金字塔，甚至英国女权主义者蒂娜·基恩（Tina Keane）[260] 在她的作品《自动扶梯》（*Escalator*，1988）中，用20台叠放起来的电视机攀登这一里程碑式的高度。

258　Weibel (1992), p.151.
259　译者注：法布里齐奥·普莱西，意大利著名的艺术家，以多媒体艺术作品而知名。
260　译者注：蒂娜·基恩（1940—），英国女性艺术家，主要制作实验电影、视频艺术和多媒体艺术。

这些都是数字时代来临之前的宏大比喻,是通过远程通信技术连接起来的想象空间体验。不过 20 世纪 90 年代初,开始在艺术上和行动上与互联网打交道的一代人只会嘲笑这些老前辈。白南准在一次又一次的回顾展中被赞颂,同时对年轻人来说,未来作为一种基于网络的行动和思考变得很有吸引力。白南准在过去通过无数种方式探索过这一点,但他实际上还没有接触到真正的互联网技术。

然而,自信的白南准仍然有能力制造出解放性的笑声。他仍然喜欢将诗意的刺激物介入到精致的极简主义场景中,正如贝尔默称之为他的玩具,他喜欢不断地玩弄表面时间(surface time)。1989 年,他为法兰克福当代艺术画廊"门廊"(Portikus)创作了名为《一支蜡烛》(*Eine Kerze*)的作品。这是一支真实的蜡烛不断震荡的电子图像的循环视频,通过这种方式,蜡烛指向了它的古老起源,反之亦然。在第 10 届卡塞尔文献展举办的三年后,他把 9 台旧彩色电视排列成一个奇怪的形状,每台彩电都放映着同一张东京演唱会的图片,并把一顶毡帽戴在他拟人化的技术生物(即电视机)的头上;他把这套装置称为《博伊斯之声 1990》(*Beuys Voice 1990*)。他的电视机器人家庭似乎以指数级增长,并不断衍生出越来越多变体,其中在一个作品中他甚至让它骑上滑板车(*Video scooter*, 1994)。《再见,我的爱人》(*Auf Wie-dersehen meine Geliebte*)是一个小型装置,由两个小鸟笼和一对显示器组成,显示器中囚禁着一个虚拟情人的画面。

实验文化

在白南准的作品中,我们可以研究艺术和分析工作是如何完美融合在一起的,以及哲学和世界舞台实践如何交织在一起,这些都是第二次世界大战后技术先锋派艺术的特征。白南准展现出了一位出色艺术家的自信——他往返于远东和近西方文化之间,向我们展现了一种激进的实验文化如何在同样激进的市场文化中得以建立和发展。白南准取得的崇高成就与任何对机器的天真崇拜都毫无关系。

我们缓慢且艰难地学到一点,那就是,人类是充满缺陷和不足的生物,我们一点也不高效和快速,而是相当懒散。现代技术发展了文本、计算、图像、声音和机器,旨在帮助弥补甚至克服人类的这些缺陷。正如埃吕尔写道,借助宣传和通信技术,原本庞大而笨重的东西,或者不适合融入系统的东西变得可以被整合进来。技术让不可能的事情变得可能。从这方面来看,技术进步是成功的。机器学会了计算、组合、写作、作曲、绘画、游戏、联想等——通常比我们能做的还要快得多。智能机器以它们的完美和持久耐用性让我们感到快乐,这是人类无法达到的。过去,我们对它们的必要性作出回应,开始信任机器。许多人甚至对合成结构的世界产生了感情,并像信任更复杂的系统一样信任个别构件。他们热爱自己的汽车、音响系统、黑莓手机、喷气式飞机和核电站。归根到底,这首先是控制论的成功,它源于对不可控制和不准确性的恐惧,正如勒斯勒尔所言,每个人都知道,机器根本就不具备这种状态。

在这种情况下,至少存在两种截然相反的思考和行动选择。我们可以努力确保未来的功能电路将更加完美,而且没有瑕疵,也可以尝试面对因其不可能性而变得可能的事物,以及将来会变得可能的事物。我把这种项目和思维称为"实验文化"(cultura experimentalis)。

在这里,我以一种纲领性的方式阐述自己的立场,它像一根线一样贯穿这整部书。当我提到艺术时,我指的其实是受到科学和技术影响的理论和实践,至少在一定程度上这些艺术作品对它们抱有兴趣。而当我写到科学及其独特的实验能力时,我脑海中浮现出的概念是一个开放的,并对艺术理论和实践充满好奇的概念。当我们关注艺术的焦点时,我们不仅需要科学,而是需要一种能够用诗意的方式来思考的科学。

在这样一个坐标系中,研究可能会真正成为第三实体:它可以成为一种媒介;也就是在艺术和科学之间运作的一种过程性要素。尼尔斯·罗勒[261]从这个角度提出过一种媒介概念,类似于恩斯特·卡西尔(Ernst Cassirer)在 20 世纪 20 年代的《符号形式哲学》(*Philosophie der Symbolischen Formen*)[262]中提出的概念,即它是一个"在保持差异的同时,能描绘出异质性心智的表达形式"[263]。实验就是这种研究的实践性表达。实验文化和实验艺术是相互依存的。然而,在一个把自己理解为测试部门的社会中,这种相互作用是完全无法得到充分发展的。

在"媒介作为战略"逐渐确立的几十年的过程当中,白南准并不是唯一一个采取这种立场的人。他的朋友和盟友来自音乐、文学、舞蹈和视觉艺术领域,他们曾与他一起工作并表演,他们以各自的方式代表着一个运行异常和成功刺激的微观宇宙:博伊斯和乔治·布莱希特、凯奇和库宁汉姆、艾伦·金斯堡和艾伦·卡普洛、乔琼斯、毛里西奥·卡赫尔和乔治·马丘纳斯。通过媒介实现的艺术、实验文化,在一系列杰出的活动家那里找到了表达形式——玛丽娜·阿布拉莫维奇(Marina Abramovicz)[264]、瓦莉·艾丝波特(VALIE EXPORT)[265]、理查德·克里什(Richard Kriesche)[266]、蒂埃里·昆泽尔(Thierry Kuentzel)[267]、玛蒂达(Muntadas)、马塞尔·奥登巴赫(Marcel Odenbach)[268]、乌尔里克·罗森巴赫(Ulrike

---

261 译者注:尼尔斯·罗勒(1966—),德国艺术理论家和策展人,主要研究媒体艺术、实验艺术和跨学科艺术实践。
262 英文译本:Ernst Cassirer, *The Philosophy of Symbolic Forms*, vols. 1-4. New Haven, CT: Yale University Press, 1965-1996.
263 Roller (2002), p.12.
264 译者注:玛丽娜·阿布拉莫维奇(1946—),塞尔维亚观念艺术家,她的作品通常展示濒临极限的身体经验。
265 译者注:瓦莉·艾丝波特(1940—),奥地利艺术家、电影导演和作家,现代女性主义和前卫艺术运动重要代表人物之一。
266 译者注:理查德·克里什(1940—),奥地利观念艺术家、视觉艺术家和作家。他是 20 世纪后期行为艺术运动的重要代表之一。
267 译者注:蒂埃里·昆泽尔(1948—2007),法国电影导演和实验艺术家,主要创作先锋影像。
268 译者注:马塞尔·奥登巴赫(1953—),德国视频艺术家和影像艺术家。

Rosenbach）[269]、托马索·托齐（Tommaso Tozzi）[270]、沃斯特尔和魏贝尔。数十年来，他们一直致力于确保艺术实践领域和先进技术领域接触的领域（这是一个高敏感领域，因为它靠近权力）继续接受不可预测的挑战。但很明显，正是因为白南准一次又一次地对笑声和眼泪进行极端的对抗，使他成为文化实验的主角，这对我们来说是如此珍贵。

肉体形而上学（Meatphysics）

第二次世界大战后，先锋派意识到他们利用当时新技术工具进行的活动是他们自己经历的现实的延伸。扩展现实（expanded reality）这个概念描述了如何在非技术现实中通过机器进行介入，从而扩大其优势。[271]21世纪初，概念艺术领域出现了两股相互竞争的趋势。在被统称为物理计算的各种实践中，算法被开发出来控制计算机之外的物理材料。这些指令的主要作用并不是为了组织计算机硬件和用户程序，以生成文本、图像或声音。相反，它们是用来激活三维可移动物体的，例如由木头、合成材料、金属、流体、磁场和许多其他东西合成的结构。因此，对这些实验活动而言，一个更恰当的名字应该是"计算物理"（computing the physical）。

第二股趋势已经存在了相当长一段时间，它对生物材料（植物、动物和人类）或其模拟进行了干预和操纵。所谓的进化算法被用于人工生物体中，并通过介入，让真实生物结构产生短期或长期变化，或者创造一个与现实完全不同的、只有在计算机中才存在的生命世界。例如，过

---

269 译者注：乌尔里克·罗森巴赫（1943— ），德国行为艺术家和视频艺术家，20世纪后期女性艺术运动的重要代表之一。
270 译者注：托马索·托齐（1960— ），意大利艺术家，他的作品涉及绘画艺术和多媒体艺术。
271 1992年，我在题为《扩展现实》的文章中对此进行了评论：Cyberspace, eds. Florian Rötzer and Peter Weibel (Munich: Boer 1992)。

去几十年来，日本艺术家兼潜水员川口洋一郎（Yoichiro Kawaguchi）[272]通过他发明的复杂通用算法"培育"出了惊人的结构。

所有这些变体都是实验性的，并在某种程度上属于我归类的 20 世纪的测试性实践（testing practices）。它们都有一个共同点，即通过（through）或凭借（via）媒介，有意组织起坚硬的物质、流体化学或软生物材料，或生成一个完全由效果组成的内部数字世界。让人们感兴趣的恰恰就是这些耸人听闻的物理现实。

有人说，我们生活在一个增强现实的时代。通过信息技术，我们感官感知的真实性正在被增强。然而，"增强"所蕴含的语义却相当棘手。"增强"一词，指的是使大小或数量增加的行为或过程，在词源上与"拍卖"（auction）密切相关，后者也表示金额、价值和支付价格的增加。增强现实可以理解为对现实的一种增强体验形式，但它实际上也是一种被拍卖出去的现实，与丰富的体验正好相反；也就是说，它实际上是贫乏的感官体验。拍卖从真实的吸引力中削减了感性。增强现实是一种吉奥乔·阿甘本所描述的非主体化过程的典型例子。

让我们寻找那些在性质上位于媒介之后的艺术实践；然后我们将去寻找那些完全放弃了创造或使用效果的作品、过程和实验。在 21 世纪，我们已经不再需要去证明媒介技术可以产生效果并具有神奇力量了。无论是在艺术市场的聚光灯下还是在昏暗的实验室中，有价值的、超越效果的艺术方法正在发展中。

多年来，柏林艺术家亚娜·林克（Jana Linke）一直在制造能完成这些工作的机器，而这些工作在机器出现之前是不可能被完成的。通过这种方式，林克颠覆了我们熟悉的合理化逻辑，并创造了她自己独特的梦幻世界，一种不可能的人—机关系。瑞士艺术家雅尼克·傅尼叶（Yanick Fournier）同样创作了一系列作品，主题是他对现实增强的戏剧化演绎。

---

[272] 译者注：川口洋一郎（1952—），日本计算机科学家和计算摄影艺术家。

他用简单的屋顶木板条、螺丝钉和铰链建造了一种我们从电脑游戏模拟中经常见到的构造物，并将其作为真实的行动空间在表演中呈现出来。他将自己的身体作为建筑空间中的演员，把它悬挂在绳子上，这些绳子可以从模拟现实空间的外部拉动。那些最近才晋升为有能力的机器使用者的人，在这里实际上是一个被操作的木偶。居住在柏林的意大利艺术家阿明·林克（Armin Linke）多年来一直在探索真实生活中的想象。他的作品围绕着通过人工性增强现实已经取得了巨大成功，但他没有用数字技术进行干预。《图绘想象》（Mapping the Imaginary，2009）是一系列技术图像作品，乍一看像是高度搭建、教科书式的数字后期制作的范本。然而，这些图像实际上是从现实中精心挑选的片段，是超越了机器之外的现实，其中人工注视的效果被牢固地印在其中，形成了一个三维或四维的生活现实。这个现实行为就像是一种制造出来的技术现实，它生活在"仿佛"的状态中。

在国际艺术市场的聚光灯下，英国兄弟狄诺斯·查普曼和杰克·查普曼已经在创造高水平艺术的道路上工作了十年。他们的作品离奇怪异，嘈杂，尖酸刻薄且幽默，品位糟糕，与科技华丽的效果完全不同。查普曼兄弟似乎不仅能非常准确地定位出观看他们作品的人，还能出色地调控他们的情绪。对他们作品的接受，以及批评家们可能的反应，已经事先被建构到作品当中了，特别是那些他们经常亲手制作的目录和书籍。

他们非常擅长言辞，在风格上优雅而雄辩，同时也熟练运用非语言手段，在最大的恐怖和怪诞的笑声中也觉得很自在。在19世纪，巴塔耶从哲学上为那些不把花费（squandering）和越轨（transgression）视为灾难性范畴，而视为诗意机遇的人们打开了这种可能性。德国法西斯主义标志、希特勒和大屠杀、可怕的战争、色情和自动控制的色情工业化、即时性的性爱、即时食品、即时政治、斯蒂芬·霍金坐在轮椅上飘向深渊的超人：19 世纪所产生的一切怪诞之物，查普曼兄弟似乎都一并吞下，并在 20 世纪的末尾呕吐出来。与此同时，卑劣的蠕虫侵蚀了视觉器官周围的肌肉 [《近距离观看的新艺术 3》（*New Art Up Close 3*，2003）]。我们生活的年代已经是上帝在《眼睛的故事》（*Histoire de l'oeil*，1928）中射精的 80 年之后。也是布努埃尔和达利在《安达卢西亚的狗》（*Un Chien Andalou*，1928）中为纪念的爱人费德里科·加西亚·洛尔迦而解剖一只牛眼的整整 80 年后（用洛尔迦自己的话说，他就是"来自安达卢西亚的狗"）。

查普曼兄弟擅长对长叙述文本进行切割、陌生化，再重新组合，结果就是让它们徘徊在不可读的边缘；这也是巴塔耶多次使用的一种美学实践，尽管他的使用方式更加克制。在《享受更多》（*Enjoy More*，2002）中，他们还采用了另一位作者基思·安塞尔·皮尔逊（Keith Ansell Pearson）[273] 关于"类病毒生命"的激进文章，并将其图形布局融入 20 世纪的日常符号中。

《肉体形而上学》（*Meatphysics*，2003）是杰克·查普曼独自撰写的。整行整页的 Mac 符号字体介入了密集的语义狂欢，忽略了语法、结构、标点和页码。这本书有一个难以理解的隐喻结尾："……一场词语的屠杀没有尽头。"接着，这些文字消失在一张插在封底页前的空白的血红色的纸上。

相比之下，《理性与肮脏的联姻》（*The Marriage of Reason and Squalor*，2008）完全摒弃了排印和句法上的刺激。在 308 页紧密排列铅字的书中，杰克·查普曼戏仿了标准浪漫小说风格，就像米尔斯与布恩出版公司（Mills & Boon）的风格一样。他的故事完全通过语言、通过个别单词和句子在这个下流的故事中的含义来发展其颠覆性。这个在语

---

273 译者注：基思·安塞尔·皮尔逊（1960—），英国哲学家，他研究尼采哲学、德勒兹哲学和后结构主义哲学等。

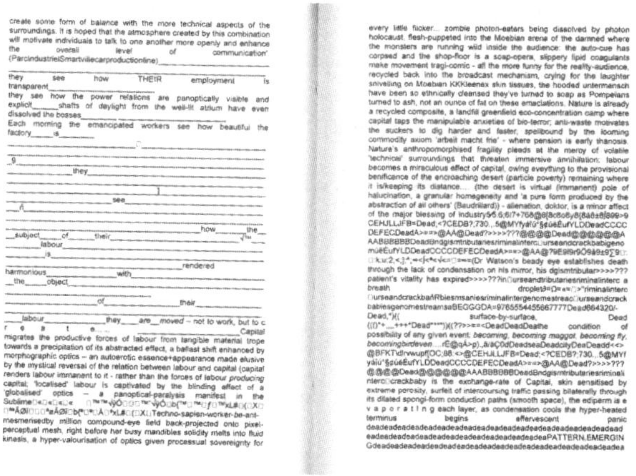

create some form of balance with the more technical aspects of the surroundings. It is hoped that the atmosphere created by this combination will motivate individuals to talk to one another more openly and enhance the overall level of communication' (ParcindustrielSmartvillecarproductionline)__________________

they see how THEIR employment is transparent______________

they see how the power relations are panoptically visible and explicit_____shafts of daylight from the well-lit atrium have even dissolved the bosses__________

Each morning the emancipated workers see how beautiful the factory_____is______

_9____________________________

__________they____________________

__________________see_______________

______________________________how_____the__

__subject____of____their___________________

______labour________________________

______is___________________________

_____________________________rendered harmonious__________with__________________

__the____object________________________

______________of____________their__________

____labour__________they____*are*__*moved* – not to work, but to c r e a t e…________________Capital migrates the productive forces of labour from tangible material trope towards a precipitation of its abstracted effect, a ballast shift enhanced by morphographic optics – an autoerotic essence+appearance made elusive by the *mystical* reversal of the relation between labour and capital (capital renders labour immanent to it - rather than the forces of labour *producing* capital; 'localised' labour is captivated by the blinding effect of a 'globalised' optics – a panoptical-paralysis manifest in the Sublime□«□«□«□« □™™√ÿÖ□□□™√ÿÖ□b(™□™□ƒ□™xL#□(□X□□ªÅØl□□□ªæÅØl□b(ª□ª□Å□ªxL#□(□X□Techno-sapien-worker-*be-ant*-mesmerisedby million compound-eye field back-projected onto pixel-perceptual mesh, right before her busy mandibles solidity melts into fluid kinesis, a hyper-valourisation of optics given processual sovereignty for

every little flicker… zombie photon-eaters being dissolved by photon holocaust, flesh-puppeted into the Moebian arena of the damned where the monsters are running wild inside the audience: the auto-cue has corpsed and the shop-floor is a soap-opera, slippery lipid coagulants make movement tragi-comic - all the more funny for the reality-audience, recycled back into the broadcast mechanism, crying for the laughter snivelling on Moebian KKKleenex skin tissues, the hooded untermensch have been so ethnically cleansed they've turned to soap as Pompeians turned to ash, not an ounce of fat on these emaciations. Nature is already a recycled composite, a landfill greenfield eco-concentration camp where capital taps the manipulable anxieties of bio-terror; anti-waste motivates the suckers to dig harder and faster, spellbound by the looming commodity axiom 'arbeit macht frie' - where pension is early thanosis. Nature's anthropomorphised fragility pleads at the mercy of volatile 'technical' surroundings that threaten immersive annihilation; labour becomes a miraculous effect of capital, owing eveything to the provisional benificance of the encroaching desert (particle poverty) remaining where it is/keeping its distance…. (the desert is virtual (immanent) pole of halucination, a granular homegeneity and 'a pure form produced by the abstraction of all others' (Baudrillard)) - alienation, doktor, is a minor affect of the major blessing of industry5⁄6.6;6(7+768@8[8c8o8y8(8a8±8]899>9CEHJLLJFB=Dead;<?CEDB?;730.,.5@MYfyáíú"§¢úëÈufYLDDeadCCCCDEFECDeadA>==>@AA@Dead?>>>>???@@@@Dead@@@@@@AAABBBBBBDeadBndgismtributariesriminalinterc□urseandcrackbabigenomúëÈufYLDDeadCCCCDEFECDeadA>==>@AA@?9E9l9r9Ö9à9±9∑9□□k.u:2;<;]:^;=<∫<*<√<=□===(Dr Watson's beady eye establishes death through the lack of condensation on his mirror, his dgismtributar>>>>??? patient's vitality has expired>>>>???in□urseandtributariesriminalinterc a breath droplet∂=∩=«=□>"riminalinterc□urseandcrackbaÑRbiesmsariesriminalintergenomestreac□urseandcrackbabiesgenomestreamsaBEGGGDA=976555445566 7777Dead664320/-Dead,*)((surface-by-surface, Dead ((()*+,.,.+++*Dead"***"))((??>>==<DeadDeadDeathe condition of possibility of any given event: *becoming, becoming maggot, becoming fly, becomingbirdeven*…..rÉ@qÅ>p).,ä/aÇ0dDeadseaDeadcityDeaDeadd<<>@BFKT\dlrwwupf[OC;88.<>@CEHJLLJFB=Dead;<?CEDB?;730.,.5@MYfyáíú"§¢úëÈufYLDDeadCCCCDEFECDeadA>==>@AA@Dead?>>>>???@@@@Dead@@@@@@AAABBBBBBDeadBndgismtributariesriminalinterc□crackbaby is the exchange-rate of Capital, skin sensitised by extreme porosity, surfeit of intercoursing traffic passing bilaterally through its dilated spongi-form conduction paths (smooth space), the ediperm is e v a p o r a t i n g each layer, as condensation cools the hyper-heated terminus begins effervescent panic deadeadeadeadeadeadeadeadeadeadeadeadeadeadeadeadeadeadeadeadeadeadeadeadeadeadeadeadeadeadeadeadeadeadeadeadeaPATTERN.EMERGINGdeadeadeadeadeadeadeadeadeadeadeadeadeadeadeadeadeadeadeadeadea

图 26 《肉体形而上学》中的两页

言上失控的故事讲述了一个名叫克拉米迪亚·洛夫（Chlamydia Love）的女主人公被卷入权力、虚荣、爱情、背叛和死亡的矩阵中。《疯狂的数量理论》（*The Quantity Theory of Insanity*）的作者威尔·赛尔夫（Will Self）[274] 在评论中说："我的眼睛都流血了。"

艾德蒙·雅贝斯（Edmond Jabès）[275] 也在其《意想不到的颠覆书》（*Little Book of Unsuspected Subversion*，1996）[276] 中倾向采用巧妙的文学渗透策略。切碎、刮擦、拆毁——这并不困难，正如 20 世纪初先锋派在实验电影中充分证明的那样。改变现存事物，在扬弃中从质性上改变它们，从而产生新的事物，这才是更大的挑战。

这个想法也在波兰艺术家和导演塔德乌什·坎托尔（Tadeusz Kantor）[277] 在非主流物体剧院对爱情和死亡机器的致敬中起到重要作用。查普曼兄弟称之为"小死亡机器"（Little Death Machines，2008）。

274　译者注：威尔·塞尔夫（1961— ），英国作家、记者和评论家。

275　译者注：艾德蒙·雅贝斯（1912–1991），法国犹太裔作家和诗人，作品主要探讨犹太民族的历史、文化。

276　由斯坦福大学出版社（Stanford University Press）出版。

277　译者注：塔德乌什·坎托尔（1915—1990），波兰艺术家、舞台设计师和戏剧导演，20 世纪最重要的戏剧创新者之一。代表作《死亡剧场》。

从表面上看，变体的概念似乎在查普曼兄弟对弗朗西斯科·戈雅（Francisco de Goya）《战争的灾难》（*Disasters of War*）和《奇想》（*Los Caprichos*）系列的一组稀有版画的"矫正"中起着重要作用。"理性的沉睡孕育出怪物。"被虐待的头部中突出着生殖器；眼球从眼窝中蹦出，并在想象的空间中像蝇一样繁殖；火山爆发如同核爆；巴塔耶描述的最深渊的形象一次又一次地出现：黑太阳，微观地作用于人体——太阳肛门（The solar anus）。从这个角度来看，对历史作品给予的最高尊重恰恰是将它们转化为当下。几个世纪以来，戏剧以及其他一些艺术一直以此为生存之道。

毫无疑问，他们迄今为止的杰作是1999年的《地狱》（Hell）。2004年，这个巨大的桌面装置在伦敦一家艺术处理公司的仓库中被烧毁；这几乎可以被看作他们艺术表演的一部分。他们的作品在任何意义上都是亵渎的。然而，在众多助手的帮助下，他们精心地重建了《地狱》装置的几个新版本。真实展出的作品要比对一个物体的回忆更可取，否则它就会变成神话。尤其对于这个作品而言更是如此，他们不希望看到它仅仅成为一个被美化的回忆。

2008年，查普曼向公众展示了新作品——《该死的地狱》（Fucking Hell）。九个玻璃柜中排列着破碎的"卍"，展示了基于恐怖而可怕现实的创世场景。超过30000个锡兵大小的小人出现在橱柜里。在他们中间的某个地方，在一座小山上，毁灭系统被具象地体现出来，从而免除了众多帮凶和同伙的责任，这与德国战后的意识形态相一致：希特勒就像耶稣基督一样被钉在十字架上。《该死的地狱》在艺术上的探索深入到无法忍受的深度，与此同时，艺术和媒介以完整的形式进行了精心设计，直到最后一个细节。

这个装置中的所有东西都是坚硬的物理材料。然而，它不仅仅通过记忆和历史书籍来展现，似乎还以三维的方式冻结了所有的电影和电子幻想，这些设备以前以及将来都会被广泛地利用。在这个领域，现实其实远远超越想象，尤其在英国。20 世纪 80 年代，旅游运营商提供了一种类似纳粹灭绝营的度假活动，不过它是可以忍受的、经过改良的仪式："30 英镑享受三天酷刑，包食宿。"色情产业中也出现了类似的亚类型，带有纳粹党卫军军械、纳粹纹章、钢盔和其他纳粹恐怖标志的内衣被用来刺激严重扭曲的性欲。[278] 查普曼兄弟的人造人像像提线木偶一样充斥于这个作品中，它们其实就是媒介，通过它们我们可以思考历史以及诸如此类的事件。

福柯所理解的异托邦并不是田园牧歌式的地方。相反，它应该被理解为"反位点"（counter-sites），即一种渗透进文化，并同时代表挑战和改变这种文化的抵抗之地。欧洲最富有的艺术收藏家之一弗朗索瓦·皮诺（Francois Pinault）[279] 为了他的第二个威尼斯博物馆买走了这个装置，花费数百万。在位于威尼斯大运河（Canale Grande）和朱代卡运河（Canale della Giudecca）之间、扎特雷（Fondamente Zattere）尖端的一座华丽改建的前保税仓库里，查普曼兄弟的巨大装置被安置在一个类似于恐怖观景台的地方。

没有比这具有更大对比度和更理想的场景了。在一个注定要消失的死气沉沉的美丽城市里，纳粹历史上独一无二的、可怕的恐怖在《该死的地狱》的玻璃展柜中被呈现出来，仿佛被用来制作一部动画电影一般。隔音窗户完全隔绝了外界的所有噪音，游客的目光从载满游客的俗气的贡多拉船、昂贵的旅馆、环绕圣马可广场的建筑物，漫游到由查普曼兄弟搭建的历史杀戮的场景，成为对最可怕表面的大声赞美。令人感到不可思议的是，这种极端的平衡行为竟然不会使人们的感知倾向于过度美化的、廉价的和涂有颜料的尸体，正如阿甘本所说的 21 世纪的威尼斯

---

278 参见 Knilli and Zielinski (1982)，第 411 和 109 页。
279 译者注：弗朗索瓦·皮诺（1936—），法国企业家和艺术收藏家，以世界级的艺术收藏而闻名。

一样。尽管所有媒介奇观都进入了查普曼兄弟的装置,但是奥斯维辛这一本体论事件的可怕抵抗仍然没有被触及。

3

思考媒介的显性和隐性话语以及视角的暗示：关于精确事物的精确语文学[*]

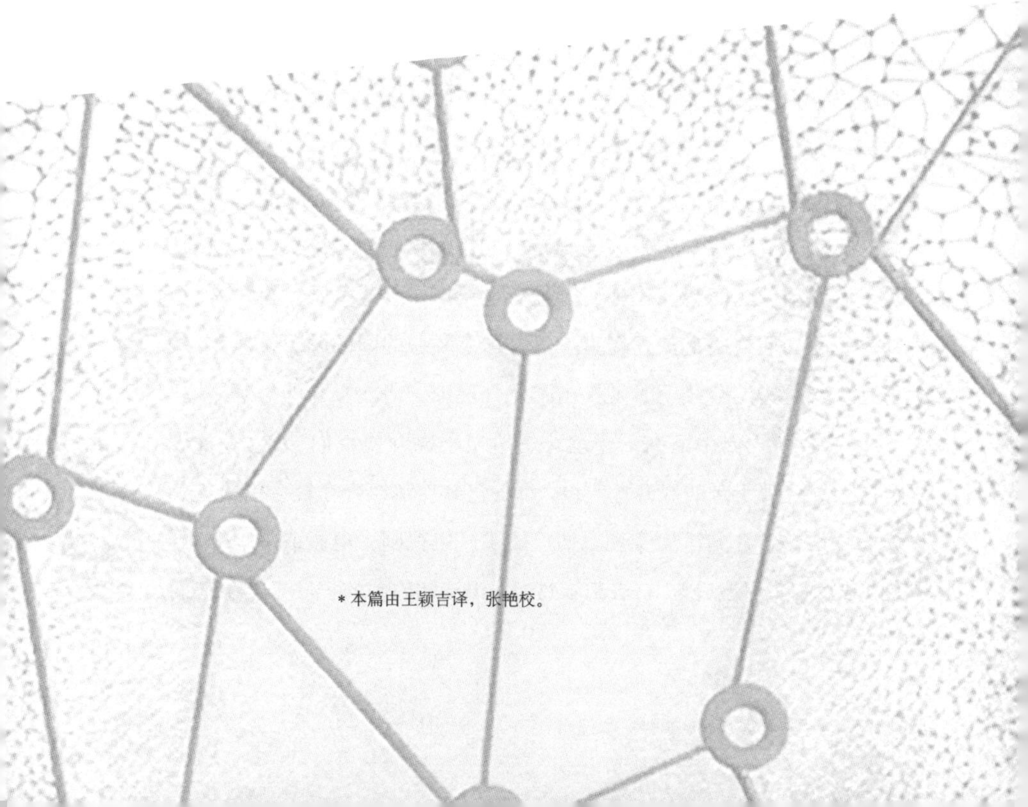

[*] 本篇由王颖吉译，张艳校。

回顾过去半个世纪的理论工作，我们可以看到，媒介现象方面已经分裂成了两股主要流派。这两种相反的元方法论模式偶尔会相互接触，也可能相互重叠，当我比较二者的时候，我将其视为理所当然。只有当这些想法被用于澄清一些事情的时候，将它们并置在一起才是有意义的，同时也是必要的。而一旦问题得到了清晰的阐明，那么作为一种方法论的严格比较就不再有必要了。

我已经在前文中联系福柯和德里达的理论阐述了相关性质。我提议在媒介显性话语和媒介隐性话语之间作一个简单区分。在第一种情况下，个别媒介或媒介的随机集合，或战略性概括中的媒介表达（expressis verbis）是我论述的主题——在这里，媒介作为引人入胜的焦点，吸引了对某个文本的好奇心。一般而言，这种模式与作者宣称的、想要为媒介理论作出显著贡献的愿望相吻合。

在第二种情况下，媒介现象被整合为更广泛的论述或认识论中的研究主题。它们在主题上融入了其他焦点或总体背景，如历史、性、主体性或艺术。在这里，媒介现象不再是具有吸引力的调查中心。诸多此类文本的作者来自媒介理论以外的其他话语领域，且他们并不打算在这方面有所作为。

在 20 世纪六七十年代的世界理论市场上，那些明确以广播、电视、电影、摄影等装置系统为中心的研究，或将媒介作为一个普遍概念的研究呈现欣欣向荣的态势。这些研究是一批新事物，艺术家、科学家和工程师都感受到同样的挑战。麦克卢汉是这个领域的国际明星，他以朗朗上口和立竿见影的公式明确地提出了媒介理论。诸如媒介即信息或按摩（massage）、我们生活在一个地球村、电子媒介使我们部落化，以及每一个新媒介都包含旧媒介等假设，都促进并伴随媒介在社会中的普及。

同样地，媒介的审美实现，如广播剧、电视剧、电影或漫画等，也开创了先河。如何透过媒介的结构、组织、语法和内含的程序来洞察它们，如何发展出一种用于批判和处理媒介的语言，如何为它们的艺术发展提供一个开放框架，这些都是重大的理论挑战，最初由文学研究和语文学学者来承担。学者们研究单一媒介，然后是更多经验和应用学科，如社会学、经济学、政治学和心理学，尝试以自己的方式探索技术新现象媒介理论，包括对生产、分配、消费和感知明确事物的条件的思考。这些事物被通信技术强行贴上了"媒介"的标签。这也是评估机遇和风险的时刻。人们赞美新事物，同时又以苛刻之词谴责它排挤了宝贵的旧事物。

在 20 世纪 70 年代末和 80 年代，粗放的论述取代了专门化的分析。在第二次世界大战之后的元理论中，法国的大师级思想家如列维 - 斯特劳斯代表了人类学、拉康代表了精神分析、福柯代表了考古学、巴特代表了扩散美学、德里达代表了文本和语法学。这些后结构主义者的快乐科学（gay sciences）完全以尼采在 1882 年提出的解脱（relief）精神阐述自身："不，生活并没有让我失望。相反，我发现它更真实、更可取、更神秘了，每年都是如此——自从伟大的解放者征服我的那一天起：想到生活可以是一场求知者的实验——而不是责任、不是灾难、不是欺骗！"[280] 尼采可能是在热那亚写下这些句子的，那里曾是欧洲船只启航探索广阔海洋和未知土地的起点。

在德国，基特勒的媒介分析以不拘一格、充满活力、非规范化的方式展开，横跨于既有学科之上，作为一种应用的话语分析。信息学和美学、哲学和精神分析，都被编织进了反思的密集结构中，尤其是关于文本方面的反思。弗卢塞尔激活了一种任性的知识联想和叙述机器，他用魔法思维和炼金术、自然科学的百科全书式手册、布伯的对话哲学，以及胡塞尔和海德格尔的现象学来充实它。后两者尤其将他与法国的思想大师联系在了一起，尽管弗卢塞尔很少明确地提到他们。

20 世纪 80 年代末，德国某些州开始对传统资本主义经济进行重大

---

280 Nietzsche [1882] (2001), *Aphorism* §324, p. 181.

调整，使之成为在灵活、高端技术服务和金融业务基础上运作的经济体系。巴登－符腾堡州（Baden-Wuerttemberg）和北莱茵－威斯特法伦州（NorthRhine Westphalia）在这方面扮演了先锋的角色；两地慷慨地资助新建立的学院和高等教育机构，以艺术和文化的方式陪伴和支持信息社会黎明的到来。即便是保守的斯瓦比亚地区（Swabia），也从一开始就非常自豪地展示新事物，展示进步，不过矿工和同志们则更赞成实验室、先进车间等概念。

什么成为了显性的？

行动导向的理论话语是现成的。互联网被誉为一种全新的主导媒介。如果没有这样的构建，似乎很难对系统进行可靠思考。一段时间以来，电视已不再是一切聚焦的消失点（vanishing point），也不再侵占一切。链接文本、图像和声音的通信技术的大规模实现也促发了一种朝向显性（explicit）的新动力，尽管这代表同过去的巨大决裂。批评似乎已变得过时，因为已经失去了可以提供批评视角的任何定向，但也因为实现了一种以技术为基础的乌托邦，或者更准确地说，一种以技术为本质的乌托邦，一种我们有机会见证的乌托邦。作为与日常生活交织在一起的文化技艺，新的远程媒介环境明确成为好奇和探究的中心。这意味着实施行动已经发生。互联网成为理论和设计实践的对象，从中可以衍生出其他问题。鲍里斯·格罗伊斯（Boris Groys）后来在他的《反哲学导论》（Introduction to Antiphilosophy）中反思了这种姿态，即从批评到命令，从沉思到指令的转变。[281]

皮埃尔·列维任教于加拿大蒙特利尔的魁北克大学（the University of Quebec），他是 1989 年米歇尔·塞尔（Michel Serres）的项目"计算

281　Groys, *Introduction to Antiphilosophy* (New York, 2012).

机技术简史"的作者，他是最早系统地对作为大众媒介的互联网进行介绍的理论家之一。他的早期著作《宇宙机器》（*La machine univers*，1987）和《智能技术》（*Les technologies de l'intlligence*，1990）为他的理论工作奠定了基础。在这两本书当中，他将图灵的思想和术语进行改编，使其适用于20世纪末的技术和文化剧变。然而，他的通用机器并不像英国数学家那样只是局部活跃，而是一个覆盖了整个星球的巨型机器。1994年，列维在他《集体智能》（*L'intelligence collective*）一书中宣传了发展"集体智能"的可能性，它是由新技术参数所提供的。他以先进的人类智慧对网络空间进行人类学上的升级。对列维来说，"赛博空间"（cyberespace）由无限多个平行存在的宇宙组成，就像量子物理学的多世界解释（many-worlds interpretatio）一样。列维把这些理解为独立的知识空间。它们必须通过离散的、机械的知识生成器和自由用户的智能活动，以一种智能的、非等级的方式连接起来。如此一来，就可能实现"去总体性的普遍"（the universal without totality），正如列维在1996年德国互联网杂志《泰利波利斯》（*Telepolis*）创刊号的第一篇文章中写到的。[282] 同样来自加拿大的、麦克卢汉深奥的知识遗产的继承人德里克·德·科克霍夫（Derrick de Kerckhove）[283]，后来将这种悖论性的期望结果称为互联智能。正如科克霍夫所理解的那样，在连通性（connectivity）中，思想的闪电以光速掠过。超文本——由特德·纳尔逊（Ted Nelson）[284] 发明于1960年，并在他的世外桃源计划（Project Xanadu）中得到了系统性阐述——成为了各个智能领域的组织方式的范例。一个边读边写，或者边写边读的人正是这种新文学的理想形象。

---

[282] 另见 Pierre Lévy (2001), *Cyberculture*, trans. Robert Bonono, Minneapolis, University of Minnesota Press, p. 92。

[283] 译者注：德里克·德·科克霍夫（1944— ），加拿大思想家和媒介理论家。

[284] 译者注：特德·纳尔逊（1937— ），美国计算机科学家、哲学家和媒介理论家。

信息社会的建筑师们似乎一直在等待这种十分有前景的构想。在列维既容易操作又实用的互联网乌托邦书籍出版后不久，捷克总理瓦茨拉夫·哈维尔（Václav Havel）就邀请欧洲艺术家和知识界精英来到布拉格城堡，以黄金大道（golden lane）和炼金术士区为背景，进行圆桌讨论，探讨欧洲的文化未来。列维是这次会议的领导人之一。活动中的一个事件生动说明了与他的想法截然对立的政治和文化现实。在第一批讨论者发言完毕后，一位讲俄语的科学家强烈地发表了自己的意见，因为会议记录只被翻译成英语和法语，尽管在场的三分之二的人以俄语为第二语言，或至少能够用俄语交流。布鲁塞尔政府的一位主持人轻描淡写地说，他们已经考虑到了这一点，但还是决定只将其翻译成欧盟最重要的官方语言。在布拉格城堡庄严的大厅里出现了骚动[这甚至把数学家贝努瓦·曼德布洛特（Benoit Mandelbrot）[285]从沉睡中唤醒]。当轮到安东尼·蒙塔达斯（Antoni Muntadas，来自巴塞罗那）发言时，这位艺术家立即说起了加泰罗尼亚语；小屋里的翻译们都沉默了。而大厅里的每个人都在认真听他的发言，尽管没人能听懂蒙塔达斯在说些什么。但是这样的困境场面对他而言再好不过，因为，蒙塔达斯的即兴表演是对所谓的无权力、横向组织的文化空间的绝妙讽刺，这个空间据称可以通过技术和能源来实现。

20世纪90年代，随着私人和公共数据库的普及，远程通信大规模使用；在此之前，它只对精英阶层开放。起初，有成千上万的研究助理、教授和学生把他们功能可靠的家用电脑换成了带有ISDN兼容调制解调器的PC和MAC，并且每天都要连接互联网几个小时，在网上处理通信，以此表明他们就是这些新发展的一部分。数以亿计的句子被发送和接收，不过一开始没有图像。出版物可以远程完成，会议能被远程组织起来，第一批理论杂志，如加拿大人亚瑟·克劳克（Arthur Kroker）和玛丽－路易斯·克劳克（Marie-Louise Kroker）出版的《C理论》（*C Theory*）

---

[285] 译者注：贝努瓦·曼德布洛特（1924—2010），法国数学家，分形几何学之父。

开始出现，并且还尝试互联网传播带来的政治反抗潜能。如在 1994 年，巴登－符腾堡州总理埃尔温·托伊费尔（Erwin Teufel）在生物化学家和理论物理学家奥托·E. 勒斯勒尔与他的雇主图宾根大学（the University of Tübingen）发生争执后，强迫勒斯勒尔接受心理测试，然后才授予他圣达菲研究所（the Santa Fe Institute）客座教授的资格。全世界相关领域的机构和科学家很快获悉了这一令人发指的事件。几天之内，数百封抗议信到达了法兰克福新媒体研究所（the Institute for New Media）和科隆媒体艺术学院（the Academy of Media Arts Cologne），其中还包括来自诺贝尔奖得主的信件。这些信件被移交给了巴登－符腾堡州政府，然后那些迂腐而保守的斯瓦比亚政客们才停止他们的行动。

　　大型机构中的日常生活逐渐适应了正在起步的网络化的其他方面。在重要的工作区域中，办公室失去了它们的功能，因为学者和研究人员的房间都成了行政的桥头堡。但学者和研究人员并没有停止写作，恰恰相反，他们产出大量文本，虽然在很大程度上它们都是文书和统计方面的。随着与网格和数字网络综合服务相连的书本般大小的计算机的出现，新工作场所成了流动场所。此时，计算机早已具备了图像和音频功能。一个由许多个体组成的团队的主要非物质工作基于一定的技术－社会基础，即电子集成电路的节点，这让它们可在任何地方都用于国际数据传输。那些试图踏上时代前沿的社会学家们在 20 世纪末把这种社会现象称为"新创意阶层"。

　　数字化成了炼金术中黄金的类比。新的明确性很快得到了认可。人们不再被网络困住，而是自愿被网络缠住并作为一件商品被带走。人们与网络一起工作，在网络内部运作；永久可用的结构和对通信中心的依赖获得了积极的重新解释。技术连接变得具有强制性，而"连接起来！"成为一种社会秩序。

　　通过英语化，德语的"赛博空间"（der kybernetische Raum）这一概念以奇怪的方式得到了增强。这在很大程度上是由于在美学和人文科学背景下使用了时髦的术语"赛博空间"（cyberspace）。因此，它褪去了不太体面的特征，看起来不那么官僚和军事化。在变成这一术语的过程中，甚至艺术史学家也通过简单地延伸沉浸概念来描绘"赛博空间"。因此，16世纪的天花板壁画成了虚拟现实的案例，这是第二个魔法术语，和第一个一样，它在理论市场上也只有很短的半衰期。如今，没有艺术家或理论家敢再认真地讨论这种令人不快的现实了。

从2005年到2010年，缪晓春在北京的中央美术学院举行了一场高潮迭起的告别演出，向赛博空间的短暂陶醉告别。他用欧洲文艺复兴时期的三幅典型画作《赛博空间的最后审判》（*The Last Judgement of Cyberspace*）、《H_2O》（*H_2O*）和《微观世界》（*Microcosm*）制作了规模宏大的电脑动画。他大胆而狂放地举起了苹果电脑这面镜子，作为从米开朗基罗到克拉纳赫和博施等欧洲图像的全新缔造者。在无数的工作室、研讨室和办公室里的电脑上发光的苹果标识，就是我们在《旧约》中发现的被咬了一口的水果。无论白天还是黑夜，它都在每一个片刻向我们指出，天堂已经无可挽回地永远逝去了，而且它必须被重新创造。

在围绕现在这些熠熠发光的媒介现象的新生话语中，企业家们出现在了舞台上，他们此前的态度不是居高临下就是冷漠。这还包括艺术史和艺术理论的主角们。霍斯特·布雷德坎普（Horst Bredekamp）[286]曾是马尔堡艺术史研究所助理，后来成了卡尔斯鲁厄艺术和媒体中心的创始主任。他起初对汉堡的新图像理论家有一定抵制，直到20世纪90年代初，才逐渐接纳这些新事物。他在柏林洪堡大学与哈特穆特·博梅（Hartmut Böhme）、克里斯蒂娜·冯·布劳恩（Christina von Braun）、沃尔夫冈·科

---

[286] 译者注：霍斯特·布雷德坎普（1947— ），德国艺术史学家和文化理论家。

伊（Wolfgang Coy）[287]、托马斯·马乔（Thomas Macho）[288]和弗里德里希·基特勒的机构都保持密切联系。在 20 世纪 90 年代后半期，布雷德坎普成了一位领先的图像科学家，他越来越意识到机器对视觉生产和感知的制约。在过去的几年里，汉斯·乌尔里希·雷克（Hans Ulrich Reck）和弗洛里安·罗策（Florian Rötzer）的开创性工作，为与变革相关的艺术理解奠定了基础，例如，杂志《艺术论坛》（*Kunstforum*）以及《渠道纸》（*Kanalarbeit*，Reck 1988）、《数字证书》（*Digitaler Schein*，Rötzer 1991）等出版物。如果不与生产、传播和感知图像的技术条件发生联系，那么那些只接受符合幻灯片上的照片复制品和满足艺术史经典标准的学科就有可能变得无足轻重。

令人惊讶的是，当时宣告了一次图像转向（iconic turn）。然而，这个范式转变可以追溯到 19 世纪，当时机器开始以最高速度进行图像的技术再现。从那时起，技术图像，即弗卢塞尔总结的通向抽象的过程中出现的现象，开始大规模介入文化表达的各个领域：从大众印刷媒介、文学、犯罪学和艺术，到医学、精神病学和实验自然科学。

在这一基本的技术革新之后，技术可视化进一步发展，尤其是电影和其他不同的、基于时间的图像形式。吉尔伯特·科亨-塞阿在一篇出色的文章中断言，从现在开始，图像将"决定性地影响"整个文明。[289] 20 世纪 60 年代，由于电视作为主要的大众媒介开始大规模传播，图像的强度和覆盖面都得到了进一步提升。凭借无穷无尽的即时图像（再）生产，电视再次激化了视觉感知条件，而当代艺术史学家当时没有注意到这一点。所以他们还与激浪派艺术和行为艺术进行了长时间的斗争。计算机生成的图像对他们而言是完全陌生的。

287　译者注：沃尔夫冈·科伊（1947—），德国社会学家和计算机科学家。
288　译者注：托马斯·马乔（1952—），德国文化学者、哲学家和作家。
289　Cohen-Séat (1963), p.137.

20世纪90年代初期，随着互联网进入了世界学术市场，图像科学在美国日益兴起。芭芭拉·斯塔福德（Barbara Stafford）[290]和其他一些人在欧洲进行了"知识兜售"活动。斯塔福德特别处理了来自欧洲的、被富裕的北美教育机构及其图书馆购买和收藏的图像学材料。现在，我们惊叹这些作品在地带图书（Zone Books）和其他著名图书出版商的印刷品中被大量复制——尽管是从一个奇怪的移置（displaced）的角度。在这里，欧洲的深层时间传统从美国扁平时间观的角度被重新解读。美国国徽上的格言提出了区分全球市场的普遍主张，即合众为一（e pluribus unum）。

仿佛一个转向还不够，另一个图像（pictorial）转向也很快出现了，它围绕着与图像（iconic）转向相同的事物展开。不过它至少开始让转向的实质变得更加明确了，也就是各学科及其霸权主义野心对权威性解释展开争夺。通过图像转向，艺术史中某些被图像逻辑垄断的部分，试图为每一种被怀疑具有某种美感的视觉表达形式主张自己的垄断权。图像转向为在德语国家建立一个全新学术体系提供了合法性，即"图像科学"（Bildwissenschaft），这是图像科学（image sciecnes）的德语直译。与此同时，从事图像实用和科学应用的学者们试图通过图像转向来证明他们具备与视觉文化和美术相关的资质。否则，人们很容易将图像科学误认为一种营销策略，营销策略大概在这个时期开始被引入商业管理。

20世纪90年代的媒介显性文献发展成为解决各种领域热门问题的指南，涵盖智能广告和通信机构、设计和建筑公司，以及将自己视为革命者的数字活动家和电子宣传团队。基于被盲目崇拜的技术实践，写作理论与写作方法、手册混为一谈。接着开始了无休止的循环，首先破坏互联网的安全措施，然后又系统地重建它们，因为互联网只能作为一个脆弱的漏洞而存在。主人公们迷失了自己，有时还陷入严重痛苦中，沉溺于他们亲切称之为网络的互联网亚文化的无尽迷宫中。然而，人们追

---

[290] 译者注：芭芭拉·斯塔福德（1941— ），美国艺术史学家、文化理论家和作家。

逐诱人的女妖锡西（Circe），却无视她的破坏性。在德勒兹和加塔利的解释中，没有主干的根系，没有等级的结构，就是根茎：这成了行动的审美和政治标准。不过这样的功能并不能真正被一个如此圆润而富有诗意的范畴所涵括；尽管如此，它还是被大胆地用于那些原则上是机械的、垂直运行的过程中。

移居美国的俄罗斯人列夫·马诺维奇（Lev Manovich）在 20 世纪 90 年代末写了一本书，总结了互联网十年的发展历程。这本书在所谓的新经济到达短暂高潮之后的余波中，在学院和学术界，以及许多私立高等教育机构里，成了信息社会新人们的"圣经"。他们依然假定互联网是个金牛犊。这部作品许诺为新媒体令人陶醉的快乐体验带来一些更清晰的阐述。马诺维奇宣称，在过去的几十年里，在传播学和媒介学中发展起来的东西，对所谓的新媒体（New Media）理论来说毫无用处。不过与此同时，他却利用了上述遗产作为一个"采石场"，来建造他自己那座极富争议性的"屋子"。

马诺维奇采用了折中主义的方式，并且与俄罗斯形式主义者和结构主义者、布拉格学派或"二战"后语言学转向的主角们的理论拉开距离。他反复重申，新媒体拥有自己的语言，如果我们想要理解它，并将其用于对我们有利的方面，我们就必须学习这些语言。[291] 但学习新媒体语言之前，我们必须首先假定，马诺维奇所书写的新世界完全服从信息的指令。马诺维奇宣称，新算法时代的起点就是计算机和电影技术的共生，而康拉德·祖泽（Konrad Zuse）[292] 在 1936 年就用他的 Z1 创造了这种共生。[293]

291　与此同时，这个信息甚至传达到了教皇那里。本笃十六世在 2011 年 2 月 28 日的一篇名为《倾听新媒体的语言》的演讲中对社会传播宗座理事会表示："我们必须注意倾听这个时代人们的语言，以留意上帝在世界中的工作。"(gloria.tv- "the more catholic the better": accessible on Pope Tube at http://en.gloria.tv/?media=l33972, 3/28/11)

292　译者注：康拉德·祖泽（1910—1995），德国计算机科学家与工程师。

293　译者注：Z1 是由康拉德·祖泽于 1936 至 1937 年设计的一台电动机械计算机，通过读取刻有指令的塑料薄膜进行运算。

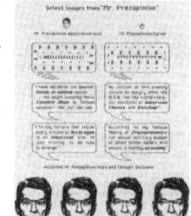

图 27 1989 年秋,《艺术论坛》杂志发表了格哈德·约翰·利施卡（Gerhard Johann Lischka）和彼得·魏贝尔编辑的《在系统网络中》（"Im Netz der Systeme"）一文。艺术委员会电子网络（ACEN）于 1986 年春在旧金山成立。这幅插图是截取该文章前两页内容组成的蒙太奇

不过这个判断实际上是不正确的，因为祖泽主要是用 35 毫米胶片作为程序的物理存储介质，其中计算机完全没有起到将电影和计算器进行合成的作用。

马诺维奇在《新媒体的语言》（*The Language of New Media*）中提到的所有表面上的具体特性其实都不是全新的，而是之前几十年实验和理论工作的结果，如非物质逻辑—数学—信息基础、信息结构的模块化、语言的可变性、不同传播过程之间代码的可转换性（又称转码）等。在新媒体世界中，在我们和可体验的事物之间也存在一个屏幕，这个屏幕充当计算机用户和世界之间连接的界面功能，这在马诺维奇的书刚出版的时候成了一个内部笑话。马诺维奇贯通了香农、麦克卢汉、弗卢塞尔、基特勒、列维、克劳克夫妇、德－克尔克霍夫以及其他许多学者所定义过的与传统媒介截然不同的具体现象。除了那些已被使用多次并广为流传的术语外，他很少采用其他术语，不过他搭建了清晰的结构，并采用易于理解的方式来表述。这是一种对联通实践有明确意志的理论，因而在市场上自然是成功的。

十年之后，马诺维奇相当武断地修改了吉迪恩出版于 1948 年的名

作《机械化掌控一切》(*Mechanization Takes Command*)的标题,并用在他后续的书中。他宣告了一种现象的到来,在那个时间点上,它已经被确立为一种文化技术很长时间了,那就是软件:马蒂奥·帕斯奎内利(Matteo Pasquinelli)喜欢称其为"非物质机器"(immaterial machines)[294]。社交网络不可阻挡的扩张使他清楚认识到,掌握编程知识是紧迫而重要的,不能再拖延了,正如马诺维奇在 2010 年 10 月于威尼斯的一次演讲中,解释了他视角的改变,以及掌握程序语言并将其应用于艺术的必要性。

在包括南欧和东欧在内的许多国家开始实验计算机生成诗歌之后的半个世纪,在马克斯·本斯系统阐述生成美学(generative aesthetics)的基础知识之后的半个世纪,在 20 世纪 60 年代借助计算机和无数电影实验开展视觉研究之后的半个世纪,在杰克·伯纳姆(Jack Burnham)[295] 于犹太博物馆的著名展览将"软件"以及"它对艺术的新意义"纳入艺术和设计领域的日常议程的 40 年之后,在杜尚和凯奇之间的传奇音乐会(其中每一步都是选择音乐作品片段的命令)举办的 40 年之后,在吉恩·杨布拉德开创性的著作《扩延电影》(*Expanded Cinema*)出版 40 年之后,在我们挑衅地称为"协作"的软件介入项目出现的 20 年之后,[296] 马诺维奇的洞察力似乎已经相当过时了。他所要求的艺术过程已经存在很长时间了,并以多元的构想和形态存在。只不过这些主人公们对于使用高度意识形态化的术语,如社交网络,或者使用这些术语来润滑他们的理论和实践,保持相当的警惕。马克·隆巴迪(Mark Lombardi)的《全球网络》(*Global Networks*)是对网络概念最有力的艺术批判实践之一,是在他去世后的 2003 年才出版并展出。这部作品是在艺术家进行对网络深入分析和研究之后,用数不清的手写索引卡片创作出来的,是艺术家苦心孤诣地用手绘

---

294 关于马蒂奥-帕斯奎内利,参见 www.republicart.net/disc/empire/pasquinelliol_de.htm。
295 译者注:杰克·伯纳姆(1931—2019),美国艺术评论家、策展人和艺术理论家。
296 参见 1992 至 1998 年"知识机器研究"(Knowbotic Research)小组创作的各种作品,他们现在在苏黎世艺术大学任教。关于马克斯·本斯,参见 Bense (1965), pp. 11-13。

方式绘制的一份对现实世界中经济、政治和犯罪力量之间联系的视觉叙事。而吉迪恩的书在1948年已经成了机械时代的绝响。

正如开源软件长期以来一直是企业和营销战略家的重要选择，由免费获取所驱动的"集体智能"（collective intelligence）的想法也被证明适合作为年轻经理人和股票交易员的孵化器，但是这绝不是完全放弃这些想法的理由，只是说明它们不应被天真地当作21世纪的技术乌托邦来销售。

图28 《黑客季刊》（The Hacker Quarterly）的封面

来自荷兰的基尔特·洛文克（Geert Lovink）属于一个激进分子团体，他们在1995年的威尼斯双年展期间，在一个破旧剧院的后屋里会面，并以互联网邮件列表这一极简形式，开启了技术化颠覆。在接下来的三年里，这个通信的地下圈子一直在远距离好奇心的聚光灯下保持运作。德国统一后，柏林最雄心勃勃的策展人克劳斯·比森巴赫（Klaus Biesenbach）[297]在凯瑟琳·大卫（Catherine David）的第十届文献展（1998年）上，以"网络时间"项目（Nettime project）在艺术界获得了国际认可。[298] 不过不久之后，这些革命热情就消散了。

"网络时间"的数字激进分子们最初主要在东欧新近开放的国家开展活动。他们前往卢布尔雅那或地拉那，看望被贫困和武装冲突困扰的

---

[297] 译者注：克劳斯·比森巴赫（1966— ），德国策展人和艺术家，当代艺术领域重要人物之一。
[298] 历史记述也在这个场景中迅速变化。最近几年，将精力投入独立文化广播电台的皮特·舒尔茨（Pit Schultz），在维基百科这个仿佛百科全书般的现实中被认为是网络时间的联合创始人。在洛文克出版的文本中提到了年轻的媒介哲学家尼尔斯·罗勒在一开始的重要地位，还有保罗·加林（Paul Garrin），在那个时候是派克杰出的视频工程师；加林有一种好战的街头斗士的气质，他身上总是携带着电子摄像机，从1988年的《自由社会》（"Free Society"）和1989年的《一个带着摄像机的人（去他妈的维尔托夫）》["Man with a Video Camera (Fuck Vertov)"]开始，他就在这个场景中活跃着。希思·邦丁（Heath Bunting）是英国涂鸦明星，具有艺术无政府主义和街头名声的光环，脖子上总是挂着一个闪亮的CD，就像一个技术图腾，这是象征他与数字化青少年文化密切关系的护身符。

人们，并建议他们连接全球网络，作为一种用有效沟通来改善生存状况的可能性。有人会反驳说，对那里的人来说，邀请他们吃饭比在西方的数据网络上冲浪几小时更有价值，但这些激进分子却对此嗤之以鼻，认为这是无可救药的过时观念。毕竟，已经到来的是这样一个伟大的历史时刻：有效而快速地进入远程信息技术的进步世界，从而获得作为未来经济最重要资源的信息，同时也能对它发起抵制。许多年轻的激进分子把笔记本电脑和电源包放在腋下或装进背包里，就像一群高智商的、流动的流氓无产阶级一样；他们穿着印有奇怪文字信息和神秘象形文字的深色 T 恤，穿着运动鞋和有大口袋的宽松裤子，即使在夏天也戴着毛线帽，这些举动似乎在保护他们最重要的资产——一个运转良好的大脑——免受突如其来的寒流的侵袭。高强度算法工作是一种"精神杂技"。这些激进分子相当于在竞技体育世界中寻求认可的年轻运动员。然而，对他们而言，所有物理和外部的东西似乎都不值得关注。他们对所有机构都有一种与生俱来的厌恶，虽然他们允许这些机构资助他们的项目，不过很不情愿。当然，除非投机者乔治·索罗斯认为投资东部项目提供资金是合适的，至少在一开始，有时甚至持续更长时间。

几年后，互联网的普及程度越来越高，也包括东欧地区。新的国际服务经济体需要互联网作为其存在的无条件的先决条件。罗马尼亚、保加利亚和匈牙利数十万贫困青年男女的唯一收入来源就是在摄像头前卖淫。要想从既定基础设施中找到可能的出路是相当困难的。在那里，目前重要的生活资源依然严重缺乏，如清洁的水、无污染的食物、可呼吸的健康空气、性别平等的教育机会，以及至少在可预见的未来实现和平的可能性。与此同时，互联网上的下一代个人激进分子，尤其是来自阿拉伯-伊斯兰世界的，已利用广泛的商业网络及其与宣传有关的应用程序，将他们的关切发送到相关世界，令他们的信息成倍增加。但这并没有为利比亚、埃及或叙利亚带来生活条件的有效改善。

在西欧，洛文克成为一股异质型运动中不屈不挠的先锋思想家。该运动不断地在互联网内外创造新的公众和亚文化组合；在一段时间内培育它们，然后当它们渡过短暂的颠覆性吸引力的半衰期后就抛弃它们。洛文克的写作几乎与作为装置结构的远程信息处理复合体是同步进行的，他及时跟踪互联网文化及其日常技术进展的每个连续阶段，使用最前沿的行话，至少从中提取出一点革命行动的精髓。鲍勃·迪伦（Bob Dylan）的《永远年轻》（*Forever Young*）就是当时时代精神的渴望，但是要跟上它是很困难的。要保持永远年轻，包括俚语的使用，在这个富有时代气息的场景中同样重要，就像在流行音乐中一样。

"总的来说，德国媒介理论一直是，而且现在仍然是，线下的（offline）——老式的古登堡知识储存在书本当中……历史驱动的思辨方法再度复兴，在关于网络参数的经济和政治辩论中没有做出什么贡献。"[299] 洛文克在 2002 年出版的《暗纤维》（*Dark Fiber*）中这样说道。德国联邦公众教育署（Bundeszentrale für politische Bildung）是德国联邦政府的一个公共机构，它委托译者将此书翻译成德文，并于 2003 年出版。这一论争是否意味着，关于监狱的机敏理论只能在囚徒经验的基础上发展呢？

洛文克的指责中包含了一种修辞手法，这种手法早就被俄罗斯第一代先锋派和 20 世纪 60 年代末的激进左派过度使用了。也就是，只有那些在生产线上工作过的人，才能对统治的政治经济进行有效批判。就媒介理论领域而言，这种指责与媒介本身的战略一样古老。50 年前，麦克卢汉曾写过一本关于即将消亡的知识阶层的著作，[300] 作为一个天主教书籍狂热者，他自然认为自己属于这个即将消失的阶层。

对那些以在线身份为特征的人，我们只能对理论的可能形式进行模糊揣测。也许该理论形式是以写作、阅读、思考和宣传的同时发生为特点？

299　Lovink (2002), pp. 29-30.
300　转引自 Röller (2000), p. 193。

自尼采以来，我们知道深刻的当代性的产生只能以不合时宜为代价。不顾一切地顺应当下的需求和期望只能让思想变得依赖。只有当没有被强迫跟上时代时，才有可能在当下识别出差异。弗卢塞尔根据对话导向的远程通信提出的介入性理论，就是他用一台机械打字机打出来的。

在 1995/1996 年，鹿特丹媒介集体启动了一个合作开发界面理论的项目。五位作家被挑选出来，在互联网上进行激烈对话，发表他们的立场。经过仅仅两轮轰轰烈烈的讨论，就有人呼吁需要一位编辑来监督文本并协调沟通。这五位作者回到他们的电脑前，为出版物写下了他们的稿件，从而使计算机重新回归本地写作工具的角色。最终的书籍实际上是对雷蒙·格诺（Raymond Queneau）[301]《十万亿首诗》（Cent mille milliards de poèmes）的改编。这在 1961 年还是一个相当大胆的尝试。这本书用白布装订，10 首十四行诗被拆分成独立的句子，分别单独印在卡片上，以便读者可以将它们组合成不同的诗句，就像一本供儿童拼接头、身和腿等器官的书。在 V2 的书中，不同作者的论点可以沿着穿孔线水平分开，并与其他作者的论点垂直接合。[302]

与互联网交流的一般口头特征类似，互联网激进分子的文本似乎更多地源自口语，而不是专注的写作。就主题远程通信网络而言，它们经常以自我指涉的循环方式组织起来；人们参与辩论，并乐于证明自己的实践。这些文本传达了各不相同的核心信息，不过，无论从推动技术自由主义的大众民主还是谨慎的独裁统治的角度来看，全球网络的互相连接已经是一个不可避免的事实。我们已经很熟悉拉斯韦尔和埃吕尔在 20 世纪 20 年代和 60 年代的宣传研究中提出的这一假设。坚持市场的不一致性，对于从"网络时间"和其他倡议中发展起来的互联网地下组织而言非常重要。除了它与技术相关的强大功能外，互联网还在科学、艺术、

---

301 译者注：雷蒙·格诺（1903—1976），法国作家、诗人和文学理论家，20 世纪法国文学重要人物之一。
302 《界面现实》（Interfacing Realities），由 V2 于 1997 年在鹿特丹出版。

设计、建筑和政治等各个方面，实现了我们的文明在此之前非常陌生却不可或缺的实用性价值。它是进步的发动机，这一点已不必再议。从这个角度来看，传播总是意味着一个良好的社会，而传播的扩展必然意味着一个更好的社会。这就是为什么我们必须参与到传播行动的扩展性事实中。我们必须学习全新的脑力和手工艺的技能和技巧，以便准备实施可能的颠覆性应用。沟通的本质是一个极其矛盾的事件，是一种"没有保障的冒险"。[303] 按照卡夫卡的话来说，它总是为贪婪之心提供温床，这种思维方式仍然是陌生的。

已经出版的文本都在抱怨，迄今为止还没有人提出过一种有用的互联网理论，但这些抱怨的文本自己也没能提出。一方面是因为它们不可能真正参与技术政治运作和协议的结构。在这方面还存在其他一些组织，比如混沌计算机俱乐部（Chaos Computer Club），在其中，那些有资质的程序员相当活跃。另一方面，这类文本的论点所依据的伦理、政治和美学观点含糊不清。这其中就包含一个决定性问题，即远程信息网络到底应该创造、支持和服务什么样的社区以及什么样的主体。对于迈克尔·哈特（Michael Hardt）、安东尼奥·内格里（Antonio Negri）和毛里奇奥·拉扎拉托（Maurizio Lazzarato）的启蒙式新亚无产阶级国际（sub-proletarian International）的宏大姿态，并不能提供清晰的概念。他们关于帝国和诸众的二分法存在缺陷，因为尽管他们用尽一切努力让帝国这个概念发生了一些转变，但它依然散发着托洛茨基主义－列宁主义的魔力，而诸众概念又过于模糊，以致对介入性思想和行动没能起到任何作用。这个问题同样出现在其他一些著名的意大利理论家身上，如保罗·维尔诺（Paolo Virno）或马蒂奥·帕斯奎内利。共产主义互联网这个构想始终没有令人信服的论据。

曼努埃尔·德·兰达（Manuel De Landa）出生于墨西哥城，居住在纽约，

303　Peters (1999), p. 267.

他也强烈呼吁多线历史学的出现。当他在远程信息学繁荣的早期同网状结构（Meshworks）、互联网和数字界面打交道时，他很清楚知道自己在说什么。在德·兰达开始创作关于计算机及其连接的著作之前，他已经获得了深厚的编程知识，并研究了基于电子通信的混合物质性。在 20 世纪 90 年代中期，德·兰达已经呼吁人们注意互联网是"网状结构和层级结构二者的混合体"这一事实。对这位敏锐的思想家来说，异质性（heterogeneity）与多面性（multifariousness）完全不是一回事，异质性的增加并不一定会导致社会和文化条件的改善。"但是，即便我们不仅设法促进异质性，而且将多样性和网状结构结合，这仍然不会是一个完美的解决方案。毕竟，网状结构通过漂移而得到成长，它们也可能会漂移到我们不想到达的地方。我们希望至少为某些机构保留等级制度的目标导向性。因此，把'中心化'妖魔化，并且把'去中心化'美化成解决我们所有问题的办法，是错误的。现实自身的复杂性要求我们对不同混合体（hybrids）和混合物（mixtures）的问题采取开放和实验的态度。"[304]

位于华盛顿广场的纽约大学曾经是市场经济运作世界的中心，那里出现了两位不安分的思想家，亚历山大·R. 加洛韦（Alexander R. Galloway）和尤金·萨克（Eugene Thacker），他们都以特定的方式明确处理了互联网的装置特征。他们对自尼采以来的欧洲哲学有深入的了解，并在美国的新媒体系统中接受了广泛的实践训练。"剥削"（The Exploit）[305] 是他们想要构建的庞大构想的标题。"剥削"意味着大胆的壮举，这也是一个黑客术语，它用于操纵网络系统中的缺陷和漏洞。黑客利用弱点，对于围墙另一侧的人来说，这显示了安全性可能被攻破的地方，需要采取行动。

从本质上来说，"剥削"探讨了互联网作为文化全球性（cultural

304　De Landa (1997), http://www.to.or.at/delanda/meshwork.htm.
305　剥削是指大胆或勇敢的壮举、卓越或英勇的行为，同时也在黑客术语中指利用网络系统中的漏洞的程序。exploit（动词形式为 exploitation）的含义是充分利用和从（资源）中获取利益，以及以被认为不公平或卑鄙的方式利用的（情况），或者通过过度工作或低薪等方式不公平地从（某人）工作中获益（牛津英语词典）。

globality）范式的极端矛盾性。在加洛韦和萨克看来，网络已经发展成具有控制本性的主导技术形式，因此可被视为代表启蒙运动的全景视角（panoramic view）的当代同义词。这里尤为重要的是福柯所强调的观点：难以把握的"装置"本身就是一个各种话语实践在其中被联系和调节的网络。

加洛韦和萨克也认为，可以通过类似网络的结构来组织抵抗。网络既代表计划，也代表计划的失败。[306] 网络系统的传输协议中表现出了保守主义，加洛韦的主要专业领域就在于对"协议"的分析上。例如，它们隐藏在缩写词 http 的后面，并组织从一个页面到另一个页面的通信。而另一方面，潜在的煽动性也存在于群体或群体行为中，这是萨克要研究的重点。他对生物学及其与哲学的联系尤为感兴趣。

如今，撰写先进理论主要意味着要踏上编写高级代码的冒险之旅。这是第一传统中那些写作者的解决方案，包括加洛韦也是如此，他还重新激活了德波 1977 年的《战争游戏》（*Game of War*），并将其改编，让我们可以在互联网上操作。相比之下，群集（swarm）则代表着一个无中心的反网络。其中，抵抗始终是非对称性的。与互联网中的无数个体连接不同，群集涉及的是众多个体与其他众多个体之间的连接以及相关的复杂性。这些连接是非人类性质的，因此与其相关的理论构建也不以人类为中心。

美国东海岸的理论家与西海岸曾经的计算机嬉皮士有明显不同。后者以其关于远程通信的形而上学和关于去身体化的奇怪神学而闻名，同时宣扬享乐主义和毒品，在 20 世纪 60 年代和 70 年代占据主导地位，在很大程度上推动了硅谷的出现。

加洛韦和萨克至少部分地回答了，在互联网时代，主体性和主权到

306　Galloway and Thacker (2007), 第 4 页和第 155 页。关于作为网络的装置，参见 Agamben (2008) 导论部分。

底意味着什么,以及它们作为概念是否仍然有效,以及如何起效的问题。

"连通性(connectivity)是一种威胁"[307];基于这个宣称连通性如今具有根本性威胁特征的大胆声明出发,有可能发展出更加自由行动的机会,而这种行动并不一定要放弃所有目的性关联。

从列维提出的通过无限连接来增强智能的想法,到对连通性本性严厉的批评,中间只有 10 年时间。这也反映在加拿大研究员安妮·加洛韦(Anne Galloway)的工作中,她重新发现了作为本地沟通形式的"定位媒介"(locative media)。[308] 这些定位媒介实践依赖发达的控制系统,如全球定位系统(GPS),这是对时空条件微观结构进行全景视图的当代化实现。

在各个领域中,包括艺术领域,又再次出现了完全多余的想法,涉及社会、技术和生物结构之间的平面类比。生命有机体的寓言和隐喻再次被用来描述技术产品。在理论话语中,有机体类比总是定期出现在事情变得严重不清晰的关键时刻。生命作为一个表示和谐的概念——自然难道不是一个充满差异,同时又在其异质性中与自身保持一致的典型领域吗?正如卡尔·波普尔(Karl Popper)在 1967 年指出的那样,通过云的形象来描述互联网和其他网络的特定服务,在发条装置(clockwork)和云网络(cloud-work)之间的差异,即完全可预测和总是有点不确定之间的摩擦,被抹去了。技术想象的云,作为计算机硬件和软件资源的关联产品,不是培养了模糊性,相反地,反倒呈现出了环境中行为的透明性。同样地,推特(Twitter)用来形容这样一种活动和服务:在线活动者同意对他们最喜欢谈论的内容、他们的政治和文化兴趣,以及他们的花钱方式等数据进行统计,而推特这个隐喻用来表示这一概念是非常不恰当的。在另一个流行变体中,这种由成群的超个体生成的集体数据

---

307 Galloway and Thacker (2007), p. 16.
308 Galloway (2008).

库文化的概念，极大借鉴了蚂蚁集群中的社会模型。无意中，这个概念的谱系学陷阱也在这里被阐述了出来。《蚁族》（*Der Ameisenstaat*）是伍尔夫·布雷（Wulf Bley）[309]在1934年完成的早期广播剧之一，它讴歌了希特勒的国家及其"命令和服从"的结构。

在新千年之交和新经济崩溃后，指南手册类书籍尤其令人痛苦，这些"辅助类"和指南类的出版物被大量粗制滥造地生产出来，供新的社会阶层和进步的管理者使用。随着对数字资本变革和数字革命、计算机知识和自动化知识、终将成为艺术家或消失在情感界面设计中的用户、无限的内存、无限的通信渗透，以及再一次更多的集体智慧的研究，这些书籍作者在向信息社会的推动者示好，自愿成为有效的护卫者。他们既没有他们所写的生产手段，也没有基础设施，作为服务提供者，他们也没有在他们所依附的网络结构中占据权力地位，而主要是作为临时雇员而存在。因此，我们可以把他们称为小资产阶级，过去如此，现在也是如此。在20世纪70年代中期，汉斯·马格努斯·恩岑斯伯格为这种社会形态竖立起了一座精美的文字纪念碑，为今天的政策、经济和技术情境奠定了基础。

"今天，这个社会阶层充斥着进步人士，没有人比他们更热衷抓住最新潮流了。他们总是很时髦，紧跟潮流。没有人能比小资产阶级更快地改变思想、服装、交往方式和习惯。他们是新的普罗透斯（Proteus），适应了失去身份的变化。他们一直在逃避过时的东西，在追寻自我的路上狂奔。"[310]

从操作上来说，我们可以把过去60年的理论媒介思想的发展总结为以下三个阶段：

1. 在万物本体论（everything ontological）的巨大灾难后，结构作为一

309　译者注：伍尔夫·布雷（1890—1961）。德国艺术家，创作多媒体艺术和概念艺术。
310　Enzensberger (1976), p. 5.

种感知（sensation）被人文学科发现了。在索绪尔语言学理论的基础上，各学科知识分子重新激活了对差异的思考。第二波先锋派借鉴了 20 世纪 20 年代第一波先锋派的思想。结构决定了各种立场，从符号学到政治经济学，从精神分析到文化研究。1972 年，在西柏林艺术学院举办的名为"语言创造的世界"（World Made of Language）的展览指出了语言范式的霸权，并暂时做出了结论。[311] 一切都是编码，但编码绝不是一切。

2. 这种在差异中严谨思考的方式一定程度上被欢乐的后现代越界及其修辞手法所激怒，它柔化了学科之间的过渡，从而使得理论变得更加流动和顺畅。作为一种方向性的转变，有机的多样性（organic multiplicity）取代了机械的、威严的垂直结构。过程性的横向生成取代了纵向的僵化结构。人们不反对根茎分枝的复杂性，而是欣喜地赞美它，最好它能呈现为高原状形式。

3. 这是向联想和连通性思维的过渡，作为一种智力和艺术行动，这其中似乎不再需要任何硬性区分。一切都可以与其他事物横向地相互联通。有了技术所创造的平等连接的范式，基于技术的大众民主已经通过了控制论的试金石。除此之外，就只剩下独裁、原教旨主义、后殖民主义的腐败，或者被那些处于传播中心的人完全忽视的现象了。以前被排除在外的人加入的每一次事件，现如今都被已经连接起来的亿万人庆祝为一次响亮的胜利。这些新成员的数量迅速增长，因为这些以自由和无拘束消费主义为目标的结社（societas）模式，承诺在已基本分割的整体中有效发挥远程通信的功能。

---

311 给展览赋予名字的文章是由沃尔特·霍勒（Walter Höllerer）写的；它的副标题是"审问当代符号和符号系统"（"Auseinand ersetzungen mit Zeichen und Zeichensystemen der Gegenwart"）（柏林，1972 年）。

新的隐性

在过去十年里，媒体战略、战术和实践性质的通俗文学产生了通胀现象，与之形成对比的是一群（按德勒兹的意思）似乎对技术想象的第三方的话语间性（interdiscursive）领域漠不关心的思想家。在当代理论市场上，他们代表了一种受到拉丁语系国家写作和思想影响的奇怪现象。几十年来，法国的阿兰·巴迪欧、让－吕克·南希、雅克·朗西埃和意大利的乔治·阿甘本一直与阿尔都塞、福柯、德里达、德勒兹和加塔利等没有系统论述的知识分子在广泛领域内开展合作，尽管他们的工作并未得到太多关注。

1996 年，维也纳的图里亚和康德出版社（Turia+Kant）出版了巴迪欧和朗西埃的文集《真理的政治》（*Politik der Wahrheit*），文章来自两人于 1992/1993 年在卢布尔雅那举办的两次系列讲座。这本书在既定社会的边缘释放出了一台真正的话语机器。

这两个对理性主义进行尖锐抨击的主要概念（边缘和话语），已经被后现代话语抛弃许久，此时又被重新提上了辩论议程。德语出版社如迪亚芬尼斯（Diaphanes）、梅尔维（Merve）、帕斯萨根（Passagen）和图里亚和康德的工作速度过于快速，以至于这些主角（他们新近被称为思想大师）没有时间去发展或打磨他们的论点，或为国际读者修订他们的旧文本。

批判知识界的各个不同成员对此感到难以置信，他们纷纷摩拳擦掌。快速连续出版的文本几乎毫无原创之处，包括它们的写作方式也是如此。然而，同时显而易见的是，这个来自巴黎的团队正在应对一场知识和情感危机。在欧洲中部的战争之后，伴随着苏联衰退后欧洲大陆及其东部国家的再形构，政治再次被赋予极其重要的意义，而政治显然是人们好奇的对象。作为身体或性别政治、生命政治或微观政治，它在之前的几十年中一直存在于西欧,更不用说那些在印度、非洲或南美洲致力于后殖民主义写作的作者们了。在 1968 年 5 月事件发生的 25 年后,如同一个警示,人们开始纷纷谈论政治的回归,不过,这种修辞只有在假设政治已经消失的情况下才是可能的。这一努力是为了将哲学思考以及广义的政治带入有意义的紧张状态之中。在这一点上,媒介现象充其量只起到次要的作用。所以,在接下来的阐释中,我将尽量简短一些,而且一定会不可谅解地犯下夸大其词的错误。

一个不再遵循官僚化的社会主义生产力范式以及它的监控和监禁制度的共同体(communitas)会是什么样子的呢?难道唯一的选择只能是建立在强大身份认同基础上的社群(community)吗?(这种身份认同是资本主义积累和消费律令的必然结果。)我们是否(依然)有可能命名一种具有抵抗性的社会性(socialities)呢?

社会已经成功地自我废除了。然而在 20 世纪 90 年代,伴随着大规模的远程网络积极参与的个体化和私有化进程,关于社区的有效性和质量的问题变得越来越重要,关于谎言和真相之间关系的问题也是如此。自 20 世纪 30 年代以来,巴塔耶、莱里斯(Leiris)、布朗肖、卡约瓦(Caillois)和其他许多学者一直致力于研究可能超越实存的概念。在诗意的自我花费(self-expenditure)概念中,他们发现并传播了一种有效的、吸引人的替代性方案,以应对市场和技术所导致的日益普遍化。但是,过去的 20 世纪既不适合诗歌,也不适合再神圣化(resacralization)。因为依然存在一种巨大的挑战,也就是,如果不可能再在某些话语领域扩大多样性(multifariousness)和多元化(pluralities)的地位的话,我们依然有义务确保它们的持续性,并支持它们的长期发展。因此,异质性、异托邦(heterotopias)以及其他多元性的选项将不得不再次运作起来;关于这一点,哈特和奈格里所提出的马克思主义诸众显然不是一个足够充分的提议。

主要问题是在知识分子话语的战场和论坛上建立一种不同的灵韵（aura），人们不想放弃这片战场，丢给斯拉沃热·齐泽克（Slavoj Žižek）和那些意大利好战的前激进左翼分子。因此，已经很久没有被仔细思考过的概念和术语再次以不透明的措辞被提出来。那些原来位于边缘的杂音和喃喃低语逐渐被人们听到，就像在20世纪70年代末和80年代初时，结构主义和马克思主义的立场被当作元导向（meta-orientations）一样。在德国，像《骚动》（*Tumult*）、《自由报》（*Freibeuter*）和《失败之书》（*Konkursbuch*）这样的期刊发表了批判西方霸权理性的文章，人们常常读不懂这些文章，这也是因为，它们往往故意以一种晦涩的方式来表述。与此同时，它们倒是加强了批判知识分子的信念，即让他们确信，以目前政治和真理的方式，事情已经无法再继续下去了。

"镇上都是印第安人，"乌尔斯·耶基（Urs Jaeggi）[312]在1980年的一封公开信中对柏林市长说道，"都是红皮肤的人[313]、被开除的学生、辍学者、声名扫地的人。文化正在无情地向自然回归。环保大军、骑自行车的人和步行者组成的恐怖主义发展得如火如荼；老人、恋人和不可教育者们团结起来，与[警察]的警棍和法律条文进行斗争。"[314]

所有真理都是事件，这个观点被认为是巴迪欧思想的一大特征，他用一整本书来论述这个命题，是过去一百年来非普遍主义思想的绝对普遍主义（the categorical universalisms）之一。在20世纪的科学史上，阿尔弗雷德·诺斯·怀特海（Alfred North Whitehead）的工作，尤其是他的论文《过程与现实》（*Process and Reality*，1929），确立了这一观点。几乎所有与他同时代的以多样性逻辑思考的人都在智力上运用这一

---

312 译者注：乌尔斯·耶基（1931—2021），瑞士社会学家、哲学家和作家。
313 译者注：对印第安人的贬低性称呼。
314 *Konkursbuch. Zeitschrift für Vernunftkritik*, no. 5 (1980), p. 9.

观点。齐泽克的思想就集中体现了这一断裂性事件。阿甘本曾经对海德格尔的《存在与时间》(Being and Time) 的概念进行早期词源学个案的研究，据我所知，该文还没有英译本。意大利文的标题是"Se L'Assoluto e L'Ereignis"，该书试图将自我的意识与非限制、无例外、无限定的东西以及事件概念联系起来。这个想法与巴塔耶的内在体验哲学和他的色情反叛概念深深纠缠在一起。巴塔耶在他讨论友谊的文本中写道："如果你愿意的话，上帝就是没发生的事情，却被很好地确定下来，仿佛没发生的事情已经发生过一样。"我们也可以在布朗肖的著作以及克洛索夫斯基的哲学和诗歌文本中找到事件这个概念。德里达将事件与他的解构主义概念联系起来。事件让话语间的非虚假性得到传达，这对福柯来说是最重要的范畴，他用它来破坏传统历史学对真理的主张，并在此基础上，基于尼采的理论，他发展了谱系学的概念。瓦蒂莫（Gianni Vattimo）的"弱思想"（weak thought）概念中的一个重要组成部分就是历史的事件性质。如果真理不是被理解为一个绝对命题，而是知识分子的具体实践，必须被一次又一次地被反复思考和强调，那么除了事件之外，就没什么能真正引起我们的兴趣了。混沌理论家罗斯勒说，一致性是存在的，但在每一个新的时刻又都是崭新的。这也是激浪派和行为艺术的信条。1970 年，沃斯特尔在《发生与生活》(Happening und Leben) 中一边写"事件是艺术政治化的武器"，一边把他的手放在目录中混杂的标题上。他在 1968 年为建筑师和城市规划师撰写了名为《事件》(Ereignis) 的宣言。他还在 20 世纪 60 年代末上演了一系列演出，包括在柏林墙的表演，他也称之为《事件》(Ereignisse)。

图 29 沃斯特尔：采用电话网络和电话答录机的行为艺术（1966 年）。这个号码是沃斯特尔的电话号码；图中的机器是一台 1/2 英寸的卷轴录像机，用于录制黑白电视图像；*Wolf Vostell elektronisch*, Neue Galerie im Alten Kurhaus (Aachen 1970)

图 30 "事件是艺术政治化的武器"。Vostell, Kaprow, Minujin, jeder der will [and angone who wants to] ,1966 (Vostell 1970), p.143.

显然，人们可以反复思考这一切。然而，我们也应该记住，事件带来的差异的力量早已被营销战略家，广告公司、金融部门的战略家和媒体集团发现，它作为一种审美和行动主义的范畴为这个系统而服务。就像新浪潮曾经非常前卫、刺激的电影技术早已被吸收到霸权美学的武器库中了。那些不连续性的生产，那些看似爆发但实际上是人为设计的事件，今天也被广泛拿来为服务和商品做有效宣传。在这里，通信网络发挥了重要的作用，它的大门对各种可能性和突发事件敞开。黎巴嫩裔美国学者和金融业专家纳西姆·尼古拉斯·塔勒布（Nassim Nicholas Taleb）在《黑天鹅：不可能事件的影响》（*Black Swan: The Impact of the*

Highly Improbable，2007）中，为某些类型罕见且不可预测的事件的极端影响创造了一座成功的文学里程碑。

巴迪欧对事件和机构的对比也反映在朗西埃对政治和治安（police）的二分法中，同样，也反映在阿甘本对国家和非国家的二元论中，虽然稍有调整。[315] 对朗西埃来说，通常被称为政治的东西是属于那些专家行政人员、管理者和政府技术人员的领域，他们都说着这个领域特有的权力语言。但是他恰恰不把这些东西视为"政治"，而是用"治安"来称呼这些霸权现象。与此相反，那些被排除在外的人越来越感到不安，那些没有份额的人用斗争的方式反对统治社区的象征秩序，反对既定的共同体（communitas）及其承诺。而这些表达才是他们认为的真正意义上的"政治"的含义，朗西埃认为政治必须得到加强，而且决不能在实践中停止发展。我完全不明白，为什么这种在过去几十年中从根本上被否定的政治认同，至今仍然重要和有意义。

图31 彼得·魏贝尔，《治理谎言》（*Polizei lügt*），from the series *Anschläge*，1970/1971 © Peter Weibel/ZKM Karlsruhe

---

315 Bataille (2002), p. 44；乔治·切萨诺（Giorgio Cesarano）的一篇出色的文章以巴塔耶的色情反叛为标题，作为他1974年在巴里出版的《生存手册》（*Manuale di Sopravivenza*, 1983）中的一部分。

在这方面，我还想提一个现在已经几乎被遗忘的人，他在德国发展出一种可与意大利的乔治·切萨诺[316]相媲美的智识能量，他就是埃里克·格雷韦特－梅（Erik Grawert-May）[317]。在他的著作《治理与爱情艺术的起源》（*Zur Entstehung von Polizei-und Liebeskunst*，1980）中，他仔细研究了从马基雅维利和卡萨诺瓦一直到巴塔耶和福柯的权力概念，早在30年前，他的这本著作就比今天的朗西埃走得更远了。格雷韦特－梅写道，在防止社会熵的职权范围内，"治理逻辑"在观察错误和灾难方面发挥了重要功能，甚至还融合了阿多诺的立场，指向了规训权力。他尤其注意到权力的产生和发展的不同模式之间的相互作用。在所谓的社会当中不可能存在一个完全不存在权力的领域。不过在已经有了巴塔耶和福柯之后，需要解决的是一个更重要的问题，也就是，产生规训的主权是为了什么而产生的，以及它将被用来做什么。"权力和规训本身并不邪恶；当它们不企图灌输恐惧时，它们可以是好的。"[318]

格雷韦特－梅提出的这种反对方便二元论的大胆想法，在20世纪90年代的一位德勒兹主义者德·兰达那里得到了回音。德·兰达讨论了网状结构中，中心化和去中心化之间的关系。仅仅因为中心化在过去经常被滥用，就立即谴责它及其稳定的要素，是一个巨大的错误。不同的混合结构在技术和交流实践中是有意义的。并非所有的中心化过程都会不可避免地导致独裁。"因此，妖魔化中心化，同时把去中心化美化成解决所有问题的办法，是错误的。"[319]

相比之下，朗西埃更倾向赞扬那些被排除在舵手语言（language of the steersmen）之外的人（他称之为"匿名者"）所身处的无权力空间。然而，这些反抗资产阶级存在的蓝图，或多或少都是激进的，必须一次

316　译者注：乔治·切萨诺（1928—1975），意大利作家和诗人。
317　译者注：埃里克·格雷韦特－梅，德国建筑师、城市规划师和学者。
318　Grawert-May(1980), p. 134.
319　De Landa (1997), p. 42.

又一次地被重新具体化。比如像帕索里尼或鲍里斯·米哈伊洛夫（Boris Mikhailov）[320]这样的艺术家会用伟大而绝望的英雄人物来表现这些反抗者，或者用摇滚乐以不断更新的身份一次又一次地赞颂他们，直至自我毁灭，不过这显然还是不够的。哲学思想家们觉得有必要一次又一次地为他们重新命名，而艺术家们对这种命名狂热持保留态度。海纳·穆勒（Heiner Müller）[321]在他对"阿尔都塞事件"的评论中写道："一旦年轻人能够说出他们希望实现的目标，瘫痪就已经开始发生了……只有一种力量持续保持其盲目性，它才依然作为一种力量。而当它一旦有了一个计划、一个观点，它就会立刻被整合起来，获得某种'归属'。"[322]

与巴迪欧类似，朗西埃引入了一连串与他发明的"mésentente"（歧见）[323]相对应的非词：这些词包括"不属于自己""无法言说""不可展示的""不可表征的""审美无意识的""难以置信的""不可预测的"等。根据语境，朗西埃用这些词来指代现象和属性，这些现象和属性在权力对立面有强烈影响；它们存在于那些不拥有份额的人的那一边，这些人自然而然地——像情境主义者一样——不是固定不动的，而是流动的、漫游的。

"反哲学"知道什么是什么。在进行原则性区分之后，朗西埃最终将艺术定位在这种奇怪的非差异（non-difference）之中。艺术的任务就是帮助我们重塑我们生活的世界[他使用了胡塞尔的术语"生活世界"（Lebenswelt）一词——弗卢塞尔也非常喜欢这个术语]，使之成为一个更加公正的平等世界。人们会明显地指责他，例如在《图像的未来》（*The Future of the Image*）和《美学的政治》（*The Politics of Aesthetics: The Distribution of the Sensible*）中，他将任务赋予艺术，将其置于"真

---

320 译者注：鲍里斯·米哈伊洛夫（1938— ），乌克兰摄影师和艺术家。
321 译者注：海纳·穆勒（1929—1995），德国剧作家、导演和戏剧理论家，20世纪最重要的剧作家之一。
322 *Konkursbuch*, no. 7 (1980), p. 205.
323 Jacques Ranciere (1999), *Disagreement: Politics and Philosophy [La Mesentente. Politique et philosophie]*, trans. J. Rose. Minneapolis: University of Minnesota Press.

正的政治"的框架内,并由此将艺术工具化。朗西埃试图在结尾处加入对规范性的强调性呼吁,来预防这一指责。不过现在,谁愿意因为抵制标准化而被贴上规范的标签呢?[324]

由于朗西埃不愿意得出结论而产生出来的空白再次被他的一个古怪的词语所填补,这个词强调了那些本质上相当传统的思考的晦涩性,即"不可决定性"。它在政治的两个对立的极端之间表达自己,艺术则在其不可定义的核心中运作。从科学的角度来看,让－吕克·南希(Jean-Luc Nancy)的《存在中的复数》[Sidea of Being (in) Singular Plural] 将混沌理论的各个方面投射到伦理学和美学主题上。在最小事物中看到最大事物的共鸣,在最大事物中发现最小事物,这是思考分形的一个基本视角,也是一种修辞手法,我们可以在前苏格拉底自然哲学家阿那克萨戈拉(Anaxagoras)的古老表述中找到它[他是恩培多克勒(Empedocles)鲜为人知的同时代人],在约翰·威廉·里特 1800 年左右的电子宇宙计划中也得到过精细的阐述。值得注意的是,南希的文本包含了对 20 世纪犹太思想家的对话式哲学思考的重新激活,首先是艾蒙德·雅贝斯(南希发表过关于他的文章)、伊曼纽尔·列维纳斯(Emmanuel Levinas)以及马丁·布伯(Martin Buber)发展的共同体主义政治伦理的某些方面。"共存"成为一种公开的不可能性,以替代封闭式的"自我"。对南希来说,这种共同体理念不是马克思主义意义上与劳动世界联系在一起的,而是与美学领域相联系的。艺术家世界是断裂、不连续、迂回和支离破碎的场所;这为他的共同体想法提供了养分,即单数与复数共存。对南希来说,艺术服从于良好目的并不是一个选项。

这发生在莫里尼耶宣称他的狂喜破坏是神圣艺术行为的数十年之后;在博伊斯让土狼在艺术空间里嚎叫的数十年之后,在瓦莉·艾丝波特的《触摸和轻拍影院》(Touch and Tap Cinema)邀请街上的随机路人

---

324 参见 Rancière (2006),第 99 页。

触摸她的胸部,她还爬过带电铁丝网,让她赤裸的身体受到电击的数十年之后;在来自"倒塌的新建筑"[325]的"调频爱因海特"[326]用冲击钻将柏林克鲁兹堡的 SO 36 俱乐部的舞台后墙拆掉后,开了一条通往奥拉尼恩大街的洞口,并用一场摇滚音乐会来即兴地重新布置街区。当然,也要考虑当代艺术多样化的表达,例如,曼谷的泰国导演阿彼察邦·韦拉萨库(Apichatpong Weerasethakul)、伊朗的希林·内沙特(Shirin Neshat)、乍得的马赫马特－萨勒·哈鲁恩(Mahmat-Saleh Harroun)、博洛尼亚的 01.org、伊斯坦布尔的美索不达米亚戏剧家库特罗格·阿塔曼斯(Kutlug Atamans),以及阿里·卡兹马(Ali Kazma)关于当代劳动世界中循环一致性的百科全书式作品《阻碍》(*Obstruktions*)等,这些法国作者的想法似乎显得乏味起来了。当然,这可能是受到以下事实的影响:由于来自世界各地的富人对巴黎的巨大压力以及时尚、设计和塞纳河畔大都市炫耀性文化的主导地位,过去的 15 到 20 年里,年轻而叛逆的法国艺术家并没有浮出水面,但这也是由于论证中的不足。摆脱表面上密不透风的市场与非商业边缘的所谓"开放"事件之间的经典二分法,已经成为一个迫在眉睫的任务了。这对组合也不再起作用了——同时也因为公共机构从文化和亚文化场景中撤出,至少对那些在那里工作的人来说。社会和文化的日常生活充满了断裂、碎片化和不连续——现在是时候考虑不同的治疗方案了。

而在本雅明以巨大的勇气和孤独完成了传奇性著作《机械复制时代的艺术作品》(*Work of Art*)的 65 年后,技术乐观主义却指责他过于鼓吹现代性。[327]从今天的介入性媒介理论来看,这是一种很拉风的批评立场。阿多诺在本雅明还活着的时候就提出了这一批评,他的批评更加精辟和准确,

---

325 "倒塌的新建筑"(Einstürzende Neubauten)是一支来自德国的前卫音乐团队,成立于 1980 年。他们的音乐以实验性和工业音乐为特点。
326 "调频爱因海特"(FM Einheit)是一位德国音乐家,他是工业音乐和实验音乐领域的重要人物之一。
327 Rancière (2006), p. 50ff.

而本雅明本人也开始修正自己的观点。他的历史天使在恐慌中背对着进步飞翔。

而对德里达或德勒兹来说，艺术过程或媒介作品并没有引起他们的真正兴趣。在他对画家弗朗西斯·培根的深刻研究《感觉的逻辑》（*The Logic of Sensation*，1995）中，以及在他对个别照片的处理或对时间和电影的哲学思考中，德勒兹发展出了一套精致而隐含的艺术和媒介理论。我想到的唯一解释是，为什么美学作为一个模糊的活动领域，对某些思想家来说变得如此流行，最重要的是，艺术再次被赞誉为一个避难所，在那里，叛乱仍然可以发生以及展开。南希的"残余"（vestigium）概念，可能和朗西埃的"不确定性"（undecidability）相吻合，从而证实这一假设。[328]

如果一个人不接受任何无法被解构的术语，如果一个人不想与神性有任何关联，那么以一种深刻并超越眼前所见和所闻的方式来写作艺术必然是非常困难的。这使得巴迪欧、南希和朗西埃与"二战"后的法国思想大师有所区别。他们的范畴并不是独一无二的，也不足以有效填补尼采所宣称的上帝之死所留下的空隙。巴塔耶的异质论、拉康的"想象界"、德里达的"延异"、德勒兹和加塔利的"生成"（becoming）都提供了这样的一些方法来理解艺术；在德国，海德格尔的存在论和哈贝马斯构想的交往行为共同体也具备这些特质。福柯可能是这个群体中第一个放弃为上帝提供替代方案的成员。不过至少对于一个问题，人们非常确定，那就是所有的依赖性、严肃性、一致性的瓦解，特别是关于主体方面。尽管它已经在"德国观念论的客观化"中失去了"最后的堡垒，即作为认识基础的地位"。[329]

328　Nancy (1999), p. 139ff.
329　Hübener (1986).

差异：乔治·阿甘本

"从来不应该让任何人承受人类所能承受的痛苦，也不应该让任何人目睹这种最强烈的痛苦如何使人完全失去人性。"[330] 当阿甘本在威尼斯教书时，当他思考格蕾特·萨卢斯（Grete Salus）[331] 所说的这个前所未有的句子时，他试图记录下那些不可能的事情是如何变成现实的。奥斯威辛不是关于死亡，而是关于"某种更可怕的东西"。在奥斯威辛，人并没有死，而是生产出了尸体。对贯穿整场灾难的的技术理性的批判已经再尖锐不过了。生产力突然变成了人类可以想象到的最大的堕落。阿多诺和霍克海默在哲学片段《启蒙辩证法》中同样进行了类似的尖锐批判，京特·安德斯在他后来对文明的激进批判中也是如此。

质问一个本质主义者和隐秘主义实践者关于技术和媒体在思想中留下的痕迹，这岂不是荒谬？乍一看，这位意大利哲学家的思想世界似乎完全没有涉及媒介；然而，事实恰恰相反。阿甘本来自这样一个国家，在那里，在每个厨房、客厅以及咖啡馆里，都有稀奇古怪、无与伦比的愚蠢的视听表演。贝卢斯科尼（Berlusconi）的权力在于占据这些舞台，并以帝国主义的方式加以利用。技术媒介对阿甘本的人类学和文明哲学的思考而言绝不陌生。它们的存在是强大的，尽管不一定明确地突显。

就像本雅明一样——阿甘本曾经将他的著作翻译成意大利语——阿甘本眼中的媒介领域也被大致分为两部分。首先是 19 世纪被工业化的本地复制技术，即摄影和电影，引起了他积极的关注。而远距离运作的电子通信媒介在他看来则具有潜在的威胁，从他的角度来看，它们是一

---

[330] 阿甘本将萨卢斯引语的一部分用作《奥斯维辛之残余》（1999 年）中一篇节选的标题，该书在 1999 年由海纳·米勒协会（Heiner Müller Society）为新系列（Drucksache N. F.）的第一版进行了德语翻译，而《牲人》（*Homo sacer*）系列的第一卷由苏尔坎普（Suhrkamp Verlag）出版。以下引语参见 Agarnben (1999b), p. 71f.

[331] 译者注：格蕾特·萨卢斯（1910—1996），德国犹太作家和翻译家。

种装置（dispositif）力量的表达。[332] 此外，任何具有宣传主义、官僚主义和新闻主义倾向的事物都会引起阿甘本的蔑视。他在《即将来临的共同体》（*The Coming Community*）中写道："记者和媒体领袖就是导致人类语言本质疏离的新祭司。"[333]

2005 年出版的题为《亵渎》（*Profanazioni*）的短文集，不像巴特的《神话学》或麦克卢汉的《机械新娘》那样流传广泛。然而，它具有同它们类似的论证功能。阿甘本在 10 篇微型文本中讨论了媒介内容和修辞，虽然没有明确在标题中指明具体媒介。令他感兴趣的是媒介运作的模式，而不是装置系统的技术客观化。

《审判日》（"Judgment Day"）是一篇讨论摄影的简短论文，它将摄影视为"光荣之躯的预言"，"它呈现了世界末日的样子、愤怒的样子"。《助手》（"The Assistants"）则讨论了关于翻译和"中间生物"，它们是"天使，它们不知道自己要传递的信息内容，但是它们的微笑、目光和姿态，看起来就像是一条信息"。《戏仿》（"Parody"）简要讨论了戏剧、文学和电影（帕索里尼的电影）。《欲望》（"Desiring"）探讨了图像的想象，就像《特别的存在》（"Special Being"）专注于将镜子作为生成图像的工具一样，这个人工制品在福柯讨论委拉斯贵兹（Velázquez）的《宫娥》（*Las Meninas*）一文中也具有迷人的重要性。《魔法与幸福》（"Magic and Happiness"）认为游戏可能是一种挥霍活动。在这本书末尾，附带了一段开放式结尾，探讨了关于电影、桑乔·潘萨和堂吉诃德的幻想——奥逊·威尔斯（Orson Welles）关于这个尊严失败、完美体现的宏大项目从未完成。最后，阿甘本在《亵渎颂》（"In Praise of Profanation"）中总结了这本论文集。他从本雅明著名的《作为宗教的资本主义》（*Capitalism as Religion*）开始，重新审视了《艺术

332　关于本雅明，我在别处讨论过这个区分（Zielinski, 2005）。
333　Agamben (1993), p. 81.

作品》[334]一文中的核心概念，即"展示价值"，它在"壮观的宗教体系"中已经获得了独立存在的地位。他把"纯粹手段"表述为"不可侵犯的表达场所"，我们可以用纯粹媒介的概念来代替它——这样就不会造成任何认识论断裂，纯粹媒介决定了"物的新状况"。这是一个在基督教绘画中常见的宗教观念。在阿甘本的文本中，模特和色情明星是一种支配和渗透一切姿态的极端主角，这种姿态不过是一种展示行为，不再有别的含义。"对不可亵渎的东西进行亵渎"使神圣的东西被移置到世俗化的世界领域成为可能；这是巴塔耶提出的一个不错的概念。

最后，当阿甘本将这个行为描述为"未来一代的政治任务"时，他突然成了一个传教士。[335]将未经媒介化的东西从媒介中再次剥离，无疑是未来主体为避免自身虚拟化而采取的行动选项之一。他在关于"装置"的文章结尾，又回到了这个主题上来，把"装置的亵渎，即把被捕获和分离的东西归还给公共用途"描述为一项紧迫的任务。从审美策略的角度来看，这篇文章读起来几乎像在读布莱希特的作品，具有史诗般的、反亚里士多德式的特点。而阿甘本确实提到了未来的主体介入，"在他们自己的主体化过程中和装置中，让那些无法被统治的东西显现出来，这是所有政治的起点和消失点"。[336]

阿甘本在1990年出版的《即将来临的共同体》中的这些片断式小品，读起来就像是《亵渎》的扩展式引言。他再次着手解决福柯留给当今知识分子的问题，即勾勒或甚至帮助发展出与传统个体概念不同的主体身份。这项任务还远未完成。他的思考再次围绕宏大图景，以及在最后一个宏大政治认同崩溃后难以捉摸的系统来展开；他试图发展出同先进资本主义、媒体统治和控制论的事实性约束所产生的社群完全不同的替代性选择。

334　译者注：指本雅明的《机械复制时代的艺术作品》，此处为简写。
335　Agamben (2007), p. 27, 23, 29, 73-90.
336　Agamben (2009), p. 24.

《即将来临的共同体》的焦点是具有挑衅性和矛盾性的"任意奇异性"（whatever singularities），这不应与贝卢斯科尼以腐败为基础的共和国的"任何性"（whichever-ly）混淆，正如导演朱利奥·曼弗雷多尼亚（Giulio Manfredonia）[337] 2011 年在同名电影中所强调的那样。阿甘本将"任意奇异性"理解为那些"无法形成一个社群（sodetas）的个体，因为他们没有任意要维护的身份，也没有任何要寻求认同的的归属纽带"。[338] 任意奇异性的身份是国家根本无法处理的共同体概念，因为它不符合国家特有的语境存在方式。阿甘本没有使用形容词"任意"（arbitraria）来描述他提出的奇异性的特殊概念。因为"任意"首先意味着随机选择，或个人的心血来潮，而不是理性或者系统的；它是不受约束的，也可能是专制的；在拉丁语中，"servum arbitrium"指的是永远顺从的、被奴役的意志，与能行善的自由意志截然相反。笛卡尔在给瑞典克里斯蒂娜女王的一封信中，曾将其夸大为人类最伟大的财产。阿甘本非常重视混成曲（quod libet）概念，它与形容词"任何"（qualiscumque）（意大利语：qualunque）有关。它的翻译让人想起莎士比亚的标题《皆大欢喜》（*As You Like It*）和《第十二夜》（*Twelfth Night or What You Will*），这两个标题颂扬了任意主观性的对立面，也就是顺从行动，并邀请观众来决定这出戏是否重要，以及它意味着什么。在古老的学术论文中，"quodlibet"也代表着"你所希望的"。可爱的，包括所希望的，就是阿甘本所提出的这种特殊身份形式的摇摆的中心。

《即将来临的共同体》的结尾处包含了一个隐含的媒介化想象的理论片段，这个片段是关于"神的显现"（She Kinah）的。阿甘本将它描述为对"巨大奇观积累的"一种反应，其中，所有直接生活的事物都以表象的形式被拉开了距离。原则上，这于拉康派对（技术）想象霸权的

---

337 译者注：朱利奥·曼弗雷多尼亚（1967— ），意大利电影导演、编剧和制片人。
338 Agamben (1993), p. 81.

批评是很熟悉的。然而，在此处，阿甘本其实探索了一个令人惊讶的领域，即卡巴拉（Kabbalah）和媒介理论之间难以渗透的一个领域，卡巴拉在现代早期曾经非常重要。

质点（Sephiroth）神学思想体系通常由 10 个公理组成，并且这些公理可以不断进行全新组合。在卡巴拉中描述了神性的（自我）表达，同时也描述了神性在宇宙和人类中的显现。阿甘本将质点结构理解为垂直的——这不是强制性的，因为还包含了许多圈层结构，基于此，他确定质点就是上帝或无限者向人类揭示自身的最后形式。神的显现（Shekinah），也被称为王国（Malkuth），在特定情况下，同"上帝在世界中的持续存在（abiding）"有关。通过云彩或火烟，上帝以一种被遮蔽的、不真正可见的方式向摩西显现，既揭示又隐藏了他的荣耀。他对摩西说，他的居所就在地球上——正如阿甘本所总结的，那就是"语言"。当将质点的组合系统投射到个体有机体的微观世界中时，神的显现也作为一个理想中介者发挥作用。它代表着某些感觉器官，尤其是皮肤。[339] 我在其他地方已经参考了恩培多克勒的毛孔理论，讨论过皮肤作为一个理想的界面。与信息（Hod）[340]（与生物相关的组织沟通系统）和永恒（Netzach）[341]（积极的周期性、重复性原则）一起，神的显现形成了有机体植物性基础的伟大三位一体。

质点系统可以有很多解释；根据情境的不同，每个人的处理可能有很大的不同。卡巴拉教士们的活动主要是不断解释和重新解释神的启示，以及它们相互之间的关系。这是三个一神教的共同点；它们都只有一个上帝，一个主文本——《圣经》《古兰经》和《塔木德》。加泰罗尼

339　弗卢塞尔以皮肤为焦点发展出一种媒介理论。相关文本，《论皮肤病学和约伯书》（*Von der Dermatologie und von Hiob*）、《约伯的皮肤病学》（*Hiobs Dermatologie*）、《皮肤》（*Haut*），可以在柏林的弗卢塞尔档案馆被研读。另参见 Silvia Wagnermaier's introduction to Flusser's "Von den Möglichkeiten einer Leibkarte" in: *Lab. Jahrbuch 2000 für Künste und Apparate* (Cologne 2000), p. 114。

340　译者注：希伯来语。

341　译者注：希伯来语。

亚美学家、拉蒙·鲁尔专家、受人尊敬的神秘主义学者阿马多尔·维加（Amador Vega）[342]对此进行了深刻探讨，并就这一问题发表了大量的著作。

阿甘本明确提到了"马克思对商品拜物教特性的分析"以及德波的《景观社会》，他用"神的显现"来说明在我们在拥有了先进的中介技术后陷入的恶化局面，"然而，景观并不简单地与图像领域，或我们今天所说的媒介相重合，它指的是'以图像中介起来的人与人之间的社会关系'，是对人类社会性本身的剥夺与异化。"随着景观升级到最极端的程度，中介权威，即语言，开始与其所揭示的内容相分离。用我的话来说：媒介已拥有了完全独立的存在。德波说，远程通信只能连接那些已分离的东西。对阿甘本来说，个体事实上是被那些看似连接着他们的媒介所分离的。"阻碍交流的恰恰是可交流性本身。"[343] 阿甘本在他后来关于"装置"的文本中提到了正在进行的人工连接的分离式运作，他将其描述为一个"去主体化"的过程。迄今为止，他所指出的这一点是非常超前的，装置的问题不能"简化为装置的正确使用的问题"。[344] 那些主张它只是揭示媒介机制产物的人只不过是暴露了他们被媒介机制所困扰的事实。

精确事物的精确语文学

感觉被困和感觉有归属感（at home）之间有一条微妙的界限。对媒介理论而言，关于技术正确或不正确使用的问题早在艺术和其他媒介事物的技术生产时代就已经出现了，它基本假定技术和文化表达之间原则上是一种工具性关系。如果是这样的话，后者就是前者所导致的。然

342　译者注：阿马多尔·维加（1958— ），西班牙哲学家、文化评论家和艺术理论家。
343　Agamhen (1993), pp. 79-84.
344　Agamben (2009), p. 21f.

而，如果换一种方式，我假设一个操作性的前提，认为存在着一种"重要的互动关系"[345]形式的依存关系，那么这样的问题就不会出现。因为那时我们将会发现，自己处于一种由技术媒介组成的实验文化（cultura experimentalis）的中心。

整整一代媒介理论家投身于研究鲍德里、普莱内和弗卢塞尔的启发式设备，基特勒的技术媒介先验，以及媒介考古学和媒介人类学的各种唯物主义概念当中，他们将认识论兴趣指向那些在两者之间进行谈判和协商的事物的确切知识上。而在技术和理想身份构成的充满摩擦的实体当中，它们以反馈循环的形式相互关联，重要的是要认识到，这些相互作用会带来可能性的领域，并努力让它们发展起来。

这就需要全面了解两个方面的知识：美学的形式规律和特征、技术制品的结构，以及在更广泛背景下的运作方式和科学基础。此外，这还意味着，我们需要采用一种在艺术中熟悉的特殊方法，通过赋予技术对象和思想相同的价值，以同等的尊重来对待二者。我们平等地同它们相遇；既不是从提升被观察对象的虫眼视角，也不是从缩小它们并对它们冷漠以观的鸟瞰视角。同时，我们也要从一个斜向的角度思考它们；尼尔斯·罗勒在他于 2000 年发表的论文中谈到了使用语文学工具来阐释他所研究的领域的异质性的可能性（在他看来，这是一个关于数学思想的问题）。[346]

语文学家对口语抱有极大好感。为了展望一个正在发展的潜在媒介理论视角，让我们勾勒这样一位研究者的具体形象：他喜欢谈论和写作那些被构思和发明为技术传播手段的事物，以启发和扩展我们的思想视野。由于我们这位优秀的语文学家同时也精通诠释学，因此他能够敏锐地意识到这些事物全都蕴含在历史之中。这就意味着，在这一方面，语文学家的诠释必须是准确的，同时还需要充分认识到它只是一个近似事实。

345　此处用到的术语来自 Rheinberger (2001)，第 26 页。
346　Röller (2000), p. 194.

因此，我们正在勾勒一个尽可能精确的事物语文学概念。在它作为一种实践的具体形式方面，我们的语文学并不是无源之水。我们的语文学与这个思想大厦中的个别元素传统依然保持着不可或缺的联系，我在上文中大致概述了近 50 年的情况。我提出的一个非常基本的观点，即语言同样也可以被理解为一种人工制品，而人工制品本身就是有表达力的。正如海德格尔所说，事物，包括技术物。根据它们复杂程度的不同，技术传播设备可以传达大量信息。[347] 这是柏林的技术时代语言研究所一直秉持的基本观点之一。施滕贝克（Steenbeck）不仅仅是一套 16 毫米和 35 毫米电影的剪辑工具，还是一个复杂的叙事综合体。在结构主义被重新发现的过程中，出现了一种技术物可被"阅读"的想法；这不是一种意识形态，而是一种基本工作方法的思想来源。拆卸和重组的行为紧密地相互作用，不仅提供了让语言系统透明和可转换的可能性，而且如果掌握了这种技术，我们就可以去理解那些"生产新知识的游戏"。"实验系统"（进行实验的系统）[348] 正基于此，各种学科都称其为研究（research）。当然，这里也包括那些涉足实验挑战的艺术。

技术，在物质意义上被理解为一种感觉（sensational）的制品，是通过各种活动产生的，这些活动最初按特定计划将自然的一部分拆解开，在某些情况下甚至拆解到最小的粒子；然后我们抵达了只有通过纳米技术或者动态电子才能获得的条件。然后，我们将这些组件按照不同于它们先前顺序的方式重新组装。在这样的转变过程中，自然事物的不完美被传递到全新秩序的人工性当中；这是实验中最令人激动的时刻。

完美并不存在于自然界，也不存在于技术中。我们只知道努力地去接近最高精度。亨利·彼得罗斯基（Henry Petroski）[349] 在《铅笔》（The

---

347　25 年前（1985 年），我用一整本专著介绍了一个具有媒体历史吸引力的人工制品，参见 Zielinski (2010)。
348　Rheinberger (2001), p. 27.
349　译者注：亨利·彼得罗斯基（1942—2023），美国工程师和作家。

Pencil）一书中对一件看似不起眼的普通制品进行了令人钦佩的案例研究。他引用大卫·派伊（David Pye）[350]的话："我们设计和制造的每一件东西都是即兴创作的、拼凑而成的、笨拙而临时的东西。"技术事物和系统的"无处不在的不完美性"促使我们修改自己的概念。我主张尽可能精确对待不甚完美的、关于精确事物的语文学，这门科学将被设计和发展起来，以支持同他者的交流，并促进交流，使其成为轰动的，甚至可能是令人震惊的事件。这种语文学对事物的系统功能不感兴趣。

与本雅明一样，吉迪恩也有一部未完成的重要作品，他希望描述19世纪对主体心理状态带来的变化。《当代人的起源》（*Die Entstehung des heutigen Menschen*）试图通过人类建造的物品来理解文明史的关键时期；[351]这意味着吉迪恩将媒介功能归于技术制品。设计和建造它们的人知道和想要的东西通过这些制品被传递下来。科学、技术以及设计思维和推理被客观化了，所以它们可被理解为"思想之物"（Denkdinge）。[352]它们能引发思考，能改变我们的思维方式和审美感受。倾听它们所讲述的故事，阅读这些物品的"叙述"，是我们这些语文学家和炼金术士的共同点。

在理论和实践不可分割的统一体中，炼金术的身份非常突出，因为他们研究任何一个特殊之物都不需要战略上的普遍化。通过疯狂繁殖的想象力和对自然界的实验探索，"那些各种各样'不存在，也不可能存在，而是想象和被相信的事物'"[353]经历了惊人的发展；也许这是在欧洲现代文明开始无情的标准化和普遍化之前的最后一次繁荣了。尽管拥有无限想象力并考虑到失败的可能性，但是产生出具体结果也是这种实验文化的必要组成部分。对于那些邀请专家和巫术学徒到他们的宫廷并为他

350　译者注：大卫·派伊（1914—1993），英国家具设计师和木匠。
351　参见 Georgiadis (1989), p. 18f.。
352　在这里，我用了一个与莱茵伯格不同的术语，因为他的"认识论事物"概念具有特定的含义，即由经验产生的新知识。
353　Charles Mackay (1995), p. 100.

们提供资助的王室统治者来说，对于不当行为的惩罚是严厉的，甚至可能是致命的。

近代早期炼金术理论和实践服务于一个自身不确定、不明确且相当临时的主体的（自我）理解，该主体寻求与其他事物建立关系——包括尚未被理解的自然界——这种关系既是理性的又是有阻力（frictional）的。宇宙中充满大气噪音，倾听它是令人振奋的。从听觉上来说，它通过自然现象和听觉系统投射到神职人员的灵魂中。他们决定参与世界，而不仅仅是作为旁观者观察它。这是一种体验和改造世界的全新模式：当炼金术被理解为这样一种方式时，它不仅指向一个神奇的过去，也展望了可能的未来。在这一传统中，我们对（不完美的）精确事物的精确（尽可能的）语文学感到舒适。人工制品与它们的联系不仅被解读为遥远过去的证据（也就是考古学上的研究），也被研究以便了解"生产新知识的游戏"，正如莱茵伯格今天所称的科学实验，[354] 这是一种具有前瞻性和未来导向的实验。

炼金术是"一个只能被倾听的梦，但在叙述它时却只能结结巴巴的。当人们无法再在炉边做梦、在物质中倾听自己时，炼金术的梦想便退回到了黑夜之中"。[355] 在我们目前对世界的认识状态下，重新激活这一梦想的实验是值得去做的。这将与我上述的与艺术有关的文化实验相对应。宇宙——无论我们如何称呼这一普遍性——对建立个体身份来说是不可或缺的，它以各种方式在事物中得到表达，在这些事物的组合、混合和形成方式中得到表达。我们要把事物本身没有意识到的东西用语言表达出来，让它放声歌唱、低声呢喃，或结结巴巴地发出声音。

在艺术实验中，这一点正在且已经取得了令人印象深刻的成功。"我们先前在空气中听到的急促声是熟悉的；它现在不在空气中，而是在我

354　Rheinberger (2001), p. 27.
355　Fierz-David (1952), p. 132.

们身边。在森林深处，它一直没有停歇，随着枝条和树枝坠落地面而膨胀起来。更可怕的是，其他的一切都没有动。闪亮的光芒中没有一样东西在动，没有一根树枝也没有一根松针在动……我们静静地站着，看着；我不知道是崇敬还是恐惧驱使我们走近它。"这些奇怪的句子来自阿德尔贝特·施蒂夫特（Adalbert Stifter）[356]的冰冷故事，发表在《我曾祖父的笔记本》（Die Mappe meines Urgrossvaters）上。作曲家和导演海纳·格贝尔斯（Heiner Goebbels）[357]基于此，创作出了作品《施蒂夫特之物》（Stifters Dinge），并于 2007 年演出。在一个由各种联想构成的密集结构中，从风景"生成事物"（thing-becoming），如威廉·伯洛斯（William Burroughs）、马尔科姆·X（Malcolm X）和克劳德·列维－斯特劳斯的各种声音艺术品，到令人惊叹的影像艺术品和壮观的机械剧场，一种尚未命名的艺术形式开始展开和发展。这类作品已经远远超越了"媒介艺术"这个标签曾经代表的含义。它的表演场地既不在一个传统的剧院，也不在博物馆或画廊。在一个对公众开放的听觉和视觉实验室里，《施蒂夫特之物》把我们带到媒介与人类、媒介与机器之间边界上发生的转变之中。在演出空间里，没有工作人员，只有两个人一开始对它进行了设置。在实验室空间后部的一个巨大平台上，翻转的立式钢琴和三角钢琴在计算机的控制下开始自动播放音乐。在演出的过程中，这个平台缓慢地移动，向观众坐着的地方移动，起初这一动作不为人所察觉。在演出结束时，平台及其机械装置正好停在了观众面前。人们几乎可以看到它似乎在鞠躬；无论如何，宏大表演得到了热烈的喝彩。

在《科罗·斯佩扎托：未来在一天中持续》（Coro Spezzato: The Future Lasts One Day, 2009）中，生活在柏林的西西里艺术家罗莎·巴巴（Rosa

---

356　译者注：阿德尔贝特·施蒂夫特（1805—1868），奥地利作家，19 世纪中期最重要的德语文学家。
357　译者注：海纳·格贝尔斯（1952— ），德国作曲家、导演和表演艺术家。

Barba)[358]将五台光学机械电影放映机连接在一起,并进行了复杂的编排。它们按照规定的美学顺序加速和减速,从而产生非常不同的声音。投影仪在墙上投放文本片段,部分取自文艺复兴后期的威尼斯合唱作品。艺术家对它们进行了剖析,并将其重新加工成富有诗意的复调。运行中的投影仪(几乎)完美地发挥了其技术功能。它们就像一个合唱团,在有节奏的、不断变化的文本片段中吸引人们对抒情的关注。

韩国艺术家金允哲(Yunchul Kim)则以完全不同的方式工作,但同样充满诗意的能量和精确性。近年来,他制作了一系列复杂的艺术品,结合了异质性的材料、液体、颜色、化学物质和不同的金属,并通过艺术家的计算机辅助干预(也可以视为对材料的阐释行为),转变为能产生声音的动态艺术品。《不可阻挡的眼泪》(Epiphora,2009/2010),已跨越了自然和技术间的界限。虽然它们位于展览空间内许多独立容器中,但磁敏感液体以一种神秘的方式让它们实现远距离交流。这件作品的主要看点之一是,一个分叉的玻璃管内不断发生看似失控的溢流反应,我认为这非常类似于早期现代炼金术论著中所展示的形式。这种坚硬的机械和柔软的生命组成的混合体,位于原则与偶然之间的某个地带,似乎容易出现反复歇斯底里的状态。

金允哲的作品《oK》(*oK*,2009)也处于这一不稳定的领域中,他将其称为症状发生器。根据这位艺术家的说法,这是一个荒诞玄学(pataphysical)机器。他发明了一个由计算机废料构建的技术物,看起来像是将 DNA 结构转化成的雕塑。这个物体会震动、唱歌、嘶嘶作响,就像一个电子器官。观众可以像询问患者的健康状况一样检查这个安装在玻璃圆顶下的技术美学感觉。在观察下,这个活泼的人工制品不断从一种状态转变为另一种状态。

作为一位科学家,来自罗马的量子物理学家兼哲学博士阿里安娜·博

---

358 译者注:罗莎·巴巴(1972—),意大利艺术家和电影制作人。

雷利（Arianna Borrelli）[359] 在物事语言学的实践中展示了最优雅的困难动作。她迄今为止的代表作都是关于拉丁中世纪晚期的星盘仪，以及它与阿拉伯-伊斯兰科学传统联系的研究。在参考现代科学方法时，她首先对这个被称为古老模拟计算机的迷人装置进行了严格的数学、技术和实践以及哲学的区分。然而，在进一步研究文本之后，博雷利发现，这种严格划分并无用处。这三个方面只是用于描述一个复杂仪器的不同的解释工具，它们在起源上明显重叠。因此，在许多方面，星盘仪被证明是一种用于交流的仪器，我们不一定需要口头或书面表达。在哲学上，它可以被解读为一个可以理解宇宙法则的、维特鲁威意义上的世界机器（machina mundi）。它也可以被看作计算发生在时间中运动的装置，可以在地球上体验到受天体星座的影响或造成的时间周期，作为一个几何测量仪器、算法性的艺术品，或者测量时间的机械装置。[360]

在博雷利的研究中，这三个方面只能作为平等的、相互的、解释学的工具来发展。这是因为博雷利能够自信地思考和处理科学、技术和实践方面的问题，包括美学和哲学性质的问题。这是这位物理学家兼哲学家进行其他深度时间研究的一个突出特点。她研究了温度计、气动学和天气的炼金术之间的联系，风为什么会存在、为什么会吹，以及数学和几何学的特别具有挑战性的主题，如晶体学，还有作为艾萨克·牛顿和勒内·笛卡尔等杰出科学家的具体哲学工具的数学符号。[361]

博雷利近年来的研究"工作坊"主要在柏林马克斯-普朗克科学史研究所展开。最重要的是，莱茵贝格在该研究所发展了科学对实验的扩展概念。这位生物学家和德里达的《文字学》德文版译者所发起和实施的研究项目围绕着一个有着重大差异的理念展开。在这里，实验就像一

---

359 译者注：阿里安娜·博雷利，意大利科学史家和哲学家。
360 参见 Borrelli (2008)。
361 如阿里安娜·博雷利的作品已发表在《变体学》（Variantology）系列丛书中，该丛书涉及艺术、科学和技术的深层时间关系。

个"搜索引擎",有助于偶然性的发现。基于这样的前提,在项目开始时,"人们并不确切知道自己不知道什么"(否则就不需要进行研究了)。从这个前提出发,莱茵贝格将实验室建立成一个开放和冒险的可能性空间,在这里为"产生不可预测的事件"做好了准备。通过遵循特定计划,产生了差异或可变的维度。[362]

艺术、文化、科学、技术和哲学问题之间界限的多孔性在这个概念中是固有的。一个实验性文化的概念产生了,一些作者,如布鲁诺·拉图尔,把所有的社会现实变成了一个实验室。我不太同意这种观点,也不觉得它有用。被称为"社会"的那个领域退化为测试的领域,不断进行紧迫练习。紧急情况反而是为了避免差异,而不是产生差异,是为了实现统一而不是产生多样性。正如 2004 年亨宁·施密德根参与编辑的一本德文文集的标题所说的那样,测试领域与尊重思想事物和自然事物毫无关系,后者是实验文化的基础和动力。[363] 一个输入和结果都没有明确定义的可能性空间的想法,与区分测试文化技术的控制论短路政策相去甚远。

施密德根的博士论文研究了德勒兹、加塔利和拉康的机器概念,他的具体案例研究涉及技术设置和人工制品,其中时间测量发挥了重要的作用。他的主要兴趣是针对最小的、有时是戏剧性的事件,这些不可预测的事件可能会突然阻止计划的执行。正如《实验中的文化》(*Kultur im Experiment*)导言中的匿名作者(可能是施密德根本人)所说的那样,"正是在处理实验系统时出现的不一致、阻力和摩擦中,以及反复迫使实验者干预,结构的认识论潜力才存在"。进行实验的条件、地点、建筑和声学、所用仪器的个别属性以及许多其他因素,不仅极大影响了被研究的对象,同时也影响进行实验的人。

这些都是我们之前在电影和 20 世纪 70 年代早期的仪器启发式实验

---

362 Rheinherger (2007), p. 87.
363 书名为《实验中的文化》(*Kultur im Experiment*),施密德根、盖默(P. Geimer)、迪里格(S. Dierig)编。

中遇到的；德勒兹和加塔利就是在这个时期写下他们关于资本主义和精神分裂症之间关系的第一部作品《反俄狄浦斯》。没有任何设备是中立的。技术并不决定审美和意识形态的感知，但它是技术和非技术方面之间不断发生相互作用过程的一个积极组成部分。

通过实验文化对传播和美学问题开放的科技史，是在不久的将来推进媒介理论的可能性之一。也许这种隐性媒介理论的支持者不会被称为公认的科学史家，但这重要吗？对谁而言这是重要的呢？今天，媒介技术大规模渗透到几乎所有的科学过程中，特别是实验，以及其他生产、评估和传播科学发现的先决条件。在20世纪60年代和70年代，作为一个即将成为语言学家的人要认真观看意大利西部片，或阅读漫画和视听杂志，如今在媒介条件界面上了解的方式并不会比上述方式可耻。

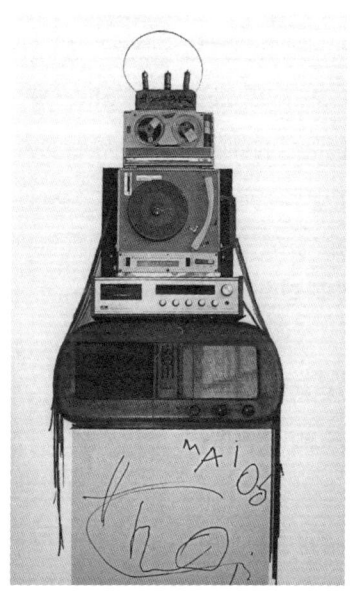

图32：亨利·肖邦（Henri Chopin），《图形机器》（Graphpoemachines）系列中的物品 2006年5月 (Archivio F. Conz, Verona, 2006), n. p.

这种设想中的扩张也会产生相反效果。媒介理论不仅对科学技术史持开放态度，而且在这些领域中运用其语言学专业知识可能会更好地理解传播过程等。几个世纪以来，科学和技术在这些过程中起到了举足轻重的作用。媒介理论也可以为传播过程提供发人深省的思考和独特性，这在一个身份未定、横向模糊、色彩过度和公然夸耀的时代是一个有价值的补充。关于传播的技术性事物，也可以从这样的角度来理解：批评一本书的最好方法就是写出一本更好的书。

基特勒的语文学研究延伸到技术及其数学基础，对他所处理的实际的人工制品和系统的技术细节，有时是不够准确的，甚至充满着滔滔不绝的隐喻。不过他的跨学科分析依然具有巨大的魅力，尤其是关于与哲学、历史、精神分析和美学层面可能联系方面的暗示。对紧随基特勒之后的那一代学者而言，他的著作具有非常强大的启发性。

一些基特勒以前的助手和合作者正在系统推进媒介理论中技术和媒介先验（media a priori）概念。档案专家和媒介理论家沃尔夫冈·恩斯特（Wolfgang Ernst）专注于对材料设备的研究，甚至在柏林洪堡大学为时间机器建立了一个实验室博物馆和工作室。伯恩哈德·西格特（Bernhard Siegert）借用了 20 世纪 80 年代伯明翰文化研究中的一个概念，并改称其为"文化技艺"（Kulturtechnik）。[364] 彼得·贝茨（Peter Berz）和克劳斯·皮亚斯（Claus Pias）[365] 在文学、科学和技术错综复杂的相互作用中寻找到了自己的研究道路。在以一篇关于 1900 年左右机器技术标准化的论文而获得博士学位，并研究了高速弹射摄影的早期发展阶段之后，贝茨开始专注于生物学、历史和哲学（形态发生、拟态）之间可能的创造性的相互依存关系。皮亚斯正在成为一名在控制论和数字认知问题方面备受尊敬的人文专家。作为一个前程序员和训练有素的电工，皮亚斯是少数几个对机器语言及其指令结构有深入了解的当代理论家之一。在这个相对较新的传统中，来自柏林文学与文化研究中心的伯恩哈德·多茨勒（Bernhard Dotzler）已经在 1996 年发表了一项非常规的媒介—语文学研究。多茨勒以 17 和 18 世纪书写和出版的、由数学转化的文本作为出发点，对计算造纸机发展过程中通信和控制之间的关系进行了彻底的研究。

多茨勒的出发点（改编自图灵）是，凡是存在算法的事物都可以被构造为机器。十年之后，大卫·林克（David Link）将其运用于一个非常特殊的目的。林克也是一位语文学家和哲学家，除了翻译之外，他还

---

[364] 在我 1985 年出版的《录像的历史》（*Zur Geschichte des Videorecorders*）一书的最后一章中，我深入讨论了这种视听时间机器作为文化技术的用途。
[365] 译者注：克劳斯·皮亚斯（1967—），德国媒介学者。

自学了计算机语言。他试图通过算法人工制品的特殊考古学来识别技术物中的数学和信息学命令结构，对于外行人来说，这些技术物看起来甚至都不像算法构造的设备。他对试图用旋转字母或字符产生终极真理的人工制品的研究在一个项目中达到了高潮，这是一项对被称为扎拉贾（Zâ'irajah）思想事物的细致分析。这种思想事物曾于 1377 年由阿卜杜勒·拉赫曼·伊本·赫勒敦（Abd ar-Rahmān Ibn Khaldūn）[366] 在《历史绪论》（Muqaddimah）中描述过，这是一部七卷本世界历史，但实际上，它的起源要早得多。扎拉贾乍一看有点像神秘的占星术曼陀罗，但林克却提出，它其实是一种特殊机器。在它的帮助下，人们可以询问一些关于世界的简单问题，并得到一些押韵的答案。事实证明，这件神器不仅是一台诗歌机器，而且还包含更多功能：可作为一架密码学、知识生成机的主模型——从拉蒙·卢尔（Ramon Llull）和阿尔贝蒂（Alberti）到 20 世纪的英格玛（Enigma）。[367]

然而，林克研究精确事物的特殊语文学在方法论上又前进了一大步。我不知道是否还有其他任何研究对艺术产生过能与之媲美的实际影响。他的分析性案例研究可以成为，同时也是实验系统装置的丰富内容。在一个早期项目中，他为诗学语法的深入研究构建起一架机器，该机器能根据不同类型文本之间的语义相似性来生成诗歌和摇滚歌曲歌词。在他的"情书"项目中，林克成功做到了一件事，它甚至会让布莱切利公园里的计算机爱好者以好奇和钦佩的眼光来回望它。在寻找计算机生成文本的早期例子时，林克偶然发现这样一个事实："随着第一台工业化生产的计算机"费兰蒂·马克一号（Ferranti Mark 1）（其前身是曼彻斯特大学开发的曼彻斯特·马克一号）的出现，生成文本"旨在表达和唤起情感"。在研究过程中，林克在发明者克里斯托弗·斯特拉奇（Christopher

---

366 译者注：阿卜杜勒·拉赫曼·伊本·赫勒敦（1332—1406），14 世纪突尼斯历史学家、社会学家和哲学家。
367 参见 Link (2010). p. 215ff。

Strachey)³⁶⁸ 的论文中发现了"情书"程序,但只发现了关于费兰蒂·马克一号如何运作的少量文献。看来要研究"情书"程序是如何运行的已经不可能了。于是,林克建造了一个模拟器,复制了费兰蒂·马克一号的功能,并建造了一个控制台和用户界面的复制品,让"情书"程序可以重新运行起来。³⁶⁹

这就是媒介理论作为精确事物的精确语文学的一个变体,当它能够明确地介入技术实践时,就可以走得更远。1952 年,复杂机器中被明确设计为交流感情的部分,以一种最大的形式从遗忘中被拯救出来。在其新环境中,该程序再次在语言学家、哲学家和艺术家林克的特殊美学和器械强调的框架内运行。从这个角度来看,科学和技术的历史不仅仅是已经存在的东西的集合。它其实是过去可能存在的状态的集合,也是可能存在的和现在肯定存在的装置的集合。在狄诺斯和杰克·查普曼最近的一个系列中,他们小心翼翼地将据称由阿道夫·希特勒绘制的水彩画进行部分重绘,添加了丰富多彩的艺术元素。在他们的介入下,这些原本业余的工艺品——据说是由一个艺术学院的学生画的——变成了当代艺术市场上的热门货。如果希特勒带着这些画作申请艺术学校,从今天的角度来看,他很有可能会被录取,那么 20 世纪的历史可能由此改写,也许会比数百万人所遭受的痛苦更可怕。英国的兄弟姐妹们认为这种想法很荒谬,因为它宣扬了艺术家对什么是好的或坏的艺术的看法的过分高估。然而,通过《如果希特勒是个嬉皮士,我们会有多快乐》(*If Hitler Had Been a Hippy How Happy Would We Be*),狄诺斯和查普曼让我们以一种怪诞的方式来思考过去,但也不会畏惧。在未来考古学的帮助下,我们有可能将其中的某些方面带到未来。

---

368 译者注:克里斯托弗·斯特拉奇(1916—1975),英国计算机科学家,计算机编程语言的先驱。
369 Link(2006)中第 15—42 页详细描述了该过程。模拟器可以在大卫·林克的网站上找到:http://alpha60.de/researchlmuc/。

4

存有于线上,存在于线下 *

《再无二手之神》
巴克敏斯特·富勒 (Buckminster Fuller),1963

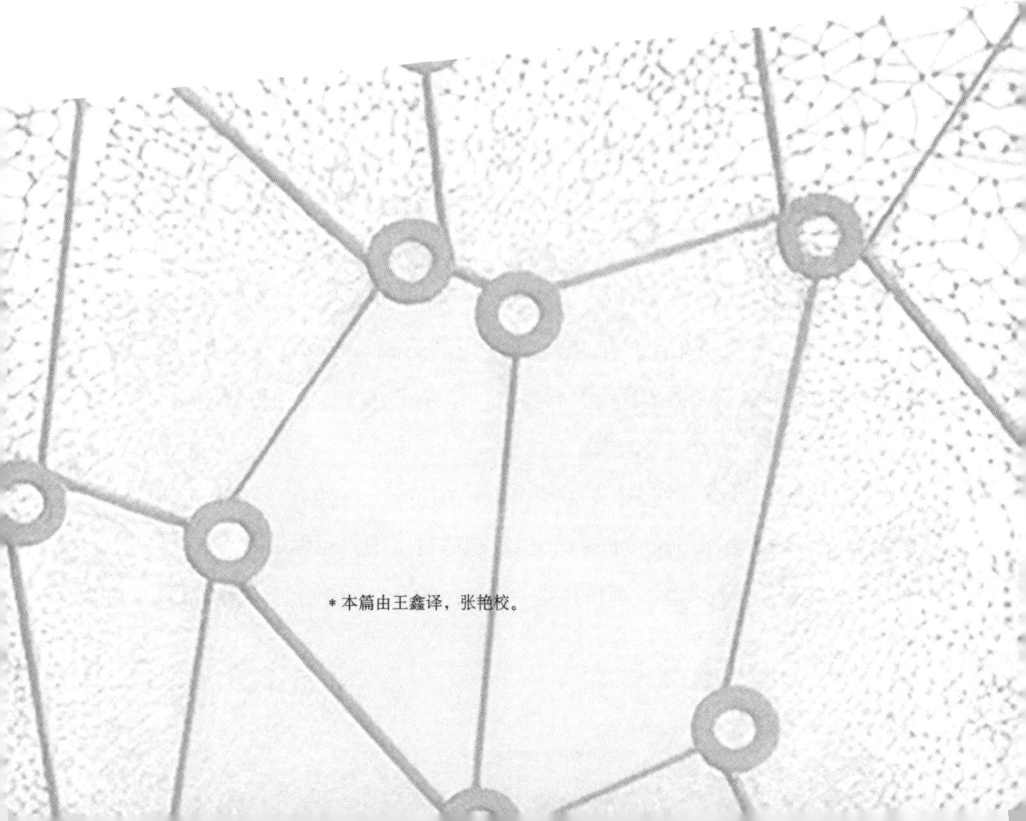

＊本篇由王鑫译,张艳校。

关于事物演变的方式

如果有人不经意说出缩写"PC"所代表的单词"个人电脑",听起来就会非常过时。虽然计算机只不过是在 25 年前才在欧洲被大规模使用,但个人电脑这一概念给人的印象似乎已经是一个来自过去的概念了。

一方面,由算法和微电子驱动的设备与用户的身体非常接近,可以说与奥斯瓦尔德·维纳的"生物适配器"的功能相当。在 20 世纪 80 年代,握在手中并在桌子上或鼠标垫上滑动的鼠标逐渐取代了字母数字键盘,至少对于图形用户界面(Graphical User Interface,GUI)的用户来说是这样。随时待命的用户将最新的移动终端界面靠近他们的身体,然后在下一步中它们消失在身体内部。光滑、圆润的通信工具舒适地依偎在手中,人们用指尖轻抚扁平、半透明的显示屏,仿佛它们是覆盖他人身体的多孔皮肤。早上醒来人们就能发现电子设备在身边,对许多人来说,如果想让这些忠实的电子伴侣叫醒他们时,这就是他们晚上睡觉前触碰的最后一件物品。这些小巧、动态的技术感知数据包渗透了人们的私生活以及日常的工作和学习。

办公室无处不在,因此管理也无处不在。生活被行政化地管理起来。这些人工制品已经成为生物生命形式的亲密附属物:它们帮助人们应对技术现实并在其中找到方向。这些人工制品已经成为让我们能与世界和谐相处的理想集合体的一个组成部分,世界也由此得以在某种程度上"容忍"我们。所谓的"享乐套装"(pleasure suit)(维也纳语:Glücksanzug)在今天也被称为"界面",尽管我更喜欢使用更戏剧化的德语词汇"Schnittstelle"(界面)。

另一方面,计算机已经失去了个人化的特点。它们已经不再是像 Atari ST(16/32)或 Commodore 64MAU 那样自主工作和娱乐的站点(我们在上述设备上开始接触计算机技术,并在后来的个人电脑上继续学习)。

如今的计算辅助工具（algorithmic prostheses）不再是独立的单元。无论当代的数字笔记本电脑和工作站的用户身在何处，它们都能随时连接到远程信息中心，传达和接收指令、订购、分发、信息传递和宣传。一般而言，存储在设备中的大部分数据都是个人编码的，只对设备所有者有意义。但是，这些个体设备不再是终端；它们作为电信和信息技术系统的接口，与许多其他设备同时连接，彼此之间不同程度地进行对话、交流或仅仅是临时使用。它们是信息和通信流动的渠道。在这里，个人电脑、苹果强力笔记本电脑（PowerBook），或者体积更小、更便于携带且没有硬盘的计算机，成了被大肆称为"社交网络"的装置中的个人连接。"社交"（social）一词源于拉丁语"socius"，在形容词形式中，它回归了本意；也就是，作为参与者，与他人交往，处于相互交流的关系中——不多也不少。

用户正在操作不断更新的机器。单个设备作为方便的临时容器，用来存放各种各样已编程的工件，即应用程序。应用程序只在需要时使用，它们的特点在于瞬间实现目标。就像电影院在第一个百年就建立了特殊的变体，即支付一定金额来租用设计和塑造时间一样，远程信息网络中的用户也为应用程序的更新付费。应用程序已脱离了各种硬件设备，并随时根据需要被导入。程序现在是借来的服务提供者，它们就像客工或租来的劳工一样被对待。硬件设备越来越多地被设计和配置，以便于所谓社交网络的使用，社交网络正在发展成为当代重要的市场。

然而，这种更新是否真正意味着对当下的激活？在遗忘技术的时代，从来没有像现在这样存在如此多的记忆和传记。目前，对未来的规划以一种极强的即时性来进行，因为它会被时代铭记或应该被铭记：它正在变得具有约束力。有一种现象特别奇怪，通过修改安派克斯公司（Ampex）1967年生产的一款名为"即时回放"（Instant Replay）设备的名称，并延续威廉·弗卢塞尔关于电子记录技术的观点，我们可以称之为"即时考古学"（instant archeology）。[370]

这种文化技术在当代的应用非常普遍，但在 20 世纪 60 年代末，其是为精英职业、体育活动和涉及精细运动技能的工作过程而开发的。它在数码摄影中尤为突出。因为记录图像和回放之间的时间是如此的短暂，任何人都可以看到他们几秒钟前的样子，并借此做出一张面孔，以便为下一张照片做好准备。年轻人将这种即时考古实践推到了极致的程度。YouTube 或 MySpace 等平台是过度使用这种文化技术的游乐场。

这到底是一种记忆形式，还是仅仅将现在的瞬间稍微地延伸到了过去？这难道不是一种前瞻性的考古学，甚至是一种高级形式的"去成员化"（de-membering）？[371] 即时考古学不关心过去，而是回顾刚刚发生的时期并展望未来，然而，某件事情在发生的瞬间就已经成为过去事件的主题，就等于废除了现在。现在成了只为未来提供极短暂效应的一段时间；一个微小的、不能再量化的时间概念；只是一个不断更新的时刻。存储时间的不断缩短，以及同时扩展到近乎无限的存储容量，并没有导致过去被遗忘；相反，现在成了牺牲品。时间的概念消失了，未来和过去直接而有效地融为了一体。

从本质上说，这意味着在社会心理语境中控制论思想（cybernetic）的实现。1970 年，兹比格涅夫·布热津斯基[372]（Zbigniew Brzezinski）已经将执行"高度复杂相互作用的即时计算"能力的增加确定为"技术社会"的主要特征。在如今的工作要求中，参与社会互动的意愿和必要性已经成为必备条件，作为一种能力的即时性是间接处理技术交流中的

---

[370] "即时哲学"（instant philosophy）是我们在弗卢塞尔的《波鸿讲座》（*Bochumer Vorlesungen*, Flusser 2008, p.179f）中指定的一个章节的标题，这个章节讨论了视频的思辨品质。安妮卡·库尔曼（Annika Kuhlmann）最近在柏林艺术大学完成了一篇名为《即时怀旧》（*Instant Nostalgies*）的论文，感谢她为我们的讨论提供想法。

[371] 德语：entinmrn；要了解更多关于这个新词的信息，可参见 Bartels (2000)，第 7—16 页。

[372] 译者注：兹比格涅夫·布热津斯基（1928—2017），美国政治学家和外交政策专家，他是冷战时期美国政策制定者之一。

下一个"有力资本"。

然而，与古典的现代时期的"我思故我在"相比，当代的现代时期出现的"Youtube 在故你在"（"Youtube therefore you are"）还是体现出了进步，由于许多理论家缺乏一个更好的术语，所以继续称之为"后现代"（这个术语意味着现代性仍处于危机中）。拉康对思维与存在之间关系的逻辑一致性持有的保留态度，在 20 世纪末期基于技术的日常仪式中得到了惊人的证实。这也可以成为早就充分意识到主权主体不可能性的行动起点。尤其是当支离破碎的主体面对同样支离破碎的物质世界时，情况更是如此。封闭的霸权主义集团的概念始终是一个幻想，就像一个强大的主体作为宇宙中心的想法一样。然而，脆弱主体的概念可能还是有用的，詹尼·瓦蒂莫（Gianni Vattimo）提出的流动（floating）与摇摆（oscillating）身份的概念也是如此。由此，这位意大利哲学家理解了一种"脆弱主体"（a weak subject）概念；在我看来，这样的主体只能通过对他者的关系来获得生命力，同样以这种方式，也可以通过他者成为一个强大的主体。许多优秀的思想都具有自相矛盾性。

"'你'进一步成为关注的焦点，即使只是一个电子化（eletrified）的你。"弗卢塞尔在生命的最后几年里，从马丁·布伯的对话哲学中得到灵感，将上述话界定为个体在奥斯维辛完全隐藏自己的面容之后，再次接近上帝的可能性。在犹太宗教哲学的变体中，与"你"的相遇是看到上帝面容的唯一可能性。就远程网络的角度而言，对弗卢塞尔来说，这就意味着——如果存在相互影响的话——从一个显示器到另一个显示器，从一个终端到另一个终端：

"只有爱我的邻人，我才能爱上帝。唯一可接受的形象是他者的面容。但合成的形象则是另一个人[……]通过计算机图像，我可以和他交流：他给我发送他的图像，而我对其处理后再发送给他，而这，就是犹太教图像。这不是偶像崇拜，也不是异教信仰。这是我爱邻人的方式，并通过爱我的邻人去爱上帝。我不是一个好的犹太法典学者,但我想说,从犹太法典的角度来看,合成的计算机图像完全是犹太教的。"[373]

这就是弗卢塞尔在现实中成为普遍现象之前构想的远程对话方式。弗卢塞尔所设想的合成图像的具体特性依然不明确。他在其他任何文本中都没有进一步详述。但是,无论从神学论证还是从媒介理论的角度来看,这些都不太可能是表征图像。从《地狱吸血鬼》(*Vampyrotheutis Infernalis*)这部叙事实验作品来看(即使撇开路易斯·比的插图,它本身也构成了一部图像故事),我们只能推断,它或许涉及产生与我们所知的图像外部不同的现实的视觉艺术作品,例如科幻作品。

英国电影制作人克里斯·佩蒂特(Chris Petit)[374]在他的最后一部电影中巧妙展现了互联网建立20年后,用户每天寻求与虚拟对话者交流的景象。乍一看,《所容之物》(*Content*, 2009)这部电影仍然是在这样的观念之下拍摄的,即照相机和汽车是源于同一装置的两个设备。而另一方面,电影完全呈现了一个私密的生活空间,甚至仿佛是处于远程通信的设备当中。因此,从这个意义上来说,《所容之物》既是一部公路电影也是一部家庭电影。

"在生命中的一天,哪怕一次,我都想感受到我自己,以及每个跟我交谈的人说的话都是有意义的。"

"在为时已晚之前,我想坠入爱河,我不在乎对方是谁。"

"我想要充分地投入生活,而不是坐着在这里计算我的生命还剩多少天。中间地带已经不会再有了。"

从时间视角来看,中间地带就是当下。佩蒂特的年轻角色在镜头前移动,《所容之物》中截取的是一个模拟网络摄像头,在这个镜头下,他们就仿佛身处于一个奇怪的镜子大厅,在那里一直遇到各种各样的人,

---

373 拉斯洛·贝克(László Beke)和米克洛斯·彼得纳克(Miklós Peternák)于1990年对威廉·弗卢塞尔的采访(Flusser 2010)。
374 译者注:克里斯·佩蒂特(1949—),英国导演、作家和评论家。

每个人都想抢走他们的图像。他们为了被看到而自我装扮，同时又试图隐藏在其中——用帽檐，用飘落眼前的头发，用超大尺寸的太阳镜，通过转过头以半侧面示人，等等方式。这种捉迷藏的游戏对我们来说是十分熟悉的，同样也在约翰·卡萨韦蒂斯[375]（John Cassavetes）的早期电影《影子》（*Shadows*，1958）和《面孔》（*Faces*，1968）中，在完全不同的历史环境下出现过。卡萨韦蒂斯的电影中出现了存在主义的阴影人物。"自我技术"[376]是米歇尔·福柯所说的规范化身份的练习。安迪·沃霍尔位于纽约的工厂正是发展这一模式的理想实验室。

《我将成为你的镜子》（"I'll be your mirror"）是一首讲述寻求异在身份的乐曲，它由卢·里德[377]（Lou Reed）在1966年为地下丝绒（Velvet Underground）乐队所创作，并由安迪·沃霍尔工厂的明星人物尼科（Nico）用鼓舞人心的方式演唱："我将成为你的镜子／万一你不知道自己的模样，我会映照出你的真相／我将变成微风、细雨和夕阳／在你在家的时候，照亮你门前的光……让我站起来，证明你的盲目／请放下双手吧／因为我已经看到了你。"拉康意义上的分离（seperation），以及如此多痛苦的原因，通过人与他者、他者与人互相凝视所构成的浪漫化的融合被想象性地克服了，至少是在这样的摇滚诗歌的狂喜时刻。

在越南战争最激烈的时期，威廉·伯勒斯通过技术装置阐明了为什么浪漫主义理想在后浪漫主义中必须被打破。威廉·伯勒斯的著作《电子革命》（*Electronic Revolution*）主要围绕人类和技术系统的控制回路展开，书的封面上是一只在电缆上拉屎的流浪狗。"考虑到身份的信息系统（IS）。当我要成为我、成为你、成为我自己，或其他人——无论我被称为什么，或称为谁人——我不是口头上的'我自己'。英语

375　译者注：约翰·卡萨维蒂斯（1929—1989），美国电影导演、演员和编剧，独立电影运动的代表人物。
376　在互联网语境下对这个概念的讨论可参见 Campanelli (2010)，第173页。
377　译者注：卢·里德（1942—2013），美国音乐家、词曲创作人和诗人。

中的 be 一词，就像病毒一样，包含了预编码的破坏信息，以及永久状态的绝对命令。成为一个身体意味着，不是成为其他任何东西，而是始终维持住这具身体……如果你把我与身体的关系看作飞行员与飞船的关系，那么你就会将强行彻底削弱大脑反应看作身体。如果你告诉飞行员要成为飞机本身，那么谁来驾驶飞机呢？"[378]

通过对欧洲和北美技术社会年轻人的生活进行表面的、悲观的观察之后，我们可以得出这样一个结论：他们虽然与周围的人非常熟悉，但同时也竭力使自己与他人格格不入。这是对阿甘本式修辞的激进延伸，法国理论团体"提克群"（Tiqqun）对这种任意的奇异性持有高度评价。这种奇异性概念旨在对控制论权力效应进行批判，但是这一概念也带有转变为法西斯行动的危险。激进的任意性不对他人负责，会危害到个体的不可侵犯性。

确定的是，那些把工作时间和业余时间花在社交网络上的人并不会形成一个传统意义上的维持紧密联系的社群。所有沟通都出于阻塞、中断、分离和缺陷的经验。然而，被连接的个体也不可能是完全随机的奇点，因为随着所有这些有吸引力的用户界面和背书的出现，远程信息装置早就具有了身份生成功能。通过他们彼此之间的技术交流，形成了积极的人际关系，从而构成了一个社区，这就是他们所期望的。然而，当远程通信是唯一使社区在其永久更新中具有暂时稳定性的元素时，它就可能会退化为某种随心所欲的任性态度。

每一代人都创造了自己的天堂，每一代人都需要自己设法进入被称为乌托邦的热望和许诺的非地点（non-locations），他们有权这样做。所谓社交网络上的普通用户既是有效的产品代言人、传播者和产品本身，也是寻找有意义事物以及尊重的独立个体，他们的期望远远超出

---

[378] William S. Burroughs, *Electronic Revolution*, also available online: http://archive.groovy.net/dl/elerev2.html accessed 10/22/2012.

了友谊和日常幸福时刻的统计预期。他们不希望仅仅成为一个由同功能性网络连在一起的人，在其中，他们所能拥有的最佳感觉无非就是永久连接在一起。他们的交流活动其实是出于这样一种希望，即技术世界的友谊或许可以扩展到此时此地的体验。也许在网络的那一边有人能够倾听，并且说着一种与那些精明的分销商和会议记录者截然不同的话语。

那些与科技社交网络交织在一起或迷失其中的人，也许在寻找平凡自我的无数碎片的反映（对于奇观而言，这些微小的显示器并不适合）。另一方面，他们活动的核心吸引力是渴望寻找他们自己存在和行动的对等物，就是那个"你"，即便这种凝视的具体表达只是一种投射。

这并不一定是在寻找唯一的神明，或上帝。然而，如果我们以这样一种方式理解他者的世界，就像激浪派艺术家沃尔夫·沃斯特尔曾在一次谈话中提到的，上帝就"在每一个微笑中，每一次爱抚中，自然地在每一个特殊的温柔行动中显现"[379]，那么我们就可以在这里使用这个大词。战后先锋派将生活与艺术等同，许多人至今仍对此钦佩不已。那么，当那些在数字文化中长大的人将传播与生活相等同时，我们为什么会对他们报以不解的反应呢？

黑格尔的《法哲学原理》（Elements of the Philosophy of Right）是德国最富有成效地对哲学概念进行严格定义的文本之一。在对"国家"一章的补充（§270）中，黑格尔作了一个区分——我将用在下文的《宣言》中，即关于"存有（exsiting）"和"存在（being）"的区分，这不仅在海德格尔哲学中扮演重要角色，也是实存与本质（existentia and essentia）、现存（merely extant）与绝对存在（unconditional being）的区别。这些关于什么是本质的不同概念，贯穿了整个西方思想的历史。

在《法哲学原理》中，这一区分涉及个体与整体的联系问题，这种

---

[379] 引自 Vostell, Leben=Kunst=Leben (1993), p. 145。

联系是否被感知和反映为一种必然性,或者其特殊性是否被视为充分;简单地说,"实在性始终是普遍性与特殊性的统一,普遍性分解为特殊性;尽管后者需要依靠整体来维持,但仍保持自给自足的状态。如果这种统一不存在,那就没有任何东西是实在的(actual),即便假定它存有(have existence)"。[380]

看看今天年轻人所谓的互联网社交网络,在某种程度上与黑格尔对国家的看法相似。我区分了两种生活:一种是仅仅参与基于技术的交流与传播,同时通过这一行为试图在那个模糊的"网络社区"构建自己的存在;另一种是意识到其传播行为的错综复杂,并且能在广义上相对独立地实现自我,而不依附于任何灾难性的本质统一观念。总的来说,这两种类型相当于两种不同的主体,一个是在很大程度上仅仅起到功能性作用(因此是受制于人)的主体,另一个是有勇气保持自主,有时又有能力逃离自我的主体。从对话哲学的角度来看,这种主体以与他者交流的意图为前提,包括以(技术)实验的方式。

如果我们把这两种模式理解为同一个尺度上的不同程度,那么存有(existence)就更多地和特殊中的普遍(the universal in the particular)联系在一起,而存在(being)则首先要感知普遍中的特殊(the particular in the universal)。上帝可以存有(exist),但不能存在(be);人类可以存在(be),但是它们绝不可能仅仅存有(exist)。这也是一个时间意识的问题,并与机器交流密切相关。在网络中存有,首先意味着在现实模式下(in the actualitas mode)行动和感知,以技术心理的方式参与更新。而存在(being)的深刻时间体验包含了更新,但并不被其吸纳,在下文的宣言中,我讨论了一些基本的先决条件,它们会让这个区分对

---

[380] Hegel, *Grundlinien der Philosophie des Rechts*, Dritter Teil: Die Sittlichkeit, Dritter Abschnitt: Der Staat. Zusatz zu § 270, in: G.W. Hegel (Frankfurt 1986), vol. 7, p. 428f;英文版本:Georg Wilhelm Friedrich Hegel, *Elements of the Philosophy of Right*, ed. Allen W. Wood, trans. H.B. Nisbet, Cambridge University Press, 1991,§ 270, p. 302。

于个体而言保持有效并再度发挥作用。在新千年来临之际,《线车宣言》(*The Cluetrain Manifesto*, 2000)郑重宣布,在数字网络条件下,所有商业市场都基于对话。而相反,我坚持认为,并非所有的对话都必然构成市场。

在构思我的思想时,有几篇试图以全称形式(appellative)来阐述理论的文本对我有很大的帮助。1983 年 5 月,乔治·切萨诺发表了对乔治·巴塔耶致敬的文章。他的小册子共有 98 个条目,围绕着处于生产力狂热/妄想的霸权统治下的主体心理状态的变化。"至高无上的对象是虚构的主体,是升华的商品,它只在一种空虚的形式中凝聚。它是一个身体,一个空虚的身体,是自我的商标。人们所说的是声音,是空虚中的声轨。无论有没有吉他,每首歌都在培育缺席感,它庆祝过去的和未曾存在的无所不能,离不开对未来欠债的歉疚。因此,存在(being)仅建立在记忆中。"[381]

我的宣言的标题是向工业鼎盛时期的两部作品致敬。理查德·冯·克拉夫特-埃宾(Richard von Krafft-Ebing)[382]男爵的《性欲病理学》(*Psychopathia sexuali*, 1886)和奥斯卡·帕尼扎(Oskar Panizza)[383]的《犯罪者普西帕蒂亚》(*Psichopatia criminalis*, 1898)。精神病学家和法医学家克拉夫特-埃宾对性变态行为进行了细致研究。令人钦佩的是,他成功地在多种多样的异端现象和科学家的整合观念之间保持了平衡。帕尼扎的小册子仿照了克拉夫特-埃宾的著作,表面看似是一本识别犯罪行为能量和表现的指南,实际上却是一本离经叛道的手册,讲述作为服从权威必然导致的忧郁、痛苦和偏执狂。如帕尼扎在第一段有关大脑偏瘫,即大脑软化的部分写道:"只有当他们与感染者和绝望者……

381　Cesarano (1983), §61, p. 721.
382　译者注:理查德·冯·克拉夫特-埃宾(1840—1902),奥地利精神科医生和法医学家,主要研究性心理学。
383　译者注:奥斯卡·帕尼扎(1853—1921),德国医生、作家和剧作家。

与左翼自由主义者与精神病院的病人交流时，种子才开始在这些年轻人心中生长，其中一些人可能曾经渴望加入基督教青年会，在那里他们啜饮纯真之茶……并表现出对邪恶令人毛骨悚然的激情。"

媒介精神病态预防手册［宣言］

1 与先进思想和先进技术有亲和力的艺术和理论需要最大限度的流动性（movability）。这种流动性与我们日复一日所需要的和所宣称的内在的必要条件不同。流动性本身不会被剥削，相应地，它也不是剥削性的。我们的流动性只需要最少财产——尽管是精心挑选的。它培养了一种漂泊的生活方式，试图在没有规定纪律的情况下在世界中寻找方向。从最好的意义上来说，它都是无纪律的，且无法被规训（disciplined）。这是一种对理论与实践的诉求，要求这种理论与实践位于学科（disciplines）之间，位于划定的领域之间，位于权力装置（dispositifs of power）之间，米歇尔·福柯将权力装置首先概括为性、真理和知识。对此，我们可以加上一种对无条件联通的意志（will）。

2 全球化是一个与经济、文化和政治权力密切相关的概念。这个词源于一个与特殊性和艺术都无关的词。我们关心的是能在全球范围内推进我们的工作，并在不陷入此类（预设）决定的陷阱的情况下完成这一点，这就意味着我们需要其他的概念和取向。恰恰是诗人和哲学家，而非政治或者意识形态的战略家，可能可以提供这些概念，例如来自马提尼克岛的爱德华·格利森特（Édouard Glissant）[384]。格利森特将"世界性"（mondialité）这一概念与"世界化"（mondialisation）相对立，后者将全球化描述为一个统一体。雅克·德里达也高度评价了"世界性"这一概念。世界性描述了这样一种世界关系，它不以其理性目的来定义，而是作为"关系之诗"。

---

[384] 译者注：爱德华·格利森特（1928—2011），法属马提尼克岛的作家、诗人、哲学家和文化理论家。

在这个意义上，借助先进思想和媒介创造的艺术和理论可以成为"世界性的"（mondailé）理论与实践。

3 在存在疑虑以及有多种选择的情况下，为了可能性而作出冒险决策，比在现实的方向上而作出务实决策更为合适。作出决策的需求已经加剧。过去400多年来，现代科学、技术和艺术一直致力于把看不见的东西变得可见，把难以觉察的东西变得可感。通过将自然转化为二进制数据，这一过程在系统呈现社会关系（包括它们的微观结构）方面取得了巨大进展。技术世界越是被设计为把不可能实现为可能——也就是说，使它运作起来，就越值得尝试去面对可能本身的不可能性。这将是一个开放项目，作为一种可替代性方案，将控制论确立为一种文化和社会技术。

4 在最先进的社会中，先进意味着这个社会中工业和服务都以技术为基础——我们将生活在一个永久的测试环境（testing situation）中。我们的环境就像是一个测试部门，这也是20世纪80年代来自苏格兰格拉斯哥的一个伟大乐队（测试部门，Test Dept）的名字。那些几乎还未见天日的想法和概念全部要接受试验，以测试它们在市场上的可行性。在精心设计的艺术过程中则相反，实验总是优先于测试。实验有很高的自由度，包括可以容纳失败的可能性。而测试与明确定义的目的和预先设定的目标有关，这些目标必须得到满足。测试是为了最终创造产品。因而在测试中，输入和预期输出总是尽可能紧密地联系在一起。

5 在现代早期，炼金术师实验室的吸引力不主要在于制造闪闪发亮的黄金。相反，它的迷人之处在于，它们是可以获得深刻经验的地方，这些经验涉及将不够完美的东西转变为更完美的活跃过程。这个过程本质上是研究的一部分，而且转化者本人的转变与物质的转变一样重要。

6　通过媒介实现的艺术理论和实践，不应把精力浪费在修正和恢复世界上，而应用在永无止境的实验当中，即去创造一个比当下更好的世界，这些实验永远不会是徒劳的。因为媒介艺术是基于时间的艺术，它们都是在一个时空连续体中被实现的，所以有一件事情至关重要，那就是，把被生活夺走的时间归还给那些观看和欣赏这些作品的人（戈达尔）。

7　为了占据技术和文化力量的中心而付出的巨大努力和能量是不值得的。在边缘地带的活动具有更大的自由度，给人带来更多的享受和惊喜。这些边缘活动并不排除偶尔穿越中心到达边缘上的其他地方。相反地，只有当一个人非常了解中心地带的特质及其运作机制时，才适合长久地生活在边缘。只有这样，他才能真正享受边缘活动。

8　至少从很多方面来看，保持双重身份是成为在艺术、装置以及与之相关的理论领域中积极分子的基本要求。用经济术语来讲，这意味着要掌握游击战术，并了解商人是如何思考和行动的（佩索阿）。对那些不得不与众多复杂装置打交道的人来说，仅仅成为一个诗人和思想家是远远不够的。从长远来看，他们还需要调度和组织方面的经验。懒散的态度在通过媒体实现的艺术理论和实践中是不可接受的。

9　想象力和数学从来都不是不可调和的对立面，未来也会如此。人们可以把它们当作两种不同的、互补的可能性来理解、分析，或通过第三种方式来构建世界。纯粹数学的最高境界只有通过想象才能达到，反之亦然。想象力也需要善于运用计算和运算。无论如何，在它们各自的自治领地中，彼此都是不可侵犯的。

10　一个人不一定非得是工程师或程序员才能通过设备创造出令人激动和鼓舞人心的事物与过程。然而，了解工程师和程序员是如何思考和工作的能给人带来显著优势。如果一个人不尊重他人的工作和工作方法，是不可能完成复杂项目的。

11 对那些决定严格运用先进技术的艺术家来说，仅仅作为一个操作者或魔术师是不够的。对世界的实验性探索需要介入，也需要准备好成为采用实践方法行动的行动者。最好的方式应该是：魔术的操作者或者操作的魔术师。是时候停止把瓦尔特·本雅明在70多年前称为"机械复制时代的艺术作品"看作无限模拟时代中艺术过程的对立物了。

12 社会和政治的宏观世界，就像个体大脑的微观世界一样，受到巨大张力关系的影响，这种张力一次又一次威胁着要把两者分开。不是只有精神病学家或精神分析学家才能从事由先进的思想和技术生产的艺术理论和实践。然而，了解他们在由审查制度和想象力的开放区域所组成的张力场域中的运行方式还是颇有裨益的。这就是为什么精神病学家和哲学家亨德克·埃姆里希成为我最重要导师之一的原因。

13 梦是最强大的精神机器；我们无法控制它们，但我们可以从中获益良多。滋养自己的梦想，同不断组织日常生活的持续实践一样重要。我们应该把别人的梦想留给别人去关心。解释梦的活动与控制梦的活动密切相关。这就是为什么我们不会信任那些想知道我们梦到什么并且要解释我们梦境的人。

14 先进的思想和技术所产生的艺术，并不一定要增加世界的神秘感，也不一定要增加那些显而易见或不言而喻之物的数量。在没有艺术家和理论家帮助的情况下，这两者都已经足够多了。

15 对视觉艺术来说，最困难的平衡是如何利用有形资源来表达无形的东西。这同样也适用于声音世界和诗歌世界，即把音调上无法想象的东西变得能被听觉所感知，把语言中无法表达的东西用一种具有最大可能的自由度的形式表达出来。艺术最重要的任务是利用美学手段和工具，唤起人们对"他者"、对与我们不同的事物、对原则和本质上异类的事物的敏感性。无论我们用什么媒介来表达自己，艺术的这项任务都不会改变。

16 当不同层次的人工现实（如模拟仪器、记录设备、计算机、程序、数字工具等）在美学创作中紧密混合在一起，以致它们难以区分的时候，凸显不同层次的技术结构的必要性就退居幕后了，就像经典先锋派所做的那样。至少，所有设计参数都可以在自由的关系中汇聚在一起。

17 在火山口的高原上起舞不仅会误导人们成为专业的业余爱好者，而且会误导人们把热情的业余爱好者奉为审美活动的指导范式。在垂直高度上勇敢攀登有助于避免人们在诱人的平坦高原上不断滑倒。然而，这两种运动我们都需要——垂直和水平，我们也需要一个优雅的结尾，从两条线的交叉点跳下来。（纪念迪特马尔·坎普）。

18 把自己的所思所想实时保存在网络上的想法是可怕的（以生活日志的形式）。这是一种试图将有限记忆和有限生命延长到永恒的努力。"恒今项目"(Long Now project)将一个时刻人为地延长到至少一万年，这同样令人发指。通过这种方式，不堪重负的现代自我试图为未来保存自己。持续整个时期的人造天堂只能是人造的，它类似于那些能减缓时间感知的药物所引发的时间延长。针对这一点，我们的建议是要重新发现享受当下的能力，例如享受作为一种实践的实验文化。

19 为了避免因陷入时间的困扰而变得偏执，也为了避免在时间中显得渺小而认为自己处在土星环的忧郁和痛苦之中，培养有意识的分裂是很有帮助的。我们在技术网络中组织、学习、辩论和自娱自乐。我们在独立自主的情境中思考、享受、相信和信任，有时也会和其他个体在一起。这相当于一种平衡行为：在有生之年，我们必须学会同时在线存在与离线存在。如果我们做不到这一点，我们就只能成为我们所创造的世界的附属物，仅仅是其技术功能。我们不应该让控制论取得这种胜利，它是对复杂事件进行最佳控制和可预测性的科学。

20　正如年轻的维特根斯坦在《逻辑哲学论》（*Tractatus logico philosophicus*）中写道的，主体性是一种极限活动。这一点并没有改变。甚至在欧洲现代的主权个体主体以各种方式被宣告死亡之后，这一点也没有改变，只不过边界发生了移动。但事实上这种限制的存在还没有被消除。

21　就像天堂和地狱一样，互联网没有固定的位置。然而，身体和心灵一次只能呆在一个地方。为了防止网络进一步神圣化，有必要与其建立一种世俗关系。这只能从位于网络之外的某个地方来实现。餐馆和酒馆与市场、音乐厅和体育场有着不同的公共领域的特质。

22　互联网是一个非定位场所（non-locations），人的身体和思想在其中被挥霍。然而，无论这些受众被认为是强大的还是脆弱的，都不该放任他们挥霍的意愿。总之，现在是时候思考谁会从这种挥霍中获利了。

23　目前我们所致力于解决的最大困境是个体和个体之间的关系，以及由此产生的许多人之间的关系。巴塔耶认为，友谊是一种在与他人共享的世界中感受到的陌生性。米歇尔·德·蒙田（Michel de Montaigne）按照亚里士多德的定义，将友谊定义为一个星座，一个灵魂同时存在于两个不同的身体中，因此给予和索取都不是问题。"在餐桌上，我喜欢愉快和机智胜过博学和庄重；在床上，美丽胜过善良；在一般对话中，无论真诚与否，我独爱能言善辩的讲者。"[385] 朋友之间关系的特点是不带任何目标和意图的权衡。这种缺失并不是一种缺陷，而是对丰富体验的最大可能性的反映。从这个不可能的观点出发，社会性作为一种积极的体验、一种感觉，仍然是可以想象的——就像过去和现在一样。

385　De Montaigne (2005), p. 16.

参考文献

1. Adorno, Theodor W., and Max Horkheimer (1968), Kulturindustrie. Aufklärung als Massenbetrug, in: *Dialektik der Aufklärung, Philosophische Fragmente*, Amsterdam; English edition: (2002), *Dialectic of Enlightenment*, ed. G. Schmid Noerr, trans. E. Jephcott, Stanford University Press.
2. Adorno, Theodor W., and Max Horkheimer in conversation with Karl-Heinz Stockhausen (2008), spring 1960, recorded by the radio broadcaster *Hessischer Rundfank HR2*, released 22. 8. 2008.
3. Agamben, Giorgio (1999a), Nie soll der Mensch so viel aushalten müssen, wie er aushalten kann, in: *Drucksache N. F. 1 Paul Virilio*, Berlin.
4. Agamben, Giorgio (1999b), *Remnants of Auschwitz. The Witness and the Archive*, trans. Daniel Heller-Roazen, New York: Zone Books.
5. Agamben, Giorgio (2002), *Homo sacer. Die souveräne Macht und das nackte Leben*, Frankfurt a. M.
6. Agamben, Giorgio (2003a), *Die kommende Gemeinschaft*, Berlin; (1993) *The Coming Community*, trans. Michael Hardt, Minneapolis: University of Minnesota Press.
7. Agamben, Giorgio (2003b), *Das Offene. Der Mensch und das Tier*, Frankfurt a. M.
8. Agamben, Giorgio (2005), *Profanierungen*, Frankfurt a. M.; *Profanations* (2007), trans. Jeff Fort, New York: Zone Books.
9. Agamben, Giorgio (2008), *Was ist ein Dispositiv?*, Zurich, Berlin; (2009) *What is an Apparatus?*, trans David Kishik and Stefan Pedetella, Stanford CA: Stanford University Press.
10. Agamben, Giorgio (2009), *Signatura rerum. Über die Methode*, Frankfurt a . M.
11. Agamben, Giorgio(2010), *Nacktheiten*, Frankfurt a. M.
12. *Almanacco Letterario Bompiani 1962* (1962), Milan.
13. *Almanacco Letterario Bompiani 1963* (1963), Milan.
14. Anders, Günther (1980), *Die Antiquiertheit des Menschen, Vol. I: Über die Seele im Zeitalter der zweiten industriellen Revolution*, Munich.
15. Badiou, Alain, Jacques Rancière (1996), *Politik der Wahrheit*, Vienna, Berlin.
16. Baecker, Dirk (2007), *Studien zur nächsten Gesellschaft*, Frankfurt a. M.

17. Balestrini, Nanni (2008), Attività combina torie. A partire dal *Tristano* di Nanni Balestrini, in: *Il Verri*, no. 38, Special Issue on Nanni Balestrini, October 2008.
18. Balestrini, Nanni (2010), *Tristano. No. 7852 von 109027350432000 möglichen Romanen*, Frankfurt a. M.
19. Bartels, Klaus (2000), Erinnern, Vergessen, Entinnern . Das Gedächtnis des Internet, in: *Lab—Jahrbuch 2000 für Künste und Apparate*, ed. Thomas Hensel, Hans Ulrich Reck, and Siegfried Zielinski, Cologne.
20. Barthes, Roland (2010), *Mythologies*, édition illustrée, Paris; English edition: (1972), *Mythologies*, trans Annette Lavers, London, Paladin.
21. Bast, Gerald, and Brigitte Felderer (eds.) (2010), *Art and Now. Über die Zukunft künstlerischer Produktivitätsstrategien*, Vienna.
22. Bataille, Georges (2000), Die innere Erfahrung nebst Methode der Meditation und Postskriptum von 1953, *Atheologische Summe (La somme atheologique)* vol. 1 , Munich.
23. Bataille, Georges (2002), Die Freundschaft und Das Halleluja, *Atheologische Summe (La somme atheologique)* vol. 2, Munich; *The Unfinished System of Non-knowledge*(2001), ed. and introduction by Stuart Kendall, trans. Michelle Kendall and Stuart Kendall, Minneapolis MN: University of Minnesota Press.
24. Baudry, Jean-Louis (1975), Le dispositif: Approches métapsychologiques de l'impression de réalité, in: *Communications* no. 23 "Psychanalyse e t cinéma," pp. 56-72.
25. Baudry, Jean-Louis (1993), Ideologische Effekte erzeugt vom Basisapparat, in: *Eikon*, no. 5, pp. 34-43.
26. Baumgärtel, Tilman, Büro Friedrich (2002), [plug in] (ed.), *Installexe-Jodi*, Basel.
27. Bellmer, Hans (1962), *Die Puppe*, Berlin.
28. Bellmer, Hans, Hans Bellmer (1975), *Obliques*, Special Issue, Paris.
29. Benjamin, Walter (2002), *Medienästhetische Schriften*, ed. Detlef Schöttker, Frankfurt a. M.
30. Bense, Max (1960), *Programmierung des Schönen. Allgemeine Texttheorie und Textästhetik*, Baden-Baden, Krefeld.
31. Bense, Max (1965), Projekte generativer Ästhetik, in: M. Bense and Elisabeth Walther (eds.), *computer-grafik*, Edition Rot, no. 19, Stuttgart, pp. 11-13.
32. Bense, Max (1968), Estetika i programiranje/Ästhetik und Programmierung, in: *bit international I*, Galerije grada Zagreba, Zagreb.
33. Bense, Max (1998), Technische Existenz, in: M. Bense, *Ausgewählte Schriften, vol. 3. Ästhetik und Texttheorie*, Stuttgart, Weimar.
34. Beuys, Joseph (1996), *Konzert Joseph Beuys, Coyote III, Nam June Paik, Piano Duet*,

Berlin.
35. Black, Edwin (2001), *IBM and the Holocaust. The Strategic Alliance between Nazi Germany and America's Most Powerful Corporation*, New York.
36. Blumenberg, Hans (2009), *Geistesgeschichte der Technik*, Frankfurt a. M.
37. Borrelli, Arianna (2008), Aspects of the Astrolabe. *Architectonica ratio* in tenth and eleventh-century Europe, in: *Sudhoffi Archiv*, no. 57, Stuttgart.
38. Brecht, Bertolt (1967), *Gesammelte Werke, Vol. 16, Schriften zum Theater 2*, Frankfurt a. M.; English edition: (1964), *Brecht on Theatre. The Development of an Aesthetic*, ed. and trans. John Willett, Methuen: London.
39. Brzeziński, Zbigniew (1970), *Between Two Ages. America's Role in the Technetronic Era*, Viking Press, New York.
40. Buber, Martin (2009), *Das dialogische Prinzip*, Gütersloh.
41. Burroughs, William, S. (1970), *Die elektronische Revolution*, Bonn.
42. Caillois, Roger (n. d.), *Die Spiele und die Menschen—Maske und Rausch*, Munich, Vienna; English edition: (1961), *Man, Play, and Games*, Urbana, IL.
43. Campanelli, Vito (2010), *Web Aesthetics: How Digital Media Affect Culture and Society*, Rotterdam.
44. Cesarano, Giorgio (1983), *Der erotische Aufstand*, Berlin.
45. Chapman, Jake (2003), *Meatphysics*, London.
46. Chapman, Jake, Dinos Chapman (2005), *Hell, Sixty-five Million Years BC; Sex, Death, Insult to Injury; The Chapman Family Collection*, ed. Eckhard Schneider, Bregenz.
47. Chapman, Jake, Dinos Chapman (2007), *Jake and Dinos Chapman*, New Art Up-Close 3, London.
48. Chapman, Jake (2008), *The Marriage of Reason and Squalor*, London.
49. Chapman, Jake (n. d.), Jake and Dinos, *Disasters of War*, n.p.
50. Chopin, Henri (2006), *gmphpoemachines. sculture magnetiche e dattilopoemi / magnetic sculptures and typewriterpoems*, Sordevolo.
51. Cohen-Séat, Gilbert (1963), La civiltà dell'immagine, in: *Almanacco Letterario Bompiani 1963*, Milan.
52. *Communications* (1975), no. 23 "Psychanalyse et cinéma," Paris.
53. Dahlmüller, Götz, Wulf D. Hund, and Helmut Kommer (1974), *Politische Fernsehfibel: Materialien zur Klassenkommunikation, Strategien für Zuschauer*, Reinbck.
54. De Landa, Manuel (1997), *Meshworks, Hierarchies and Interfaces*, online: http: //www.

t0. or.at/delanda/meshwork.htm.

55. Deleuze, Gilles (1989), *Das Bewegungs-Bild. Kino I*, Frankfurt a. M.
56. Deleuze, Gilles (1990), *Das Zeit-Bild. Kino II*, Frankfurt a. M.
57. Derrida, Jacques (2000), *Grammatologie*, Frankfurt a. M.
58. Derrida, Jacques (2001), *Die unbedingte Universität*, Frankfurt a. M.
59. Diederichs, Helmut H. (1973), *Konzentration in den Massenmedien. Systematischer Überblick zur Situation in der BRD*, Munich.
60. Dröge, Franz (1972), *Wissen ohne Bewuftsein*, Frankfurt a. M.
61. Dwoskin, Stephen (1975), *Film Is: The International Free Cinema*, London.
62. Ellul, Jacques (1973), *Propaganda. The Formation of Mens Attitudes*, New York.
63. Enzensberger, Hans Magnus (1976), Von der Unaufhaltsamkeit des Kleinbürgertums. Eine soziologische Grille, in: *Kursbuch 45*, Berlin.
64. Enzensberger, Hans Magnus (2000), *Einladung zu einem Poesie-Automaten*, Frankfurt a. M.
65. Fargier, Jean-Paul (1992), Die letzte Analogie vor dem Digitalen, in: *Video: Apparat/ Medium, Kunst, Kultur*, ed. Siegfried Zielinski, Frankfurt a. M.
66. Fierz-David, Hans Eduard (1952), *Die Entwicklungsgeschichte der Chemie*, Basel.
67. Figuier, Louis (1868), *Les Merveilles de la science ou description populaire des inventions modernes. [1], Machine à vapeur. bateaux à vapeur. locomotive et chemins de fer, locomobiles, machine électrique, paratonnerres, pile de Volta, electro-magnétisme*, Paris.
68. Flusser, Vilém (1983), *Für eine Philosophie der Photographie*, Göttingen; English edition: (2000) *Towards a Philosophy of Photography*, London: Reaktion Books.
69. Flusser, Vilém (2000), Von den Möglichkeiten einer Leibkarte, in: *Lab: Jahrbuch 2000 für Künste und Apparate*, published by the Academy of Media Arts Cologne (KHM) and the Friends of the KHM, Cologne.
70. Flusser, Vilem (2008), *Kommunikologie weiter denken: Die Bochumer Vorlesungen*, ed. Silvia Wagnermaier and Siegfried Zielinski, Frankfurt a. M.
71. Flusser, Vilém (2010), *We Shall Survive in the Memories of Others*, DVD, ed. C3 Budapest and the Vilém Flusser Archive Berlin, Cologne.
72. Foucault, Michel (1974), *Die Ordnung der Dinge. Eine Archäologie der Humanwissenschaften*, Frankfurt a. M.
73. Foucault, Michel (1978), *Dispositive der Macht: Über Sexualität, Wissen und Wahrheit*, Berlin.

74. Franke, Herbert W., Gottfried Jäger (1973), *Apparative Kunst: Vom Kaleidoskop zum Computer*, Cologne.
75. Fuller, Matthew (2003), *Behind the Blip. Essays on the Culture of Software*, New York.
76. Galloway, Alexander R. (2008), The Unworkable Interface, in: *New Literary History* vol. 39, no. 4.
77. Galloway, Alexander R., Eugene Thacker (2007), *The Exploit. A Theory of Networks*, Minneapolis, London.
78. Galloway, Anne (2008), A *Brief History of the Future of Urban Computing and Locative Media*, PhD diss., Carleton University Ottawa , www.purselipsquarejaw.org/dissertation.html, 10.4.2011
79. Georgiadis, Sokratis (1989), Giedions Versuch einer ästhetischen Theorie der Moderne, in: *Sigfried Giedion 1888-1968. Der Entwurf einer modernen Tradition*, Zurich, pp. 17-29.
80. Giedion, Sigfried (1948), *Mechanization Takes Command*, Oxford.
81. Glaesemer, Jürgen (1987), *Die Gleichzeitigkeit des Anderen. Materialien zu einer Ausstellung*, Stuttgart, Teufen.
82. Grafe, Frieda (1976), Ein anderer Eindruck vom Begriff meines Körpers. Friederike Pezold: Video, Zeichnungen und Fotos, in: *Filmkritik*, vol. 20, no. 231.
83. Graham, Beryl, Sarah Cook (2010), *Rethinking Curating. Art after New Media*, Cambridge.
84. Grawert-May, Erik (1980), *Zur Entstehung van Polizei- und Liebeskunst. Versuch einer anderen Geschichte des Auges*, Tübingen.
85. Gysin, Brion (1986), *Calligraphies, Permutations, Cut ups*, Paris.
86. Gysin, Brion (2010), *Dream Machine*, ed. Laura Hoptman, London.
87. Habermas, Jürgen (1984), *The Theory of Communicative Action, vol. 1, Reason and the Rationalization of Society*, trans. Thomas McCarthy, Boston, MA: Beacon Press.
88. Hadler, Florian (2010), Virus, iPhone, Dispositiv. Potential und Gren zen einer Metapher, in: Ästhetik und Kommunikation no. 149/150.
89. Hadler, Florian (2011), *Denken nach den Medien*, Diploma thesis, University of the Arts Berlin.
90. Hartwig, Wolfgang (1955), *Physik als Kunst: Über die philosophischen Gedanken Johann Wilhelm Ritters*, PhD diss., Freiburg i. B.
91. Heath, Stephen (1997), Der kinematographische Apparat. Technologie als historische und kulturelle Form, in: R. Riesinger (ed.), (2003), *Der kinematographische Apparat. Geschichte und Gegenwart einer Debatte*, Nodus, Münster.

92. Hegel, Georg, Wilhelm Friedrich (1983), *Enzyklopädie der philoso phischen Wissenschaften im Grundrisse, Part 2: Die Naturphilosophie mit den mündlichen Zusätzen*, Collected Works, vol. 9, Frankfurt a. M.; English edition: (1970) *Hegel's Philosophy of Nature*, ed. and trans. M. J. Petry, vol. 2, London: George Allen & Unwin.
93. Hegel, Georg, Wilhelm Friedrich (1986), *Grundlinien der Philcsophie des Rechts*, Collected Works, vol. 7, Frankfurt a. M.
94. Hendricks, Jon (1988), *Fluxus Codex*, Detroit, New York.
95. Hübener, Wolfgang (1986), *Der dreifache Tod des modernen Subjekts*, manuscript from the seminar "Das unterwürfige Subjekt. Stationen neuzeitlicher Selbstentmächtigungsemphase," Philosophy institute, Free University Berlin, winter semester 1986/1987; see also: homepage.ruhr-uni-bochum.de/michael.renemann/Huebener_Tod_des_Subjekts.pdf.
96. *Interfacing Realities* (1997), by Knowbotic Research, William J. Mitchell, Stephen Perrella, Stacey Spiegel, Siegfried Zielinski, Rotterdam.
97. *Irren-Offensive, Die Zeitschrift von Ver-rückten gegen Psychiatrie* (1999), no. 8, Berlin.
98. Jones, Joe (1990), *Music Machines from the Sixties Until Now*, Berlin.
99. Kamper, Dietmar (1978), Maske, Schminke, Mimikry. Über Strategien der Nicht-Identität, in: *Make Up*, ed. U. Brüning, U. Hiersch, J. Kraft, and U. Raulf, Werdorf.
100. Kamper, Dietmar (1989), Das Auge: Zur Geschichte der audiovisuellen Technologie. Narziss, Echo, Anthropodizee, Theodizee. D. Kamper in conversation with Bion Steinborn and Christine Eichel-Streiber, in: *Filmfaust*, no. 74.
101. Kittler, Friedrich (1984), *Aufschreibesysteme 1800/1900*, Munich.
102. Kittler, Friedrich (1986), *Grammophon−Film−Typewriter*, Berlin; English edition: (1999), *Gramophone, Film, Typewriter*, trans. Geoffrey Winthrop-Young and Michael Wutz, Stanford.
103. *Klassenmedium Fernsehen* (1973), published an edited by the Neue Gesellschaft für Bildende Kunst, Arbeitsgruppe Massenmedien (Knut Hickethier, Peter Jim Kruse, Erwin und Karin Reiss, Barbara Scholtyssek, Irene Tietze-Lusk, and Ernst Volland), Berlin.
104. Kleinrock, Leonard (1961), *Information Flow in Large Communication Nets*, Proposal for a Ph. D. Thesis, Boston, MA, 31 May 1961, www.lk.cs.ucla.edu/LK/Bib/REPORT/PhD/, 26. 12. 2010.
105. Knilli, Friedrich (ed.) (1971a), *Die Unterhaltung der deutschen Fernsehfamilie. Ideologiekritische Kurzanalysen von Serien*, Munich.
106. Knilli, Friedrich, Erwin Reiss, and Karin Reiss (illustrations) (1971b), *Einführung in*

die Film- und Fernsehanalyse. Ein ABC für Zuschauer, Steinbach.

107. Knilli, Friedrich, Siegfried Zielinski (eds.) (1982), *"Holocaust" zur Unterhaltung. Anatomie eines internationalen Bestsellers*, Berlin.

108. Kolbe, Jürgen (ed.) (1973), *Neue Ansichten einer künftigen Germanistik*, Munich.

109. *Konkursbuch. Zeitschrift für Vernunftkritik* (1980), no. 5, Tübingen.

110. *Konkursbuch. Zeitschrift für Vernunftkritik* (1981), no. 7, Tübingen.

111. Kostelanetz, Richard (ed.) (1973), *John Cage*, Cologne.

112. Krafft-Ebing, Richard von (1886), *Psychopathia sexualis: Eine klinisch-forensische Studie*, Stuttgart.

113. Krauss, Rolf H., Manfred Schrnalriede, and Michael Schwarz (eds.) (1983), *Kunst mit Fotografie*, Berlin.

114. Lacan, Jacques (1975), Das Spiegelstadium als Bildner der Ichfunktion wie sie uns in der psychoanalytischen Erfahrung erscheint. Report at the 16th International Congress of Psychoanalysis, Zurich, 17 July 1949, in: *Schriften I.*, Frankfurt a. M.

115. Lasswell, Harold Dwight (1971), *Propaganda Technique in World War I.*, Cambridge, MA, London.

116. Lévi-Strauss, Claude (1981), *Die elementaren Strukturen der Verwandtschaft*, Frankfurt a. M; English edition: (1969), *The Elementary Structures of Kinship*, ed. Rodney Needham, trans. J.H. Bell, J.R. von Sturmer, and Rodney Needham .

117. Lévy, Pierre (1987), *La machine univers. Création, cognition et culture informatique*, Paris.

118. Lévy, Pierre (1990), *Les technologies de l'intelligence*, Paris.

119. Lévy, Pierre (1997), *L'intelligence collective. Pour une anthropologie d u cyberspace*, Paris.

120. Lévy, Pierre (2001), *Cyberculture*, trans. Robert Bonanno, Minneapolis, University of Minnesota Press.

121. Levine, Rick, Christopher Locke, Doc Searls, and David Weinberger (2000), *The Cluetrain Manifesto*, New York.

122. Lewallen, Constance M. (2001), *The Dream of the Audience: Theresa Hak Kyung Cha, 1951-1982*, Berkeley, Los Angeles, London.

123. Link, David (2006), There Must Be an Angel. On the Beginnings of the Arithmetics of Rays, in: *Variantology 2. On Deep Time Relations of Arts, Sciences and Technologies*, Cologne.

124. Link, David (2007), *Poesiemaschinen/Maschinenpoesie. Zur Frühgeschichte computer-

isierter Texterzeugung und generativer Systeme, Munich.
125. Link, David (2010), Scrambling T-R-U-T-H: Rotating Letters as a Form of Thought, in: *Variantology 4*, Cologne.
126. Linke, Detlef, B. (2001), *Kunst und Gehirn. Die Eroberung des Unsichtbaren*, Reinbek.
127. Lombardi, Mark (2002), *Global Networks*, New York.
128. Lovink, Geert (2002), *Dark Fiber. Tracking Critical Internet Culture*, Cambridge, MA: MIT Press. German edition: *Dark Fiber. Auf den Spuren einer kritischen Internetkultur*, Bonn.
129. Lyotard, Jean-Frarnçois (1985a), *Immaterialität und Postmoderne*, Berlin; English edition, *The Postmodern Condition*, Manchester University Press, 1984.
130. Lyotard, Jean-Frarnçois (1985b), *Les immatériaux: Album et inventaire*, exhib. cat., Les Immatériaux exhibition, from 28 March to 15 July, Centre Georges Pompidou, Paris.
131. Mackay, Charles (1995) [1841], *Extraordinary Popular Delusions and the Madness of Crowds*, Ware, Herts.: Wordsworth Editions; (1992), *Ausden Annalen des Wahns*, Frankfurt a. M.
132. Manovich, Lev (2001), *The Language of New Media*, Cambridge .
133. Manovich, Lev (2008), *Software Takes Command*, lab.softwarestudies.com/2008/11/softbook.html, November 20, 2008.
134. *Massen/Medien/Politik* (1976), Special Issue AS 10 of the journal *Das Argument*, with articles by J. J. Berns, B. Hoffmann, H. Holzer, E. Jürgens, D. Kramer, E. Reiss, J. Rocchi, A. Soppe, C. Unger, G. Würzberg, and S. Zielinski, Berlin.
135. McLuhan, Marshall (1951), *The Mechanical Bride: Folklore of Industrial Man*, Boston.
136. McQuail, Denis, and Sven Windahl (1981), *Communication Models for the Study of Mass Communications*, London, New York.
137. Metz, Christian (1966), La grande syntagmatique du film narratif, in: *Communications*, no. 8.
138. Metz, Christian (1968), Probleme der Denotation im Spielfilm, in: *SPITZ*, no. 27.
139. Metz, Christian (1973), *Sprache und Film*, Frankfurt a. M.
140. Metz, Christian (1975), Le signifiant imaginaire, in: *Communications*, no. 23 "Psychanalyse et cinéma," pp. 3-55.
141. Metz, Christian (2000), *Der imaginäre Signifikant. Psychoanalyse und Kino*, afterword by Robert Riesinger, Münster.
142. Moles, Abraham A. (1962), *Erstes Manifest der permutationellen Kunst*, Edition Rot, no. 8, Stuttgart.

143. Moles, Abraham A. (1971), *Informationstheorie und ästhetische Wahrnehmung*, Cologne.
144. Moles, Abraham A. (1988), Zur Philosophiefikti on bei Vilem Flusser, in: *Kulturrevolution*, ed. Alex Demirović and Walter Prigge, no. 17/18.
145. Montaigne, Michel de (2005), *Von der Freundschaft*, Munich.
146. Montaigne, Michel de, The Essays of Montaigne, Complete, by Michel de Montaigne, Translated by Charles Cotton, Edited by William Carew Hazlitt, 1877, Chapter XXVII—Of Friendship.
147. Müller, Heiner (1981), Mich interessiert der Fall Althusser, in: *Alternative: Zeitschrift für Literatur und Diskussion, Louis Althusser. Frühe Schriften zu Kunst und literatur*, no. 137, Berlin.
148. Nancy, Jean-Luc (1999), *Die Musen*, Stuttgart.
149. Nietzsche, Friedrich (1882), §324. In media vita, in: *Die fröhliche Wissenschaft, vol. 1*, Chemnitz; English edition: Aphorism §324. In media vita, in: *The Gay Science*, ed. Bernard Williams, Cambridge, Cambridge University Press, 2001.
150. *Novalis' ausgewählte Werke* (n. d.), ed. Wilhelm Bölsche, Leipzig, here vol. 1.
151. Paik, Nam June (1977), *Nam June Paik Werke 1946-1976. Musik-Fluxus-Video*, Kölnischer Kunstverein, Cologne.
152. Paik, Nam June (1984), *Art for 25 Milliomen People: Bonjour, Monsieur Orwell; Kunst und Satelliten in der Zukunft*, DAAD-Galerie, Berlin.
153. Paik, Nam June (1989), *Eine Kerze, One Candle*, Frankfurt a. M.
154. Paik, Nam June (2004), *Global Groove 2004*, Ostfildem-Ruit.
155. Panizza, Oskar (1898), *Psichopatia criminalis. Anleitung um die vom Gericht für notwendig erkanten Geisteskrankheiten psichjatrisch zu erüieren und wissenschaftlich festzustellen*, Zurich.
156. Parolini, Giuditta (2008), Olivetti Elea 9003: Between Scientific Research and Computer Business, in: *History of Computing and Education 3 (HCE3), World Computer Congress Milano 2008*, ed. John Impagliazzo, New York.
157. Peters, John Durham (1999), *Speaking into the Air. A History of the Idea of Communication*, Chicago, London.
158. Petroski, Henry (1990), *The Pencil: A History of Design and Circumstance*, New York.
159. Petroski, Henry (1994), *Messer, Gabel Reißverschluss. Die Evolution der Gebrauchsgegenstände*, Basel, Boston, Berlin.
160. Pfeiffer, K. Ludwig (1999), *Das Mediale und das Imaginäre. Dimensionen kulturan-*

thropologischer Medientheorie, Frankfurt a. M.
161. Presas I Puig, Albert (2004), *Numbers, Proportions, Harmonies, and Practical Geometry in Ancient Art*, Berlin.
162. Prokop, Dieter (ed.) (1972-), *Massenkommunikationsforschung, 3 vols.: 1: Produktion, 2: Konsumtion, 3: Produktanalysen*, Frankfurt a. M.
163. Queneau, Raymond (2010), *Cent Mille Milliards de Poémes*, Paris.
164. Rancière, Jaques (2005), *Die Politik der Bilder*, Zurich, Berlin.
165. Rancière, Jaques (2006), *Die Aufteilung des Sinnlichen. Die Politik der Kunst und ihre Paradoxien*, ed. and introduction Maria Muhle, Berlin.
166. Rancière, Jaques (2008), *Ist Kunst widerständig?*, Berlin.
167. Rheinberger, Hans-Jörg (2001), *Experimentalsysteme und epistemische Dinge. Eine Geschichte der Protheinsynthese im Reagenzglas*, Göttingen.
168. Rheinberger, Hans-Jörg (2007),Über die Kunst, das Unbekannte zu erforschen, in: *Say It Isn't So*, ed. Peter Friese et al., Bremen.
169. Ritter, Johann Wilhelm (1984), Die Physik als Kunst. Ein Versuch, die Tendenz der Physik aus ihrer Geschichte zu deuten, in: *Ritters Fragmente aus dem Nachlasse eines Jungen Physikers: Ein Taschenbuch für Freunde der Natur*, ed. Steffen and Birgit Dietzsch, Hanau; *Key Texts of Johann Wilhelm Ritter (1776-1810) on the Science and Art of Nature*, (2010) , trans. and essays by Jocelyn Holland, Leiden, Boston, MA: Brill.
170. *Dick Raaymakers: A Monograph* (2008), ed. Arjen Mulder and Joke Brouwer, Rotterdam.
171. Robbe-Grillet, Alain (1961), *L'année dernière a Marienbad: ciné roman*, Paris.
172. Röller, Nils (2002), *Medientheorie im epistemischen Übergang: Hermann Weyls Philosophie der Mathematik und Naturwissenschaften und Ernst Cassirers Philosophie der symbolischen Formen im Wechselverhältnis*, Weimar.
173. Röller, Nils (2011), *Empjindungskörper: Zur indirekten Erfohrung*, International Flusser-Lecture, Cologne.
174. Ronell, Avital (1989), *The Telephone Book*, Lincoln, NE: University of Nebraska Press; German edition (2001), *Das Telefonbuch: Technik, Schizophrenie, Elektrische Rede*, Berlin.
175. Ronell, Avital (2005), *The Test Drive*, Urbana, IL, Chicago.
176. Ropohl, Günter (1979), *Eine Systemtheorie der Technik. Zur Grundlegung der allgemeinen Technologie*, Munich, Vienna.
177. Sabri, Mahmoud (n. d. [1973]), *Quantum Realism: An Art of the Techno-nuclear Age*, n.

p. [Iraq].
178. Schade, Sigrid (1989), Hans Bellmer: Die Posen der Puppe, in: *Kairos*, nos. 1, 2.
179. Schillinger, Joseph (2003), *The Mathematical Basis of the Arts, Part 1: Science and Esthetics*, New York.
180. Schiwy, Günther (1985), *Der französische Strukturalismus. Mode, Methode, Ideologie*, Reinbek.
181. Schmidgen, Henning (1997), *Das Unbewußte der Maschinen: Konzeptionen des Psychischen bei Guattari, Deleuze und Lacan*, Munich.
182. Schmidgen, Henning, Peter Geimer, and Sven Dierig (eds.)(2004), *Kultur im Experiment*, Berlin.
183. Schrödinger, Erwin (1996) [1954], *Nature and the Greeks*, Cambridge.
184. Serres, Michel (1991), *Hermes I. Kommunikation*, Berlin.
185. Shannon, Claude E. (1948), A Mathematical Theory of Communication, in: *Bell System Technical Journal*, vol. 27, pp. 379-423, 623-656.
186. Simondon, Gilbert (1958), *Du mode d'existence des objets techniques*, Paris, Editions Aubier; *On the Mode of Existence of Technological Objects*, trans. Ninian Mellamphy, London: University of Western Ontario, 1980; *Die Existenzweise technischer Objekte*, trans. Michael Cuntz, Zurich 2012.
187. *Telekommunikationsbericht* (1976), published by the Kommission für den Ausbau des technischen Kommunikationssystems (KtK) on behalf of the Bundesministerium für das Post- und Fernmeldewesen, Bonn-Bad Godesberg.
188. *Textsemiotik als Ideologiekritik* (1977), ed. Peter Zima, Frankfurt a. M.
189. Turing, Alan M. (1948), Intelligent Machinery, Report for the National Physical Laboratory, reprinted in: *Machine Intelligence 5* (1969), ed. B. Meltzer and D. Michie, Edinburgh, pp. 3-23.
190. Turing, Alan M. (1987), *Intelligence Service. Schrifien*, ed. Bernhard Dotzler and Friedrich Kittler, Berlin.
191. Vattimo, Gianni (2005), *Jenseits vom Subjekt*, Vienna.
192. *Video End* (1976), ed. Pool Pfirsich [Horst Gerhard Haberl, Richard Kriesche, Karl Neubacher], Graz.
193. Virilio, Paul (1980), Die Dromoskopieoder das Licht der Geschwindigkeit, in: *Konkursbuch*, no. 5, Tübingen.
194. Virilio, Paul (1986), *Krieg und Kino: Logistik der Wahrnehmung*, Munich.
195. Virilio, Paul (2002), *Unknown Quantity*, London.

196. Virilio, Paul (2007), *The Original Accident*, Cambridge.
197. Virno, Paolo, Michael Hardt (eds.) (1996), *Radical Thought in Italy: A Potential Politics*, Minneapolis, London.
198. von Neumann, John (1928), Zur Theorie der Gesellschaftsspiele, in: *Mathematische Annalen* 100, 295-320; English trans.: On the Theory of Games of Strategy, trans. Sonya Bargmann, in: Contributions to the Theory of Games, vol. IV, *Annals of Mathematics Studies 40* (1959), ed. A.W. Tucker and R. D. Luce, pp. 13-42, Princeton University Press. The foundational English text of games theory, however, is: John von Neumann and Oskar Morgenstern, *Theory of Games and Economic Behavior* (1944), Princeton Univ. Press.
199. *Vostell: Happening & Leben* (1970), Luchterhand-Druck 8, Neuwied-Berlin.
200. *Vostell: Leben=Kunst=Leben* (1993), published by Kunstgalerie Gera, Leipzig.
201. *Wege elektronischer Musik* (1991), brochure of the Rheinisches Musikfest concert series, held 10-31 May 1991, Cologne.
202. Weibel, Peter (1992), Video als Raumkunst: Arbeitsnotizen, in: Siegfried Zielinski, ed., (l992a), *Video*, Frankfurt a. M.
203. Weingart, P. (1976), Die historische Funktion der Technik aus der Sicht der Soziologie, in: *Technikgeschichte*, no. 43.
204. Wiener, Norbert (1948), *Cybernetics, or Control and Communications in the Animal and the Machine*, New York, John Wiley.
205. Wiener, Oswald (1969), *Die Verbesserung von Mitteleuropa*, Reinbek.
206. Williams, Raymond [1974] (2003), *Television: Technology and Cultural Form*, London: Routledge Classics.
207. Wittgenstein, Ludwig (1970), *Das blaue Buch*, Frankfurt a. M.
208. Wittgenstein, Ludwig (1975), *Wittgenstein's Lectures on the Foundations of Mathematics, Cambridge 1939*, ed. Cora Diamond, Hassocks, Sussex: Harvester Press; (1978), *Vorlesungen über die Grundlagen der Mathematik*, Schriften 7, Frankfurt am Main.
209. Youngblood, Gene (1970), *Expanded Cinema*, with an introduction by R. Buckminster Fuller, London.
210. Zielinski, Siegfried (1982), and Til T. Radevagen, Video-Software. Annäherungsversuche an einen neuen Markt, in: *Media Pcrspektiven*, no. 3.
211. Zielinski, Siegfried (1992a), (ed.), *Video: Apparat/Medium, Kunst, Kultur. Ein internationaler Reader*, Frankfurt a. M.
212. Zielinski, Siegfried, Nils Röller (1992b), "Cogito ergo Video." Ein Textversuch zu

Godards *Histoire(s) du cinéma*, in: Österreichisches Jahrbuch für Filmtheorie, vol. 3, ed. Gottfried Schlemmer et al., Vienna.

213. Zielinski, Siegfried (1992c), Expanded Reality, in: *Cyberspace*, ed. Florian Rötzer and Peter Weibel, Munich.
214. Zielinski, Siegfried (1993), Die 2 EJMs der Reihenphotographie. Zu einigen ihrer Differenzen in der Annäherung an den Körper vermittels aufzeichnender Apparate, in: *EIKON*, no. 7/8.
215. Zielinski, Siegfried (1999), *Audiovisions: Cinema and Television as Entr'actes in History*, trans. G. Custance, Amsterdam.
216. Zielinski, Siegfried (2005), Theologici electrici, Einige Passagen, in: *Theologie und Politik. Walter Benjamin und ein Paradigma der Moderne*, ed. Bernd Witte and Mauro Ponzi, Berlin (2006 also published in an Italian version, Turin).
217. Zielinski, Siegfried (2006), *Deep Time of the Media—Towards an Archaeology of Hearing and Seeing by Technical Means*, trans. G. Custance, Cambridge MA, London, MIT Press.
218. Zielinski, Siegfried (2010) [1985], *Zur Geschichte des Videorecorders*, Potsdam (new revised edition).
219. Zielinski, Siegfried (2010), God is electric, my soul is electric, nature is electric/Gott ist elektrisch, meine Seele ist elektrisch, die Natur ist elektrisch. For Paul DeMarinis, english trans. G. Custance. Catalog, DAAD, Berlin (German/English).
220. Zielinski, Siegfried (2005-2011) (ed.), *Variantology. On Deep Time Relations Between Arts,Sciences, Technologies*, 5 vols, ed. with Silvia Wagnermaier (vol. 1), David Link (vol. 2), Eckhard Fürlus (vols. 3-5), Cologne.
221. Zielinski, Siegfried (2011), Thinking About Art After the Media: Research as Practiced Culture of Experiment, trans. G . Custance, in: *The Routledge Companion to Research in the Arts*, ed. Michael Biggs and Henrik Karlsson, London, New York.
222. Zielinski, Siegfried (2013), Designing & Revealing: Some Aspects of a Genealogy of Projection, trans. G. Custance in: M. Blassnigg (ed.), *Light, Image, Imagination: The Spectrum Beyond Reality and Illusion*. Amsterdam.

本书受到中共上海市委宣传部和同济大学"部校共建暨院媒合作"项目的支持。

本书受到同济大学高端外国专家项目"媒介理论介入下的新闻传播学科建制与改革路径研究——来自媒介考古学的经验"的支持。

书中所有图片版权除标明出处外，均由齐林斯基教授持有。

图书在版编目（CIP）数据

媒介之后：来自逐渐退潮的 20 世纪的消息／（德）西格弗里德·齐林斯基著；张艳，张昱辰，李凌燕译. — 上海：同济大学出版社，2023.9
（"全球视野下的当代媒介理论"系列丛书／李麟学，王鑫，丁凡主编）
ISBN 978-7-5765-0938-0

Ⅰ.①媒… Ⅱ.①西… ②张… ③张… ④李… Ⅲ.①媒体－研究 Ⅳ.① G206.2

中国国家版本馆 CIP 数据核字（2023）第 182755 号

媒介之后：来自逐渐退潮的 20 世纪的消息

[德]西格弗里德·齐林斯基 著　张 艳　张昱辰　李凌燕 译

责任编辑：卢元姗　｜　责任校对：徐逢乔　｜　装帧设计：张微

出版发行：同济大学出版社　www.tongjipress.com.cn
　　　　　（地址：上海市四平路 1239 号　邮编：200092　电话：021-65985622）
经　　销：全国各地新华书店
印　　刷：上海安枫印务有限公司
开　　本：889mm×1194mm　1/32
印　　张：7.375
字　　数：198 000
版　　次：2023 年 9 月第 1 版
印　　次：2024 年 10 月第 2 次印刷
书　　号：ISBN 978-7-5765-0938-0
定　　价：65.00 元

本品若有印装质量问题，请向本社发行部调换　　版权所有　　侵权必究